MOMENTOS
HUMANOS

EDWARD M. HALLOWELL, M.D.

MOMENTOS HUMANOS

COMO ENCONTRAR SIGNIFICAÇÃO E AMOR NO SEU DIA-A-DIA

Tradução de Alberto Lopes

Título original
HUMAN MOMENTS
How to Find Meaning and Love in Your Everyday Life

Copyright © 2001 by Edward M. Hallowell, M.D.

Edição brasileira publicada mediante acordo com
Health Communications Inc., Deerfield Beach, Flórida, EUA.

Copyright da edição brasileira © 2004 by Editora Rocco Ltda.

Direitos para a língua portuguesa reservados
com exclusividade para o Brasil à
EDITORA ROCCO LTDA.
Rua Rodrigo Silva, 26 – 4º andar
20011-040 – Rio de Janeiro – RJ
Tel.: (21) 2507-2000 – Fax: (21) 2507-2244
rocco@rocco.com.br
www.rocco.com.br

Printed in Brazil/Impresso no Brasil

CIP-Brasil. Catalogação-na-fonte.
Sindicato Nacional dos Editores de Livros, RJ.

H184m	Hallowell, Edward M. Momentos humanos: como encontrar significação e amor no seu dia-a-dia / Edward M. Hallowell; tradução de Alberto Lopes. – Rio de Janeiro: Rocco, 2004. Tradução de: Human moments: how to find meaning and love in your everyday life ISBN 85-325-1742-0 1. Significado (Psicologia). 2. Amor. I. Título
04-1198	CDD-158 CDU-159.9

*Este livro é dedicado a Eillen, Louise e Robin,
três mulheres da Biblioteca Norfolk, de Norfolk,
Connecticut, que me ajudaram generosamente
na sua elaboração, e também na preparação
de outros livros anteriores.*

*Felicidade não é ter o que você quer.
É querer o que você tem.*

– Rabino H. Schachetel
The Real Enjoyment of Living

*Não tenho certeza de nada a não ser
da santidade das afeições do coração
e da verdade da imaginação...*

– John Keats
Carta para Benjamin Bailey,
22 de novembro de 1817

SUMÁRIO

Agradecimentos 13

INTRODUÇÃO: Onde a significação e o amor residem . . . 15

CAPÍTULO UM: O PODER DOS MOMENTOS HUMANOS
O que me salvou 31
Conversa maluca 44
Panfletos 53
Ecos... 62
Criando conexões... 79

CAPÍTULO DOIS: INFÂNCIA
Onde está meu pai? 83
Ecos... 89
Criando conexões... 99

CAPÍTULO TRÊS: FAMÍLIAS
Noite de hóquei 103
Meu irmão, John Hallowell 109
Minha mãe 117
O fim de uma era 122
Ecos... 126
Criando conexões... 151

CAPÍTULO QUATRO: PROFESSORES E ESCOLA
Estou aqui porque eles estavam lá 155
Ecos... 163
Criando conexões... 183

CAPÍTULO CINCO: AMIZADES
Fato: estaria perdido sem meus amigos 189
Homens nus 196
Ecos... 202
Criando conexões... 213

CAPÍTULO SEIS: APAIXONANDO-SE
Primeiro amor 217
Ecos... 220
Criando conexões... 229

CAPÍTULO SETE: CASAMENTO E RELACIONAMENTOS
Aquela com quem ainda acordo 233
Ecos... 241
Criando conexões... 256

CAPÍTULO OITO: NOSSOS FILHOS
Não há maior responsabilidade nem há maior alegria . 261
História de uma família de pingüins 272
Empréstimos 275
Ecos... 278
Criando conexões... 293

CAPÍTULO NOVE: TRABALHO, SUCESSO E FRUSTRAÇÃO
A coragem de fazer 297
A escolha 308
Ecos... 311
Criando conexões... 321

CAPÍTULO DEZ: AUTODESCOBERTA

Chegando aos cinqüenta 325

Ecos... 331

Criando conexões... 355

CAPÍTULO ONZE: ESPIRITUALIDADE

O que Tucker me ensinou 361

Ecos... 365

Criando conexões... 388

UMA PALAVRA FINAL

Momentos humanos nunca morrem 393

Um convite aos leitores 397

Agradecimentos

Minha primeira dívida é para com todos os que me narraram suas histórias e permitiram que eu as reproduzisse. Embora os autores dessas histórias não sejam citados nominalmente no texto, quero agradecer-lhes aqui. Este livro não existiria não fosse por vocês.

Também tenho uma grande dívida em relação à minha editora na Health Communications, Lisa Drucker. Dependendo do que você considere uma revisão, a estimativa mais conservadora é de termos feito sete revisões completas do manuscrito original. O fato de ela ter sido capaz de me dizer "refaça" sete vezes sem que eu tivesse um colapso mental a cada vez é prova não só de seus altos padrões editoriais como também da habilidade em prover apoio emocional a autores frágeis. Obrigado, Lisa.

E a Tom Sand, vice-presidente e gerente-geral da Health Communications, devo tanto quanto a Lisa. Tom me estimulou a desenvolver a idéia que deu origem a este livro quando ela não passava de mero castelo no ar. Quando disse a ele que queria que meu livro Connect fosse sucedido por outro intitulado *Momentos humanos*, e quando expliquei o formato inusitado que tinha em vista para ele, Tom concordou imediatamente – antes mesmo que eu tivesse exposto a idéia mais detalhadamente. A partir de então, ele me instigou e levantou o meu astral, alternadamente, dependendo do que fosse necessário na ocasião. O fato de ele ter percebido as possibilidades logo de cara me encorajou a prosseguir nos momentos inevitáveis de desânimo e dúvida.

Quando escrevo um livro, geralmente despenco de um período de grande entusiasmo no começo para um período de intensa insatisfação durante a longa fase do meio. Costumo entrar em desespero, achando que o livro não vai emplacar, e fico ruminando os desfechos mais absurdos, andando de um lado para outro como um fazendeiro cuja safra teima em não crescer. Durante esse período angustiante, tanto Tom quanto Lisa sempre tinham uma palavra de alento e compreensão, pelo que lhes sou profundamente grato. Sua fé neste projeto permitiu que a safra finalmente germinasse, resultando numa generosa colheita.

Ademais, muitos leitores de meus livros anteriores me estimularam a tocar a idéia para a frente. Comunico-me com esses leitores fiéis principalmente por e-mail, não chegando, portanto, a conhecê-los pessoalmente na maioria das vezes. Deixem-me agradecer a todos vocês de coração. Gostaria de agradecer de maneira muito especial a Heidi Pastore, que me ajudou incomensuravelmente.

Por fim, como sempre, agradeço à minha família pelo seu amor e pela permissão que me concedeu para que escrevesse este livro. Ela me deu as horas preciosas que passei trancado no meu escritório no terceiro andar, digitando furiosamente em meu laptop, sem jamais reclamar. Na verdade, sou eu o único que reclama enquanto me digladio com a gestação de um livro, tentando concebê-lo da melhor maneira. Se sou bem-sucedido é tão-somente porque sei que, mesmo quando Sue, Lucy, Jack e Tucker estão em algum lugar fora do alcance de minha vista – no andar térreo, no quintal nos fundos da casa, trabalhando ou no colégio, ou competindo no clube –, eles ainda assim estão comigo. Obrigado, Sue. Obrigado, Lucy. Obrigado, Jack. Obrigado, Tucker. Que nós possamos sempre desfrutar juntos inesquecíveis momentos humanos.

Introdução

ONDE A SIGNIFICAÇÃO E O AMOR RESIDEM

A vida é simplesmente uma seqüência de acontecimentos na maioria das vezes esquecíveis, a menos que amemos – amemos das mais variadas formas que pudermos, desde o amor a uma pessoa ou ao que dedicamos a um livro, a uma bebida, a um lugar, a uma idéia ou a um cachorro – em suma, desde que amemos alguma coisa. Com amor, dotamos certos momentos de um poder e uma significação especiais. Com amor e sua prima, a imaginação, conjuramos a riqueza e o poder que se encontram sob a superfície do mais trivial segundo de nossas vidas. Por meio do poder do amor e da imaginação, transformamos momentos comuns, inertes, no que chamo de momentos humanos, momentos em que nos sentimos conectados com alguém ou alguma coisa que nos transcende e na presença do que realmente conta, o que chamamos de significação.

Os lugares mais propícios a encontrarmos momentos humanos são aqueles proporcionados pelas conexões que estabelecemos. Não estou me referindo, naturalmente, às nossas conexões de trabalho, negócios, mas sim às conexões do coração. Às pessoas e aos lugares que você ama. À parte do seu trabalho que lhe é realmente cara. Aos filhos que você cria e aos netos que eles lhe poderão dar. Aos amigos em quem você confia. Aos animais de estimação que você adora. À jardinagem (ou qualquer passatempo) a que você se entrega com entusiasmo. Até mesmo aos times pelos quais você torce. Todas essas conexões conduzem a momentos humanos. Conservamos esses momentos em nossos corações por muito tempo depois de eles terem ocorrido, e neles saciamos nossa sede quando necessitamos de algo capaz de levantar nossos espíritos, ou simplesmente de alguma coisa em que acreditar e que tenha importância para nós. Adoto como credo o que John Keats escreveu há quase duzentos anos: "Não tenho certeza de coisa alguma a não ser da santidade das afeições do coração." Este é o tema principal deste livro: a santidade das afeições do coração, a importância de nossas conexões mais profundamente sentidas e os momentos humanos que elas suscitam no nosso dia-a-dia das mais variadas e maravilhosas maneiras.

Interações intensas e os momentos humanos delas decorrentes são o que tornam a vida boa. Naturalmente, a maneira como as classificamos muda com o tempo. Quando estava na escola secundária, minha visão do céu era ficar sentado na linha da terceira base no Fenway Park, no nono turno de um jogo interminável que me tinham garantido que o Red Sox venceria. Hoje, minha visão do céu é estar sentado em volta de uma mesa de restaurante na qual minha mulher Sue e meus três filhos (preservados nas suas idades atuais: onze, oito e cinco anos) e todos os meus parentes mais próximos e meus amigos estão se deleitando com um jantar interminável.

Mas, até chegarmos ao céu, nada dura indefinidamente. Por conseguinte, não temos tempo a perder. Temos que fazer com que essas conexões tenham significação agora – esses relacionamentos, paixões e interesses – se quisermos extrair delas todo o sumo que têm a oferecer.

Neste país, a maioria de nós, na realidade, tem aquilo de que necessita para ser feliz. O desafio é fazer com que o que temos se revista de significação, que seja importante agora, hoje – e de forma significativa.

Os ingredientes básicos de uma vida feliz são simples. Eles incluem amigos e vizinhos; parentes; um trabalho de que você goste; talvez alguns animais de estimação; um clube, ou uma igreja, ou um time; um jardim para cuidar, ou outro passatempo ou hobby apaixonante; talvez um bom livro ou um filme; e também algumas esperanças e recordações. Para usufruir o prazer dessas conexões, temos que nos aprofundar nelas e delas tirar o melhor partido. Precisamos nutri-las amorosamente, para que elas se tornem o mais fortes possível.

Mas como? Uma coisa é dizer, outra é fazer. Muitas vezes paro e penso se estou fazendo isso na minha própria vida. Por exemplo, como pai, dedico aos meus filhos boa parte do meu tempo, mas algum dia hei de pensar que deveria ter dedicado mais ainda. Quem poderá dar a seus filhos todo o tempo que gostaria de poder dar? Não há tanto tempo disponível, mesmo para os ricos ociosos (o que não é o meu caso), porque a infância é breve. E, depois da infância de nossos filhos ter passado, quem não anseia por mais um dia – mais um dia ensolarado no parque – quando eles eram crianças?

Num artigo publicado na revista *Newsweek*, Anna Quindlen escreveu que o maior erro que ela cometeu como mãe:

> *... foi o que a maioria dos pais comete. Eu não vivi o momento plenamente. Isso se torna particularmente claro agora que o momento passou, capturado apenas nas fotografias. Há uma foto dos três sentados no gramado em cima de uma manta, na sombra do balanço num dia de verão, aos seis, quatro e um ano. E gostaria de lembrar o que foi que comemos, o que conversamos, como suas vozes soavam e como eles pareciam quando foram dormir naquela noite. Como gostaria de não ter tido tanta pressa para me ocupar de outra coisa: cuidar do jantar, tomar banho, retomar a leitura de um livro, ir para a cama. Gostaria de ter valorizado o fazer um pouco mais e o ter feito um pouco menos.*

Quero estimular você – e a mim também – a aprender com as palavras de Anna Quindlen. A não nos limitarmos a concordar com um aceno de cabeça descompromissado, a agirmos resolutamente. Quero que este livro nos inspire a mergulhar mais fundo em nossas vidas, usando o que já temos, não esperando até que tenhamos o mítico "mais" – mais dinheiro, mais tempo ou mais liberdade.

O que já temos está conosco agora, ansiando por ser notado.

Precisamos encontrar tempo para todas as pessoas e lugares e projetos que nos são caros. Para isso, temos que descartar as coisas insignificantes. Temos que nos libertar do que nos fere, magoa e consome nosso precioso tempo, para que possamos nos dedicar inteiramente às pessoas e às coisas que amamos. Creio que este é o segredo de uma vida feliz.

Nossas conexões afetuosas geram momentos significativos, como uma planta mágica que floresce o ano inteiro. As flores dessas saudáveis conexões são momentos humanos. Elas crescem diante de nossos olhos de maneiras diferentes, únicas e desabrocham a cada dia.

Não há uma imensa variedade de momentos humanos, o que torna difícil defini-los com mais precisão do que tenho tentado fazer sem perder a variedade no processo. Portanto, em vez de formular outras definições que poderiam ser encontradas num compêndio didático, mostrarei neste livro, através de exemplos da vida real, não só a significação como também o poder do momento humano. Permita-me citar alguns exemplos de momentos humanos extraídos de minha própria vida.

Minha família e eu estávamos viajando de automóvel em condições de tempo adversas havia seis horas, e ainda tínhamos mais uma hora pela frente quando o meu caçula, Tucker, anunciou, aflito:

– Não agüento mais.

Eu estava mal-humorado, cansado e sem a menor vontade de parar. Tendo penado na véspera no trânsito congestionado de um feriado durante dez horas, passado a noite num hotel de beira de estrada e enfrentado a segunda etapa de nossa longa viagem de Boston para West Virginia ao romper daquele dia, estava ansioso para chegar à casa da irmã de minha mulher, onde vislumbrava meu corpo deixando-se cair suavemente numa poltrona macia, como um pára-quedas pousando tranqüilamente, na companhia, esperava, de alguma bebida, de preferência alcoólica. Não estava querendo parar para que alguém fizesse o que quer que fosse. Mas Tucker repetiu seu apelo dramático:

– Estou apertado, preciso fazer xixi!

Contrariado, parei no acostamento coberto de neve de uma

estrada nas montanhas de West Virginia. Tucker, de cinco anos, desceu do carro e ficamos esperando... esperando.

Finalmente, Tucker voltou para o carro.

– Por que demorou tanto? – perguntei, irritado.

– Estava escrevendo seu nome na neve com o meu xixi! – Tucker respondeu orgulhosamente. – PAPAI.

Meu humor mudou com uma batida do meu coração.

– Obrigado, Tucker – respondi com um sorriso, imaginando meu nome sendo ludicamente esculpido num monte de neve por um garotinho fazendo uma coisa que os garotinhos sempre fizeram. Embora aquela tépida inscrição estivesse fadada a uma vida breve, para mim, era mais significativa do que qualquer inscrição permanente que um dia pudesse ver gravada em mármore.

Momentos humanos acontecem inesperadamente, e logo desaparecem, como nomes desenhados na neve. Mas se os capturarmos – percebendo-os e dando-lhes a devida importância – eles podem preencher nosso cotidiano com significação e amor para sempre.

É assim que apreciamos o que temos: não deixando que as pequenas coisas passem despercebidas, não dizendo a nós mesmos: mas isso não é o que realmente quero, não é o que esperei durante toda a minha vida.

Tucker mijando meu nome na neve era o que esperara toda minha vida? De certo modo, era. Se tinha aspirações a ser um homem feliz, tinha que assimilar aquele fato, compreendê-lo. Tinha que enaltecê-lo, saborear aquele momento e não esquecê-lo – comê-lo como o alimento espiritual que era – enquanto rodava pelas montanhas de West Virginia e pelo resto de minha vida afora.

Mas e os milhões de dólares que poderia ter desejado, o casamento perfeito, os filhos perfeitos, fama, poder e só Deus sabe o que mais, talvez dentes perfeitos? Ninguém tem tudo. Mas todos temos essa coisa preciosa que se chama vida. Como uma criança que se sente rejeitada, a vida também quer que a notemos. Se fizermos isso, ela nos retribuirá, como a criança o faria, com muito mais do que poderíamos supor que fosse possível. Ela nos dá o tesouro dos momentos humanos, nos cumula com as flores do relacionamento, das conexões.

É nessa conexão que nos realizamos. O sentimento gregário de conexão nos acompanha a toda parte. É o sentimento mais confortador que existe.

O mundo de hoje tanto promove quanto ameaça a possibilidade de conexão, o sentimento de conexão. Graças à tecnologia, é mais fácil hoje manter contato com as pessoas do que nunca na história da humanidade. A tecnologia nos forneceu instrumentos miraculosos de intercomunicação, conexão. Entretanto, por estranho que pareça, os relacionamentos com que as pessoas precisam alimentar seus corações e suas almas estão definhando aos poucos em muitas vidas. Não passamos mais tantos bons momentos na companhia dos outros quanto necessitaríamos. Corremos o risco de perdermos o momento humano se não lhe dispensarmos o devido cuidado, e o momento humano nos é tão indispensável quanto qualquer vitamina. É a outra vitamina C. Não é de ácido ascórbico, é a vitamina da conexão. Todos nós precisamos dela, não apenas para nos sentirmos felizes e realizados, mas igualmente para nossa saúde física.

Numerosos estudos têm demonstrado que pessoas bem relacionadas vivem mais do que as que se mantêm socialmente isoladas. Essas pessoas que se relacionam com outras acusam índices mais baixos de doenças cardíacas, de resfriados e gripes; sofrem menos enfermidades físicas e menos distúrbios mentais, como depressão e ansiedade. Além disso, apresentam níveis de satisfação com a vida e de bem-estar geral muito mais elevados. O sentimento de conexão e o contato humano positivo não só causam uma sensação boa, são bons de todas as formas mensuráveis. A ciência provou que prolongam nossas vidas, melhoram nossa saúde e aprofundam nosso prazer e nosso apreço pelo que temos e pelas pessoas que nos são caras.

Mas no mundo de hoje temos que abrir caminho na selva de nossos compromissos diários a golpes de facão se quisermos dedicar algum tempo aos nossos relacionamentos. A menos que aparemos regularmente o mato rasteiro que nos cerca, ele se transformará num matagal. Como uma mulher me disse: – Mal tenho tempo para ir trabalhar, alimentar as crianças e lavar a roupa. Onde é que vou arranjar tempo para cultivar relacionamentos? – Temos que podar nossos compromissos diários para que possamos preservar nossas conexões mais importantes. Temos que escapar do matagal antes que ele impeça nossos movimentos completamente. Temos que dar um jeito de arranjar tempo.

Estamos ligados eletronicamente – através da televisão, da Internet, do e-mail, do voice-mail e dos telefones celulares. Se usarmos nossos recursos eletrônicos com sabedoria, eles poderão interligar nossos corações. Mas, se deixarmos que os aparelhos eletrônicos nos controlem, em vez de os controlarmos, poderemos passar o dia inteiro olhando para a tela de um computador, respondendo a e-mails, ou falando nos nossos celulares, correndo contra o tempo, privando-nos de uma conversa que é importante para nós.

Deixem-me lhes dar outro exemplo de um momento humano que vivenciei. Skipper (Comandante) era como eu chamava meu avô materno. Ele nunca teve muito dinheiro, mas era rico da forma que realmente conta. Era um verdadeiro gentleman. Jamais poderia ter tido um professor mais capacitado do que ele para me ensinar uma das habilidades mais essenciais na vida: como apertar a mão das pessoas. – Olhe a pessoa diretamente nos olhos – Skipper sempre dizia. – E lhe aperte a mão vigorosamente, como se realmente estivesse fazendo com prazer. – Praticávamos freqüentemente essa técnica. Depois de fazer algumas tentativas que Skipper invariavelmente achava pouco convincentes, eu apertava a mão dele com toda a força de que era capaz. Para minha surpresa, um aperto de mão mais firme sempre trazia um sorriso ao seu rosto e um brilho aos seus olhos. – É isso aí, meu garoto! – ele exclamava. – Este, sim, foi um aperto de mão pra valer! – Até hoje, as pessoas se assustam um pouco quando aperto suas mãos.

Skipper trabalhava no mercado financeiro e fazia muitas viagens de sua casa em Newton, Massachusetts, para Nova York, onde ganhava concursos de valsas dançando com sua filha (minha tia Duckie), ao som da orquestra de Guy Lombardo. (Diziam que eles eram iguaizinhos a Ginger Rogers e Fred Astaire.) Fizeram amizade com o "band leader", e praticamente com todas as pessoas que conheceram. Skipper – conhecido oficialmente como John McKey – foi meu primeiro modelo de virtude. Cabeleira branca, óculos com aros de tartaruga, ternos de três peças impecavelmente vestidos e gravatas de tricô adornavam sua figura esguia de mais de um metro e oitenta de puro cavalheirismo. Skipper amava ter amigos, amava dançar, amava beisebol, amava pegar o trem para Nova York e amava seus tragos de uísque com água, que bebia amiúde para seu deleite pessoal e alegria de todos à sua volta. Pensando bem, acho que ele bebia mais do que um médico recomendaria, mas ninguém parecia se incomodar. Ele foi um dos homens mais gentis e dignos que conheci.

Skipper morreu lenta e penosamente. Ele tinha enfisema e respirava com dificuldade. Mas foi um gentleman até o fim. A última vez que o vi, eu ainda era garoto. Skipper estava deitado num sofá, com um tubo de oxigênio ligado no nariz. Quis abraçá-lo, mas ele estendeu o braço para um derradeiro aperto de mão. Olhei-o diretamente nos olhos, como me ensinara. Sua mão tremeu quando ele apertou a minha com força. Quando a apertei de volta, o mais vigorosamente que pude, vi seus olhos brilharem por alguns segundos, e o velho piscar de olhos que eu conhecia tão bem reapareceu, como se, num passe de mágica, tivesse sido provocado pelo aperto de mão. Naquele momento, eu me despedi de Skipper pela última vez.

Os momentos humanos ligam-nos não só ao que nos é importante, mas também ao que nos dá alegria. Entretanto, a não ser que tenha cuidado, você pode perder suas fontes de legítima alegria. Ainda outro dia, estava conversando com um homem no meu consultório que me disse que sua vida se tornava unidimensional. – Sou muito bem-sucedido – ele disse –, ganho muito dinheiro, e me sinto feliz com isso. Mas me parece que isso é tudo o que sei fazer. Me mato de trabalhar o dia todo, depois vou para casa, sempre cansado e mal-humorado, vejo um pouco de televisão, digo algumas palavras aos meus filhos e à minha mulher, e vou dormir. No dia seguinte, faço tudo exatamente igual. Será que isso é tudo o que existe na vida?

Mesmo em pleno sucesso, você pode se surpreender ansiando por alguma coisa mais profunda, pelo que é chamado de sentido, significado da existência. Mesmo estando bem de vida, você está sujeito a períodos de depressão em que se sente perdido, cansado e sem atinar com o verdadeiro sentido de sua vida.

Momentos humanos podem fornecer a resposta. Quando você começar a procurar momentos humanos em sua vida, os encontrará em toda parte, mesmo estando sozinho e quando menos esperar.

Por exemplo, outro dia, estava indo de carro para o trabalho quando aquela velha musiquinha sentimental, "Climb every mountain", tocou no rádio. De repente, as lágrimas começaram a rolar pelo meu rosto, ao me lembrar de minha mãe, morta há mais de dez anos, e das muitas lutas que ela travara na vida. Sem dúvida, ela enfrentara todas elas com bravura e estoicismo, como a música exorta todos nós a fazermos. Dirigindo e continuando a chorar, me lembrei do filme *A noviça rebelde*, em que essa música se tornou famosa, e que vi com minha mãe logo que foi lançado. Ridículo, piegas? É claro. Mas minhas lágrimas eram reais e meus sentimentos, autênticos. Naquele momento, revisitara minha mãe e sentira mais uma vez o quanto a amava, a despeito do que quer que fosse. Subitamente, o que parecera uma coisa prosaica – uma velha canção tocada no rádio – transcendeu qualquer juízo crítico, transmitindo o calor, o poder daquele momento à espera de ser capturado e absorvido. Tudo que tive que fazer foi superar meu lado cínico, analítico e deixar o momento humano emergir. Tudo que tive que fazer foi deixar que ele acontecesse.

Ninguém vai chegar perto de você e lhe dizer: – Veja! Sinta! Este é um momento humano! Aproveite-o! Faça com que ele dure! Você será uma pessoa feliz se o fizer! – Isso você terá que fazer por sua conta. Este livro lhe mostrará muitos exemplos. Portanto, à medida que o for lendo, poderá começar a reorganizar os momentos humanos de sua própria vida.

Observei muitas vezes e de muitas maneiras que o antídoto para o vazio da pergunta "Será que isso é tudo o que existe na vida?" não é mais dinheiro, ou mais fama, mais troféus, alguns quilos a menos, uma nova amante ou uma viagem a Timbuktu. A resposta é aprender a valorizar o que já temos. Não é difícil encontrar o que torna a vida mágica, mas é preciso procurar, porque essa coisa é invisível. É a emoção encontrada em momentos privilegiados de profundas conexões. Essa emoção destrava o trinco da porta que protege nossos corações, abrindo-nos para o que é realmente importante, fundamental.

Uma dessas noites, cheguei tarde em casa vindo do trabalho. Jack, que deveria estar dormindo, me chamou quando eu subia a escada. Estava exausto, por isso entrei rapidamente no quarto dele, dei-lhe boa-noite e me retirei. Jack então chamou em voz alta: – Volte aqui, papai. – Eu poderia ter dito: "Não, é tarde. Trate de dormir." Mas, graças a Deus, resolvi voltar. À luz do luar, lá estava Jack plantando uma bananeira na cama. – Papai, veja só, estou dormindo de cabeça para baixo!

O que houve de tão extraordinário nisso? O que houve foi que, se eu não tivesse gasto os dez segundos extras que levei para voltar ao quarto de Jack, não teria compartilhado aquele momento com ele, e, o mais penoso para mim, Jack não teria tido o momento de orgulho e satisfação que teve ao exibir para mim sua nova e extravagante postura de dormir. Teria ido dormir pensando: papai estava muito ocupado. Estou certo de que terá havido noites em que foi dormir pensando exatamente nisso, mas espero que não tenham sido muitas, porque momentos como esse com Jack dão a nós dois o de que mais precisamos.

As vinhetas deste livro são todas verdadeiras. Cada uma delas fornece doses da outra vitamina C, a vitamina da conexão, que ministra nossas emoções. Com uma dosagem adequada desse tipo de vitamina C no seu sistema, você é capaz de fazer o que, de outra forma, seria inexeqüível.

O FORMATO DO LIVRO:
MINHA HISTÓRIA COM AS HISTÓRIAS
DE OUTRAS PESSOAS

Concebi este livro como uma série de vinhetas autobiográficas, me conduzindo da infância à idade adulta, da criança perturbada ao indivíduo (menos perturbado) que sou hoje. Uso minha vida como exemplo – assim como as vidas de outras pessoas – para realçar o poder dos momentos humanos na vida cotidiana.

O Capítulo um começa com uma análise do que me salvou, impedindo que eu acabasse como o homem derrotado que meu duvidoso início prenunciava. Pula, depois, para contar duas histórias de períodos diferentes de minha vida adulta. Em seguida, reproduz algumas histórias de outras pessoas – narradas por suas próprias vozes – para acrescentar variedade e força. Ao longo de todo o livro, chamo as histórias de outras pessoas de "Ecos".

Depois do Capítulo um, o livro prossegue mais cronologicamente através de vários estágios de vida. O formato de cada capítulo é a combinação de minhas histórias autobiográficas seguidas de histórias e cenários das vidas de outras pessoas. Minha idéia é que, ao reproduzir vozes diferentes, criarei para o livro uma espécie de diálogo que recua e avança. Minhas histórias autobiográficas focalizam um tema – a infância, por exemplo. Depois outra voz – outro escritor – apresenta uma variante, ou um "eco" do meu tema. Então, algumas vozes finais completam os diálogos com seus "ecos" do tema principal do capítulo.

Contribuirei com um breve comentário introdutório para cada uma das passagens escritas por outras pessoas, seguido de minhas iniciais "E.H.", para que se saiba onde terminam minhas palavras e começam as de outras pessoas.

O tema do Capítulo dois é Infância; do Capítulo três, Família; do Capítulo quatro, Professores e escola; do Capítulo cinco, Amizades; do Capítulo seis, Enamorando-se; do Capítulo sete, Casamento e relacionamentos; do Capítulo oito, Nossos filhos; do Capítulo nove, Trabalho, sucesso e frustração; do Capítulo dez, Autodescoberta, e do Capítulo onze, Espiritualidade.

Este livro é diferente de qualquer outro que escrevi antes. O formato de uma narrativa autobiográfica pessoal, combinada com relatos autobiográficos de outras pessoas, é uma estrutura que concebi somente para este livro. Espero que minha história funcione como uma espécie de enredo e forneça uma voz para conduzir o livro, enquanto as contribuições dos outros confiram mais variedade do que minha história poderia proporcionar isoladamente.

Para complementar as histórias pessoais, encerro cada capítulo com uma seção denominada "Criando conexões...", na qual convido os leitores a fazerem uma pausa e refletirem sobre suas vidas. Essa é a chance para você compor sua própria história, se assim desejar.

Espero que, à medida que ler o livro, você sinta vontade de voltar a se relacionar com alguém ou de visitar algum lugar. Em vez de deixar a emoção se diluir sem agir sob sua inspiração, você talvez goste de escrever um pequeno lembrete – como "Ligar para a Marie" ou "Isso me lembra do Bill" – para não esquecer mais tarde de desenvolver o tema. A seção "Criando conexões...", no fim de cada capítulo, cria espaço para raciocínios concretos, práticos, do tipo como-posso-usar-isso-na-minha-vida?

Cada seção "Criando conexões..." consistirá em três partes.

Primeira – eu o convidarei para refletir sobre alguma parte de sua vida que se relacione com o que foi dito no capítulo precedente.

Segunda – farei alguns comentários sobre os obstáculos que freqüentemente tornam as conexões difíceis nessa parte da vida.

Terceira – sugerirei alguns métodos práticos para superar esses obstáculos.

Imprimi um tom pessoal a "Criando conexões...", na esperança de poder me tornar um companheiro seu à medida que você for lendo o livro.

Pretendo que outros livros se sucedam a este, livros que elejam um tipo de momento ou conexão humana e o desenvolvam com mais detalhes e variedades. Antecipo, por exemplo, um livro inteiramente dedicado ao casamento e aos relacionamentos; outro, aos avós; outro, aos animais de estimação; outro, a irmãs e irmãos; outro, ao trabalho, e talvez, se me atrever, outro dedicado ao Red Sox e a outros times esportivos.

Lembrei-me de minha avó, a quem chamava de Grammy, pegando a tesoura com que cortava suas rosas, com seu bracelete "da sorte" tilintando no pulso enquanto ela cortava o talo das flores. Aquele bracelete tinha um berloque ou amuleto para cada um de seus oito netos, com o nosso nome em cada amuleto. Usando aquele bracelete, vovó mantinha seus netos junto dela, literal e emocionalmente. Ela morreu há trinta e cinco anos, mas ainda ouço o delicado tilintar daquele bracelete, me chamando de volta ao seu jardim e a um pedaço de minha vida que há muito se foi.

Ao ler este livro, espero que você também ouça o doce tilintar de amuletos do seu passado.

Capítulo um

O PODER DOS MOMENTOS HUMANOS

O que me salvou

Descendo de uma família meio louca da Nova Inglaterra, amaldiçoada e de certa maneira abençoada pelo que chamo de tríade WASP: alcoolismo, distúrbios mentais e polidez. Meus pais, os pais deles e os pais dos pais deles e assim por diante toda árvore genealógica de minha família foi presenteada com doses generosas de cada um dos elementos da tríade WASP.

Minha doce, querida, mas alcoólatra mãe divorciou-se duas vezes. Meu pai era maníaco-depressivo e foi internado diversas vezes. Meu padrasto era um alcoólatra sádico. Como se isso não bastasse, eu tinha (e, naturalmente, ainda tenho) duas deficiências de aprendizagem: dislexia e déficit de atenção. Como as pessoas não conseguiam lidar comigo em casa, fui mandado para um colégio interno aos dez anos de idade, quando estava na quinta série. Fui criado praticamente em instituições desse tipo.

Como se vê, a tradição na minha família não era de felicidade. Os Hallowell tentavam ser otimistas, positivos, mas, por trás da fachada jovial, sérios problemas pulsavam, latentes.

Nas últimas séries do curso secundário – quando começamos a pensar realisticamente no que seremos –, imaginei que provavelmente nunca seria o que se convencionou chamar de um homem feliz. Esperava encontrar a felicidade, mas achava que ela não estava nas minhas cartas ou, mais precisamente, nos meus genes.

Decidi que minha única linha de ação seria tirar o melhor

proveito do que me coubesse, aprender a não importunar os outros com meus problemas e encontrar uma maneira de adaptar minha melancolia interior ao que percebia ser um mundo hostil, intolerante.

Lembro-me de ficar deitado na minha cama no internato, olhando para o teto e pensando: *Será que algum dia serei feliz?* Os prognósticos eram francamente negativos.

Hoje, cerca de trinta e cinco anos depois, aos cinqüenta anos, posso responder a essa pergunta. Surpreendentemente, consegui construir uma vida boa para mim. Não seria maravilhoso se o cinqüentão de hoje pudesse recuar no tempo e sussurrar no ouvido daquele garoto, então com quinze anos: *Não se preocupe, vai dar tudo certo?* Mas acho que isso contraria as regras da vida. A vida não é cor-de-rosa para mim o tempo todo, no sentido de que sei que algumas pessoas são felizes. Não tenho a sorte de ser uma dessas pessoas que parecem estar sempre contentes, embora conheça algumas dessas almas abençoadas. São pessoas eleitas, realmente afortunadas. Quem me dera ser uma delas, mas, ai de mim, não sou.

Todavia, sou basicamente um homem feliz, muito mais feliz do que era quando ficava naquela cama do colégio interno, contemplando melancolicamente meu destino, e infinitamente mais feliz do que minha herança genética e a experiência de minha infância poderiam levar alguém a suspeitar de que um dia seria.

Sob um ponto de vista estatístico – e há de fato quem pesquise para compilar essas estatísticas – as crianças que sofreram tantos infortúnios e passaram por tantas provações quanto eu geralmente não acabam bem. Acabam num presídio, num hospital psiquiátrico, liquidadas pela bebida, cronicamente miseráveis.

O que foi que me salvou? Responderei a essa pergunta daqui a pouco.

Primeiro, quero dar a vocês uma idéia mais clara do que eu precisava ser salvo. O segundo casamento de minha mãe me lançou nos piores anos de minha vida, anos dos quais poderia nunca ter me recuperado não fosse a ajuda que recebi de pessoas de fora de minha família.

Meus pais se divorciaram quando eu tinha quatro anos. Pouco depois, minha mãe se apaixonou por Noble Cathecart, um homem mais velho que vivia em Chatham, uma cidadezinha no interior de Cape Cod, onde nós morávamos então. O sr. Cathecart era originário do sul, mas fazia muitos anos que vivia em Chatham.

Quando o conheci, vivia muito feliz com minha mãe e meus primos, Lyn e Jamie, minha tia, que eu chamava de Duckie, e meu tio Jim. Meus pais tinham se divorciado, mas eu aceitei esse fato sem maiores traumas. Amava meu pai, mas não me opunha ao namoro de minha mãe com Noble Cathecart. Na verdade, gostava muito do sr. Cathecart. Comecei a chamá-lo de tio Noble, e aguardava ansiosamente os dias em que ia visitá-lo com minha mãe. Lembro-me de uma vez em que ela me convenceu a ir ao dentista fazer uma obturação me dizendo que, como prêmio, depois poderíamos ir visitar o tio Noble.

Tinha sete anos, estava na segunda série da escola pública de Chatham, quando um belo dia minha mãe me perguntou como me sentiria se ela se casasse com tio Noble. Ela acrescentou que, se casasse com ele, teríamos de nos mudar para Charleston, na Carolina do Sul. Por mais que gostasse do tio Noble, a idéia de deixar Chatham – e meus primos, Jamie e Lyn – me pareceu inaceitável, totalmente descabida. Por isso, disse à minha mãe que era contra o casamento, a não ser que pudesse permanecer em Chatham.

Tio Noble venceu. Mamãe se casou com ele, e nós três fomos morar em Charleston.

Não demorou muito para tio Noble mostrar quem realmente era. Quando eu chegava da escola, quase sempre o encontrava bêbado. As aulas terminavam às duas horas; pegava minha bicicleta e chegava em casa por volta das duas e meia. Como era costume em Charleston naquela época, nos sentávamos à mesa para o "jantar", a principal refeição do dia, lá pelas três horas.

Nessas refeições, tio Noble e eu travávamos uma guerra sem tréguas.

Depois de tê-lo amado sinceramente, passei a odiá-lo, não só porque ele me obrigara a me mudar de Chatham e me privar da companhia dos meus primos e tios, como pelo fato de maltratar minha mãe. Por exemplo, tio Noble e mamãe costumavam disputar um jogo de crianças – utilizando pedra, papel e tesoura – um jogo inofensivo quando jogado por crianças. Mas, quando tio Noble o jogava, ele se tornava maldoso. Há um lance numa certa altura do jogo em que você pode dar um tapa no seu oponente com dois dedos (os dedos imitando a posição de uma tesoura). Tio Noble transformava o tapinha com os dois dedos numa bofetada que deixava o rosto de minha mãe roxo por diversos dias. Ele a forçava a participar do jogo constantemente. Eu ficava horrorizado ao perceber o brilho de perversa alegria nos olhos de tio Noble quando ele esbofeteava minha mãe para valer. Não sei por que ela não o largava de vez naquele mesmo instante.

Uma vez, quando eu devia ter uns oito anos, agarrei-o pelos tornozelos quando ele repeliu violentamente a mão de minha mãe porque ela acendera um cigarro para ele de uma maneira que ele considerou incorreta. Ele nem mesmo se importou comigo, continuou bebericando seu martíni, livrando-se de mim com um pontapé, mas pelo menos deixou minha pobre mãe em paz. Uma noite, ao entrar na sala, deparei-me com minha mãe tentando se defender dele, que avançava ameaçadoramente em sua direção, empunhando um atiçador de brasas. Quando me viu, ele colocou o atiçador de volta no lugar junto com os demais apetrechos da lareira e proferiu uma de suas frases favoritas: – Cai fora. – A expressão era freqüentemente precedida das palavras: – Se não está gostando por que não... cai fora?

Dentro em pouco, o que eu mais queria era realmente cair fora. Minha mãe começou a acompanhar tio Noble nas suas bebedeiras, o que tornava os dois indisponíveis para fazer o que os pais precisam fazer – como, por exemplo, ajudar os filhos com os deveres escolares de casa, levá-los para brincar, pescar ou jogar bola. Minha vida se resumia em ir à escola, brigar com tio Noble, ver um pouco de televisão sozinho e depois ir dormir.

O que tornava as coisas mais difíceis era que tio Noble sabia ser bom, agradável, quando lhe dava na veneta. A vida, raramente, é apenas preto e branco. De vez em quando, ele era bom para mim, mesmo depois de brigas homéricas. Uma dessas ocasiões foi quando fiquei gravemente doente, com febre altíssima, delirante, entrando e saindo de pesadelos tenebrosos, suando com tanta intensidade que meus lençóis ficavam ensopados, e eu me sentia apavorado. Lembro-me nitidamente, talvez porque os estados mentais exacerbados avivem as lembranças, como tio Noble ficou sentado ao meu lado, esperando que a febre baixasse. Ficou comigo até altas horas da noite, passando um pano molhado em minha testa, contando-me histórias dos seus dias de agente secreto... quando eu dava sinais de estar suficientemente consciente para poder ouvir. As histórias eram fabulosas; até hoje não sei se eram verdadeiras, mas eram ótimas de serem ouvidas em meio a um febrão. O médico chegou de noite, aplicou-me um supositório, e a febre baixou imediatamente. No dia seguinte, tio Noble voltou ao seu estado habitual – de bêbado violento.

Quando nos defrontávamos, nos agredíamos com palavras e fisicamente. Ele me batia uma vez ou outra, mas nunca chegou a me dar uma surra ou me causou qualquer lesão física, como fazia constantemente com minha mãe. Queria gostar dele, e acredito que ele também quisesse me amar, mas acabávamos nos atormentando mutuamente. Eu estava sempre defendendo minha mãe, e furioso por não estarmos morando em Chatham, enquanto ele... o que era mesmo o que ele estava fazendo? Por que ele era tão cruel com minha mãe e comigo? Por que ele tratava minha mãe daquela maneira depois de ter se casado com ela? E por que ele não abraçava o garotinho que correra para os seus braços quando o vira pela primeira vez?

Provavelmente, ele diria que era porque eu me tornara um garoto endiabrado, e eu diria que era porque ele se revelara um bêbado inveterado, um sujeito de maus instintos. Ele está morto. Portanto, não posso lhe perguntar por quê. Mas continua sem explicação. Porque o fato de eu ter me tornado um garoto rebelde e ele ter se mostrado um alcoólatra psicótico não explicava satisfatoriamente a razão de ele e eu abdicarmos deliberadamente de algo que poderia ter sido maravilhoso para ambos. Eu poderia ter encontrado um segundo pai e ele por sua vez poderia ter encontrado o filho que nunca tivera. Em vez disso, tornamo-nos o tormento um do outro. Finalmente, quando eu tinha dez anos, minha mãe decidiu me mandar para um colégio interno longe de Charleston, fora do mundo do tio Noble e de volta a Massachusetts, um colégio perto de Boston chamado The Fessenden School.

As batalhas então acabaram. Eu tinha ido embora. A possibilidade de alguma coisa boa acontecer entre mim e tio Noble estava perdida, assim como a de qualquer coisa ruim. Minha mãe se divorciou dele alguns anos depois, mas nunca se recuperou desse casamento. Ela terminou seus dias sozinha em Chatham, tentando não se deixar abater, uma doce e frágil velhinha alcoólatra.

Este é o grande mistério das famílias: por que tanta coisa que poderia ser tão boa freqüentemente torna-se tão má?

Ainda mais misterioso: por que quando tudo dá errado, a vida ainda consegue se redimir e dar certo, como tem acontecido comigo até agora?

Tio Noble não conseguiu acabar comigo. Eu sobrevivi, e até me dei bem com a ajuda de muita gente boa. Nunca mais vi tio Noble depois do divórcio, nem falei com ele, exceto uma vez, quando telefonei para ele em 1987. Estava com trinta e oito anos, e ele teria uns noventa. Tinha acabado de vender os direitos do meu primeiro livro a uma editora. Queria que aquele homem que tinha feito minha mãe sofrer tanto soubesse que sua maldade não tinha conseguido me destruir.

Liguei para "Informações" da telefônica de Carolina do Sul, descobri o número do seu aparelho e telefonei para o bode velho. Ele atendeu e deve ter se sentido mal quando eu me identifiquei. Mas, para seu crédito, não desligou. – O que é que você quer, garoto? – ele perguntou.

É fácil imaginar o que eu queria dizer, mas limitei-me a

dizer que, desde a última vez que nos tínhamos visto, eu me formara pela Universidade de Harvard (que ele abandonara sem chegar a se diplomar), colara grau na faculdade de medicina, terminara minha residência e minha bolsa, e acabara de vender um livro.

Não posso reproduzir suas palavras. Ele me disse uma série de desaforos e que eu estava mentindo. Ao ouvir sua voz rascante, virulenta, visualisei-o sentado na sua poltrona preferida com um copo de bebida na mão. Disse-lhe então que, apesar de ter feito tanto mal à minha mãe e a mim, ele não nos conseguira destruir. Disse-lhe que eu havia herdado as virtudes de minha mãe. Disse-lhe que havia praticado o bem, ajudando mais pessoas nos meus trinta e oito anos do que ele nos seus noventa. A cada investida bem medida, bem pesada, sentia que estava equilibrando os pratos de uma balança especial de justiça que eu não pudera aferir quando era criança. Talvez até valesse a pena tio Noble ouvir minhas palavras. Quem sabe lhe fizesse bem saber, antes de morrer, que seu lado maligno, satânico, não tinha prevalecido. Quem sabe essa constatação, embora tardia, o tivesse ajudado a amenizar o cinismo de sua alma, e fizesse com que São Pedro o visse com mais benevolência?

Mas tio Noble não estava a fim de fazer qualquer concessão no telefonema daquele dia. Ele simplesmente insistiu em me ofender, em me chamar de mentiroso. Percebi que ele estava bêbado, mas quero crer que estivesse suficientemente sóbrio para compreender.

Lembro-me perfeitamente do que disse ao me despedir, das últimas palavras que lhe dirigi. – Sei que você sabe que estou dizendo a verdade. Agora nós dois podemos cair fora das vidas um do outro para sempre. – Houve uma longa pausa do outro lado da linha. A serpente não tinha mais veneno. Ouvi sua respiração ofegante, enfisematosa, enquanto ele não se dispunha a desligar. Percebia o esforço que fazia para articular uma palavra, formar uma frase, mas sua língua estava emperrada, sua boca, tão seca quanto seu coração. Era chegado o momento de cessar as hostilidades. Desliguei o telefone.

Naquele instante, tive a nítida sensação de que o bem vencera a despeito dos mais sombrios prognósticos. Todas as pessoas que me tinham salvo da influência maléfica daquele homem haviam vencido.

Não posso negar, entretanto, que gostaria de poder recuar no tempo e acertar minhas diferenças com aquela alma atormentada. Gostaria que me fosse dada a oportunidade de voltar ao passado e transformar tio Noble no tipo de bom padrasto e bom marido que ele poderia ter sido, não fora o álcool e sabe-se lá o que mais. Também gostaria de poder desfazer a parcela que tenho consciência de ter desempenhado no seu processo de embrutecimento com minhas constantes e impiedosas provocações. Gostaria de ter podido, de algum modo, encontrar o amor que deveríamos ter sentido um pelo outro. Ele existia em estado latente. Simplesmente nunca permitimos que desabrochasse.

Apesar de todas as maldades do tio Noble, nunca cheguei a odiá-lo totalmente. Talvez esse tenha sido o presente que ele me deu. Ele me ensinou que o amor – chame de esperança – pode germinar mesmo no lodaçal do ódio. Ele foi a pessoa que mais odiei em toda a minha vida – e para tanto não me faltaram razões – mas, apesar de tudo, sei que a culpa não coube somente a ele.

Ele deu à minha vida um começo abominável. O que foi então que me salvou do que poderia ter sido um desastre?

A resposta é uma só: gente boa.

O que me salvou é o que salva milhões de pessoas todos os dias. Foram os momentos humanos que me salvaram – momentos de conexão me dando a sensação de força, de segurança, poder e esperança.

O que me salvou foi o que provavelmente salva todos nós.

Naqueles tempos de desamor, havia o meu amigo Bobby Hitt, meu colega de escola em Charleston. Ele teve oportunidade de conhecer o tio Noble de perto nos jantares a que eu o convidava em nossa casa. Bobby também o odiava. O fato de meu amigo poder ver a criatura execrável que ele era, o motivo por que eu o detestava tão intensamente, me dava um certo apoio moral. Bobby também me convidava para sua casa, e eu tinha, então, o privilégio de jantar com uma família normal. O pai dele escrevia no jornal de Charleston, Bobby tinha uma família ruidosa, com muitos irmãos, animais de estimação e uma mãezona que parecia estar sempre atarefada, mas eram todos muito joviais e nunca vi ninguém bêbado.

Bobby e eu pedalávamos nossas bicicletas por toda Charleston e batíamos papos intermináveis enquanto rodávamos pela cidade. Foi ele quem me explicou o que era um prostíbulo antes que eu tivesse a mais rudimentar noção do que fossem relações sexuais, o que explicava minha total perplexidade com o que fosse uma casa de tolerância. Não tive coragem de dizer a Bobby que não sabia o que ele estava dizendo quando me contou o que acontecia num desses estabelecimentos. Na verdade, cheguei a pensar que ele estava inventando aquela história toda, mas ele costumava ser confiável, e acabei acreditando nele. Agora, quase quarenta anos mais tarde, sei que estava dizendo a verdade, mas continuo me perguntando quais seriam as fontes de informação de sua precoce curiosidade.

Brincávamos muito de mocinho e bandido, como se chamava na época qualquer estripulia com armas de brinquedo. Não tínhamos armas de verdade, embora muitos garotos de nossa idade as tivessem. Num outono, nos transferimos para um pântano nos arredores da cidade e construímos um forte num velho barco de pesca abandonado. Improvisamos uma rede elétrica com uma porção de "lâmpadas" que, na verdade, não passavam de lanternas de mão penduradas em pregos fixados nas paredes, erguemos "beliches" com caixotes e panos trazidos de casa, e fabricamos "cadeiras" com pedaços de madeira encontrados em volta do barco. Bebíamos Pepsi, líamos revistas de histórias em quadrinhos no nosso forte e esquecíamos da hora de ir para casa quando anoitecia.

Bobby me fez esquecer o inferno em que eu vivia em casa. Mostrou-me o poder que significa ter um amigo.

E o que dizer do dinheiro? Ele não é o "amigo" mais seguro com que se pode contar quando temos que enfrentar o pior que a vida muitas vezes nos reserva? O dinheiro – e as vantagens que propicia – não é um aliado mais útil e mais confiável do que qualquer "conexão" ou "momentos humanos"? As conexões e os momentos humanos podem dar origem a bons sentimentos, ressalvam os espíritos cínicos, céticos, mas nos dêem dinheiro nos tempos difíceis e não nos faltarão amigos.

Não foi isso o que a vida me ensinou na minha infância. O dinheiro não me ajudou em nada em Charleston. Dinheiro era o que não faltava ao tio Noble e ele estava sempre disposto a gastá-lo, mesmo comigo. Mas não era de dinheiro que eu precisava. Precisava de amigos como Bobby Hitt e sua família e de outros relacionamentos sadios.

A maioria de nós esquece facilmente as lições da infância ou as descarta como contos de fadas. Afinal, a vida é dura, e a hipoteca tem de ser paga. Mas me lembro do quanto significava para mim na ocasião ter um amigo, e o que significa para mim agora. Quando me surpreendo ambicionando mais dinheiro, mais poder, mais influência, ou seja lá o que for, tento me lembrar de que já tenho o de que necessito, bastando me conscientizar disso, valorizar o que possuo, como fazia quando só contava com a amizade de Bobby.

Amigos podem durar a vida inteira, mas é preciso que nos empenhemos para não perder o contato com eles. Perdi contato com Bobby Hitt. – Bobby, se você estiver lendo este livro, por favor, me telefone. De minha parte, também tentarei localizá-lo. Ainda mora na Carolina do Sul?

Manter contato parece mais difícil para os adultos do que para as crianças. Alguns de meus amigos tornaram-se pessoas extremamente ocupadas para se permitirem fazer da amizade uma prioridade. Procurei reatar alguns antigos e fraternais relacionamentos, mas minhas bem-intencionadas tentativas mereceram apenas amáveis agradecimentos, sem qualquer compromisso de restabelecer vínculos de amizade mais profundos. Dizem que isso acontece inevitavelmente à medida que vamos ficando mais velhos. As pessoas se dispersam e tornam-se cada vez mais envolvidas com suas famílias e carreiras, mas eu continuo procurando me manter fiel às velhas amizades, cultivando-as o mais assiduamente que me é possível.

A alternativa, a meu ver, é o vazio, a solidão.

Naturalmente, só poderia nortear minha vida dessa maneira, já que devo minha sobrevivência às pessoas que me salvaram do desastre.

Por acaso, você já parou para pensar quem – ou o quê – o salvou? A pergunta poderá parecer descabida, principalmente se você não teve que transpor grandes obstáculos. – Não sou como você – você poderá me dizer. – Não preciso ser salvo de coisa alguma.

Mas aposto que alguém, ou muitas pessoas, alguma coisa, algum lugar, ou talvez algum animal de estimação, ou até mesmo um time de sua predileção o ajudaram a chegar aonde você se encontra hoje.

Talvez tenha sido um professor, ou muitos professores, como aconteceu comigo. Ou talvez tenha sido sua mãe. Quem sabe foi um sócio que o salvou ou o médico que fez o diagnóstico certo na hora certa.

Nem sempre gostamos de pensar nesses termos. Gostamos de pensar que nos salvamos sozinhos, sem a ajuda de ninguém. Preferimos pensar que somos independentes, auto-suficientes. Mas ninguém o é.

Certos momentos ficam gravados para sempre na nossa memória, como telas preciosas, às quais retorno incessantemente nos meus devaneios. Aconchegando-me à minha avó na sua cama. Tomando uma cerveja com meu amigo Peter Metz depois de nossas partidas quinzenais de squash. Admirando meu caçula, Tucker, dormindo profundamente em seu berço, enquanto a lua ilumina suavemente seu rostinho, tornando-o prateado. Ouvindo meu primo, Tom, me incentivando a seguir a carreira médica quando julgava que não possuía a necessária energia e tampouco os indispensáveis predicados intelectuais. Pedindo Sue – hoje minha mulher – em casamento, num restaurante de Paris, enquanto o impaciente garçom francês, mais preocupado com a comida do que com o intermezzo romântico, insistia para que ela parasse de chorar e começasse a comer antes que o jantar esfriasse. Segurando nos braços nossa primeira e única filha, Lucy, logo depois de ela ter vindo ao mundo. Três anos depois, segurando Jack e, outros três anos mais tarde, segurando Tucker. Esses – e muitos outros momentos – são obras-primas da minha vida, meus momentos humanos, autênticas obras de arte com as quais, de uma maneira ou de outra, somos generosamente contemplados.

Entre as obras-primas há cenas dolorosas. Cedo ou tarde, todos nós somos confrontados com a dor, o sofrimento. Quando isso acontece, carecemos de algo mais do que simplesmente dinheiro. Podemos venerar os capitães de indústria como heróis, os construtores de nossa grandeza – os Bill Gates e Michael Dells de hoje, e os J.P.Morgans e Andrew Carnegies de ontem – mas eles são pateticamente despreparados quando se trata de encontrar a resposta para as perguntas verdadeiramente cruciais.

Olhamos noutra direção ao buscarmos ajuda para as dores e aflições da vida. Olhamos, perplexos, uns para os outros, e nos voltamos, finalmente, para a sabedoria eterna, se formos capazes de situá-la. Eu a encontro nessas palavras de São Paulo aos Coríntios [Epístola I – 13:8-13]:

> *O amor não acaba nunca. Mas, quanto às profecias, estas terão um fim; quanto às línguas, elas cessarão; quanto ao conhecimento, ele acabará. Pois sabemos apenas em parte, e profetizamos apenas em parte; mas quando o completo vier, o parcial chegará ao fim... Pois agora vemos num espelho, vagamente, mas então veremos cara a cara. Agora sei apenas em parte; depois saberei completamente, mesmo como fui conhecido. E agora a fé, a esperança e o amor permanecem, esses três; e o maior deles é o amor.*

Essas palavras de São Paulo são familiares aos cristãos, mas elas falam a todas as pessoas, quaisquer que sejam suas crenças. O que é capaz de salvar todos nós senão a fé, a esperança e o amor? Mesmo que nossa fé não seja em Deus, é a fé que temos de que alguém estará lá quando chegarmos em casa; a fé de que uma pessoa querida nos será fiel; a fé de que o teto não desabará sobre nossas cabeças quando estivermos debaixo dele!

O teto não desabou sobre minha cabeça, embora fosse um teto frágil, abalado, antes de mais nada! Até agora não ruiu. O que me salvou foram as outras pessoas – seu amor – e a fé e a esperança que elas incutiram em mim.

Você é capaz de pensar no que o está salvando?

Conversa maluca

Como médico e, mais especificamente, como psiquiatra, meu dever é tentar salvar pessoas. Ou ajudá-las a se salvarem. Tendo começado este capítulo contando o que me salvou, deixe-me dar-lhe agora um exemplo de como participei da recuperação de alguém, ao menos momentaneamente.

Numa tarde de domingo, durante o meu plantão num hospital de psiquiatria, uma mulher jovem, vinda da rua, entrou intempestivamente na Emergência e anunciou que queria se matar. A ocorrência, em si, não era inusitada. As pessoas que procuram hospitais psiquiátricos freqüentemente estão pensando em suicídio. O que tornou aquela mulher fora do comum – e o que a conservou na minha memória até hoje, decorridos mais de vinte anos – foi o que aconteceu na hora que se sucedeu à sua entrada no hospital.

O nome dela era Ruby, pelo menos foi o que ela me disse. Quando perguntei-lhe a idade, ela me disse para multiplicar o quadrado de dois pelo cubo de dois. Fiz um rápido cálculo e perguntei-lhe se tinha trinta e dois anos. Ela confirmou com uma aceno de cabeça e me pediu um cigarro. Dei-lhe um do pequeno suprimento que mantínhamos exatamente para atender aos mais carentes que vinham da rua. Ela se sentou numa cadeira em frente à minha mesa, deu uma longa tragada no cigarro, cruzou uma perna sobre a outra e começou a balançar a perna de cima nervosamente.

Eu era um estagiário calouro, inexperiente na avaliação da sintomatologia dos suicidas em potencial – para dizer a verdade, era inexperiente em qualquer tipo de avaliação ou diagnóstico. Ruby logo se revelaria um dos meus mais notáveis professores.

– Pode me dizer por que pretende se suicidar? – perguntei-lhe tão casualmente quanto é possível ao se fazer uma pergunta dessa natureza.

– Qual é? – ela disse. – Que tipo de pergunta imbecil é essa? O que é que você sabe da vida, seu doutorzinho de araque?

Não se é treinado para esse tipo de diálogo. Temos que aprender essas coisas na prática. Ninguém estava me observando, exceto Ruby. Não havia ninguém a quem recorrer, ninguém que pudesse me corrigir, me orientar, caso eu pisasse na bola. Pisquei os olhos algumas vezes e mordi a língua. E fui em frente.

– De fato, ainda tenho que aprender, mas quero realmente ajudá-la, se puder.

Ruby assobiou sarcasticamente. Depois nivelou seus olhos com os meus.

– Você acha mesmo que vai conseguir alguma coisa com esse papo furado? Pensa realmente que pode salvar minha vida com essa baboseira de estar a fim de me ajudar? – Ela deu um grunhido e repetiu num tom de zombaria. – Você quer realmente me ajudar? Vejam só, que gracinha! – E anunciou, como se estivesse se dirigindo a um auditório imaginário. – Ele está querendo mesmo me ajudar. O Senhor seja louvado. Estou salva! – Deu uma tragada profunda no cigarro e jogou-o no chão, amassando-o com a ponta do sapato. – Tem outro aí?

– Tenho – respondi e lhe dei outro, esperando conquistá-la com os cigarros.

– O que é que sabe da vida, ou como me ajudar? – ela perguntou.

Meu trabalho consistia em atender quem quer que procurasse espontaneamente o hospital ou fosse trazido pela polícia, ou chegasse numa ambulância, avaliar a pessoa, e depois decidir se ela deveria ser devolvida para o lugar de onde viera ou ser internada no hospital. Tratava-se de um hospital universitário onde eu fazia residência em psiquiatria, mas também era um hospital público mantido pelo estado, e, naturalmente, em condições precárias. As pessoas que o procuravam eram geralmente muito pobres ou mesmo indigentes. Pessoas sofridas, muito diferentes dos residentes (como eu) que deveriam "avaliá-las". Era perfeitamente procedente Ruby me perguntar o que eu sabia da vida, especialmente do tipo de vida que ela levava.

Ruby manteve apagado entre os dedos o terceiro ou quarto cigarro que pedira, continuando com suas ponderações, seus questionamentos.

– Sei que você quer me ajudar. Este é um dado do problema. Mas será que pode me ajudar? Esta é outra questão.

– Você me deixará tentar?

– E por acaso tenho outra escolha? – Ruby respondeu. – Creio que seja a única opção nesta cidade, disposta a bancar o jogo, *n'est ce pas*?

– Ruby, você é muito mais sabida do que eu. Está na cara. Portanto, só poderei ajudá-la se resolver me deixar ajudá-la. Se quiser continuar se divertindo à minha custa, poderá fazê-lo, mas nunca chegaremos a lugar algum.

– Nada disso, negativo – Ruby protestou. – Nunca se menospreze dessa maneira. Sou apenas uma lunática, a escória da sociedade, e você é um doutor diplomado, aperfeiçoando seus conhecimentos neste hospital famoso que faz parte da Faculdade de Medicina de Harvard. Eu é que deveria me curvar diante de você, e não vice-versa. – Era evidente que Ruby conhecia a rotina e os meandros daquele hospital. Seria, provavelmente, uma veterana de muitas internações. Cheguei a pensar em chamar alguém para ver se conseguiam localizar alguma ficha do seu quadro clínico enquanto conversávamos.

– Esteve internada aqui alguma vez? – perguntei.

– Naturalmente – ela respondeu. – Eles já me conhecem lá em cima. Mas essa não é a questão que temos que resolver agora. O que temos que decidir neste momento é se vou me matar com esta pequena arma que possuo. – Ao dizer isso, ela tirou um pequeno revólver do sutiã.

Era uma situação absolutamente inédita na minha carreira. Nunca um paciente havia puxado uma arma na minha frente.

– Isso é uma arma? – perguntei.

– Claro, doutor. Não é brinquedo, não.

Havia uma campainha de emergência debaixo da mesa que eu podia apertar para chamar um segurança, que apareceria imediatamente se eu quisesse fazer isso. Mas me pareceu uma péssima idéia.

– Isso é mesmo uma arma de verdade? – repeti, não acreditando no que estava vendo.

– Como é que é, garoto, está se sentindo com sorte? – ela rosnou numa imitação bisonha de Clint Eastwood. Depois sorriu e apertou o gatilho da arma, que não disparou, simplesmente acendeu uma chama. – É o meu isqueiro. Eu o assustei, doutor? Sinto muitíssimo se lhe causei medo.

– Ok. Ruby, creio que já disse o suficiente para que eu a deixe ir embora.

– Essa não, doutor. Vai me mandar de volta para a rua e deixar que eu me mate como punição por tê-lo assustado com meu isqueiro? Não acha que isso é antiprofissional?

– Ruby, para ser franco, acho que está brincando comigo. Acho que veio até aqui porque está se sentindo entediada, não porque esteja se sentindo mal. Também acho que andou se drogando.

Abruptamente, ela atirou o isqueiro contra mim. Ele passou raspando pela minha cabeça e se espatifou na parede.

– O que é que você sabe sobre a vida? – ela rosnou para mim. – O que é que sabe sobre o que quer que seja? Está vendo estas cicatrizes? – ela grunhiu, arregaçando as mangas para mostrar marcas avermelhadas nos dois antebraços. – Eu me retalho por prazer. É melhor do que a dor que sinto de outra maneira. Não consigo parar de me cortar. É capaz de compreender isso? É claro que não. Não me venha dizer por que vim aqui, ou o que pensa que andei fazendo hoje. Estava no meu canto tentando ser boazinha, me controlar, e resolvi vir até aqui para ver se conseguia algum alívio, e você, seu doutorzinho auto-suficiente que não sofreu um dia sequer em toda sua vida privilegiada, não me venha com esse papo de que estou apenas entediada e por isso vim até aqui encher o seu saco. Não sabe de merda nenhuma.

Permaneci sentado em silêncio. Me dei conta de que havia falado irritado com ela, o que fora um erro. Também percebi que era uma mulher inteligente, escolada, que seguramente tinha muito mais experiência da vida do que eu. Achei que a alusão a uma vida privilegiada poderia ser contestada, mas cheguei à conclusão de que não seria oportuno mencionar as vicissitudes por que passara. Estava começando a compreender a razão de algumas pessoas se referirem à psiquiatria como uma profissão impossível.

– Está certa – eu disse. – Não sei mesmo grande coisa.

– Pois então trate de aprender, porque eu não posso segurar essa barra sozinha – Ruby suplicou, e começou a chorar.

Nesse momento, o telefone da minha mesa tocou. Era o operador da mesa telefônica, Barney, me informando que estava com uma dor de cabeça terrível. Disse-lhe que estava ocupado, diagnosticando uma paciente. Ele respondeu que achava que não ia poder continuar tomando conta da mesa, pois a dor que sentia era insuportável. Era a pior dor de cabeça que já sentira em toda a sua vida. Ele tinha ligado para sua supervisora e ela lhe dissera que ia descer para substituí-lo, mas que, nesse ínterim, ele podia recorrer a mim para ajudá-lo. Disse a ele que ligaria de volta em seguida.

Quando desliguei o telefone, Ruby olhou para mim inquisidoramente.

– O telefonista está com muita dor de cabeça – informei-a.

– Eu também – comentou Ruby.

– Mas o telefonista disse que é a pior dor de cabeça que já teve em toda a sua vida. Isso é um sintoma clássico de hemorragia cerebral. É possível que ele esteja tendo um derrame, acho melhor eu ir até lá dar uma olhada. Ele pode estar correndo risco de vida. Você terá que ir comigo. Não quero deixá-la aqui sozinha com o segurança.

– Por quê? Está com medo de que possa me machucar? – Ruby perguntou timidamente.

– Vamos – eu disse, apanhando um estetoscópio e um aparelho de medir pressão no gabinete de metal da sala de exames. A mesa telefônica daquele hospital era antiquada. O telefonista tinha que usar fones de ouvido e monitorar um painel com centenas de plugues, todos com fios compridos. Quando cheguei perto de Barney, notei que ele transpirava muito e, obviamente, sentia muita dor. Mesmo assim, estava com os fones de ouvido na cabeça e respondia às chamadas.

– Não posso retirar esses fones enquanto não for substituído por alguém – ele disse. – É assim que reza o regulamento. A mesa não pode ficar abandonada.

Toda vez que criticam os funcionários públicos, alegando que eles são ineptos, relapsos, me lembro de Barney se recusando a abandonar seu posto, mesmo com a vida correndo perigo.

– Barney, tire esses fones dos ouvidos. Assumo a responsabilidade.

– Então o senhor terá que colocá-los, doutor.

– Mas não tenho a menor idéia de como isso funciona – protestei.

– Não se preocupe, eu lhe mostro – disse Barney.

– Ok, Barney, mas primeiro vamos cuidar de você. – Pedilhe que me fizesse um breve relato do que estava sentindo e chequei sua pressão arterial. Estava muito alta, ultrapassara o limite de tolerância. – Barney – ordenei –, chame uma ambulância. Diga que se trata de uma emergência.

– É um Código Azul? – Barney perguntou.

– Sim, Barney, é um Código Azul. Siga o procedimento padrão.

Num piscar de olhos, Barney requisitou uma ambulância e logo em seguida começou a chamar pelos alto-falantes o médico de plantão: eu. Cumprindo o protocolo padrão, ele olhou para mim como que perguntando: *E agora, doutor?*

– Retire os fones dos ouvidos e me entregue. – Barney obedeceu relutantemente. A enfermaria de emergência ficava no piso inferior, e a ambulância chegou em menos de um minuto após a chamada de Barney. Enquanto os assistentes subiam apressadamente a escada que conduzia à pequena cabine da mesa telefônica, ouvia as explicações que Barney me dava sobre o funcionamento da mesa. Tenho sérias dúvidas sobre se ele permitiria ser removido caso eu não ouvisse suas instruções. Ouvi-as com atenção, mas ficou claro que eu não era um bom aprendiz.

De repente, a mão de Ruby tocou no ombro de Barney.

– Pega leve, cara, você tem que se cuidar. Deixe que eu assuma o comando. Já fiz isso outras vezes. Conheço essa geringonça. É moleza.

Barney sorriu, como se um pediatra tivesse acabado de chegar para tomar conta do seu bebê. Agora concordava em ser removido. Deitou-se na maca e o transportaram para a ambulância.

Continuei sentado, com os fones nos ouvidos, observando Barney ser levado, enquanto o quadro da mesa telefônica piscava e emitia sons que exigiam resposta. Mas quem sabia o que responder? Se era inexperiente na avaliação de pacientes propensos ao suicídio, era definitivamente ignorante em matéria de funcionamento de mesas telefônicas.

Ruby explodiu. Não num acesso de cólera, mas sim numa estrondosa gargalhada. Ela batia com as mãos nos joelhos, encolhia a barriga, curvava-se e gemia de tanto rir. De pé ao meu lado, ela não se continha diante da hilária confusão que eu aprontara.

– Alegro-me por ver que minha incompetência a diverte tanto – disse, tentando, sem sucesso, enfiar o pino certo no buraco certo.

Sua única resposta foi outro ataque de riso. Ela estava realmente fora de si. Eu ia levando a coisa na esportiva, em parte porque não tinha outra escolha, mas também porque aquilo estava tendo claramente um efeito mais terapêutico para Ruby do que todas as palavras que tínhamos trocado até então.

– Quer minha ajuda? – ela perguntou, tomando fôlego ao tentar controlar seu riso. Suas tentativas para reprimi-lo, porém, faziam-na tossir.

– Sim, aceito de bom grado sua ajuda – respondi.

– Que tal, doutor, como se sente por ter que aceitar minha ajuda? Não consigo resistir à pergunta. – Tentei apertar um botão que me pareceu poder abrir uma linha, permitindo-me responder a uma das muitas chamadas que não paravam de entrar. – Desligue essa linha aí – disse Ruby, rindo novamente. – Ruby, por favor, me ajude – disse, olhando para ela, aflito. – Essas ligações podem ser importantes.

Ela tirou os fones de ouvido da minha cabeça e me cutucou para que desocupasse a cadeira. Quando me levantei, ela assumiu o posto e começou a responder às chamadas, fazendo as conexões corretas para os ramais que estavam acesos. Poucos minutos depois, a supervisora de Barney surgiu ofegante e me agradeceu pela ajuda que eu havia dado. Quando ela me perguntou quem estava operando a mesa de forma tão eficiente, disse-lhe que era uma amiga minha que viera me visitar durante meu plantão, que, felizmente, sabia lidar com mesas telefônicas.

Também mencionei à supervisora o heróico desempenho de Barney, recusando-se a deixar seu posto até ter certeza de que a mesa telefônica seria entregue a mãos competentes. A despeito da hilariedade que o incidente provocara, Barney, de fato, arriscara sua vida. Telefonamos, então, para o hospital e ficamos sabendo que Barney fora socorrido a tempo, que sua crise hipertensiva tinha sido superada e estava sob controle. Ele ia ficar bem.

Depois de entregarmos a mesa telefônica à supervisora de Barney, Ruby e eu voltamos para a sala de exames, onde parecia que havíamos passado horas antes, mas onde, na realidade, não ficáramos mais de quinze a vinte minutos.

Ruby sentou-se, e eu também.

– Você me curou, doutor. Essa rotina foi legal, melhor do que me flagelar.

– Como está se sentindo agora? – perguntei.

– Muito melhor. Esse lance da mesa telefônica realmente me encheu as medidas.

Conversamos um pouco mais, para que eu pudesse me certificar de que Ruby encontrava-se estável, e depois decidimos, de comum acordo, que ela podia ir embora em segurança.

O que aprendi com Ruby naquele dia, e com a situação criada com a mesa telefônica, foi o poder que nos é transmitido ao nos sentirmos úteis. Quando as pessoas se sentem mal, inseguras, ajuda muito se elas puderem perceber que possuem algum valor. Uma boa maneira de sentir que você vale alguma coisa é ter alguém que precise de sua ajuda. Ruby apareceu no hospital naquele dia sentindo seu valor, sua auto-estima, em baixa, e minha entrevista inicial com ela só contribuiu para reforçar seus sentimentos de inferioridade, de valer menos que os outros. Eu tinha o controle dos cigarros, detinha o poder de interná-la no hospital (ou não), era eu quem a estava "avaliando", eu era o médico; ela, a paciente. Não podia fazer outra coisa senão protestar – o que fez com inteligência e agressividade – ou, quando fora de si, se flagelar, dilacerando os braços, o que fizera muitas vezes antes, a fim de sentir algo mais do que a sensação de não ter nenhum valor.

Mas quando, inesperadamente, passei a ser o desvalido, destituído de qualquer valor, quando, fora do meu universo, precisei desesperadamente de ajuda precisamente da pessoa que procurara minha ajuda – bingo! – verificou-se a cura, pelo menos momentaneamente.

Naquele poderoso momento humano, Ruby me ensinou um princípio que tenho aplicado milhares de vezes desde então. É o seguinte: quando alguém – seja lá quem for, não apenas um paciente meu, mas um amigo, uma criança, ou até mesmo um estranho – sente-se abatido, de mal com a vida, freqüentemente ajuda colocar essa pessoa numa posição que lhe permita ajudar, não só para lhe conferir uma sensação de poder e controle, como também de dignidade e valor.

Panfletos

Como Ruby me lembrou na história anterior, é difícil pedir ajuda aos outros. Também pode ser difícil prestar ajuda quando ela nos é pedida. Por mais que as pessoas digam que gostam de ajudar seus semelhantes, na hora de fazê-lo quase sempre sentem-se extremamente constrangidas. Constatei pessoalmente esse fenômeno num dia frio de inverno com minha filha, Lucy.

No início de dezembro do décimo segundo ano de Lucy, ela e eu fizemos uma coisa juntos que nunca tínhamos feito antes: distribuímos panfletos na Harvard Square.

Sempre detestei panfletos porque, até aquele dia, não passara de um receptor passivo desses papeluchos. Eles me eram entregues por panfleteiros agressivos em Harvard Square e em quase todas as outras praças e logradouros públicos por onde tinha andado. Era comum também encontrá-los presos no limpador de pára-brisas do meu carro quando saía de uma sessão de cinema. Não raro, entupiam minha caixa de correio com eles, jogavam-nos na minha varanda; e alguns deles até voavam para o meu quintal nos fundos da casa. Detestava panfletos, assim como as pessoas que os produziam, remetiam-nos pelo correio e, mais do que todas, aquelas que os distribuíam de mão em mão. Considerava um abuso, uma intromissão desrespeitosa obrigarem-me a aceitar um impresso qualquer, protestando contra alguma forma de injustiça de que já tomara conhecimento, ou oferecendo algum serviço que não queria, ou me propondo algum negócio que não me interessava. Eu situava os panfletos e os panfleteiros no topo da lista, lá em cima – ou, melhor dizendo, no sopé, lá embaixo – juntamente com os cartões de assinaturas que caem de dentro das revistas e os telemarqueteiros da hora do almoço, entre os mais irritantes pequenos dissabores do meu dia-a-dia.

Até aquele dia com Lucy.

Era o dia em que a igreja realizava sua feira de artesanato. Artesãos vendiam seus trabalhos, paroquianas vendiam seus doces, bolos, sanduíches e grandes tigelas de sopa quente, e o coro entoava cânticos de Natal, tudo com a finalidade de arrecadar fundos para as obras de caridade da igreja. Era uma boa causa, mas quando me pediram para colaborar, distribuindo folhetos, tentei tirar o corpo fora. Entretanto, tendo escrito um livro sobre a importância de nos comunicarmos uns com os outros, não havia saída, não podia me recusar. Estava sendo solicitado a praticar o que eu pregava, de uma maneira que considerava das mais desagradáveis.

Mas a tarefa era muito pior do que imaginara. O pessoal da igreja me pediu não só para panfletar, mas também para carregar nos ombros um desses cartazes de duas faces exibidos pelos homens-sanduíche. Nunca tinha feito semelhante coisa em minha vida, e certamente achava que nunca a faria. Mas agora estavam me pedindo para circular pela Harvard Square, anunciando a feira de artesanato da Igreja de Cristo, distribuindo folhetos a inocentes espectadores e, ao mesmo tempo, carregando um absurdo cartaz duplo coberto de pontos de exclamação, lantejoulas e outros recursos gráficos para chamar atenção. Eu não só deveria fazer isso como deveria fazê-lo com entusiasmo, empenhando-me para incutir nos passantes um súbito e irrefreável impulso de generosidade e boa vontade. E devia fazer tudo isso com minha filha.

Quando propus a idéia a Lucy, ela me olhou com a mesma expressão de incredulidade com que eu reagira ao ouvir a proposta de uma das organizadoras do evento patrocinado pela igreja.

– Você só pode estar brincando, papai – ela respondeu com uma ponta de indignação. Lucy saíra de uma idade em que não se importava de fazer um papel ridículo em público, poderia até achar divertido, e começara, como uma pessoa adulta, a avaliar cada situação de acordo com critérios sociais muito especiais.

– Pode ser divertido – aleguei, embora, no íntimo, estivesse mais chocado do que ela com a idéia de fazer aquilo.

Então, como de hábito, Lucy me surpreendeu. Depois de uma longa pausa, ela disse:

– Você tem razão, papai, pode ser divertido. Vamos dizer que topamos. – Assim, a pessoa que contava como aliada na minha resistência à embaraçosa incumbência acabou me jogando aos leões.

O dia da feira estava ensolarado mas frio. Quando nossos cartazes-sanduíche foram enfiados em nossas cabeças, apoiados em nossos ombros, e devidamente amarrados, Lucy começou a rir. Mas, ao olhar para ela, senti-me dominado por um novo sentimento. Comecei a me sentir destemido, até mesmo ansioso para entrar na batalha. Passei a me ver como um homem a quem fora delegada uma missão importante a ser cumprida com sua filha. Estávamos numa Cruzada. Ao ataque! – bradei para mim mesmo, quando Lucy e eu apanhamos nossos panfletos e investimos resolutamente contra as calçadas de Harvard Square.

Lucy estava usando seu casaco azul, encoberto pelo cartaz de duas faces, e uma presilha – ou que outro nome tenha – enfeitada com penas cor-de-rosa que prendia-lhe os cabelos louros. (Não saber o nome correto desses adornos é o que nos faz passar por pais caretas aos olhos de nossas filhas.) Com o ar frio congelando-lhe as bochechas, ela estava, se posso dizê-lo, uma gatinha. Por outro lado, não ousava nem imaginar como seria minha aparência usando a minha jaqueta do New England Patriots e mais aquele ridículo cartaz de face dupla.

Quando chegamos à praça, começamos a distribuir nossos impressos às pessoas que lotavam as calçadas. Algumas os aceitavam prazerosamente, enquanto outras os rejeitavam como se fossem radioativos. O que aconteceu na meia hora seguinte me ensinou uma grande lição de vida.

Tentei dar um folheto a um homem que estava vendendo o jornal dos sem-teto, *Spare Change* (Dê um trocado). Pensei que ele talvez compreendesse o sentido da caridade e pudesse querer dar um pulo na feira quando tivesse terminado seu trabalho. Ele olhou para o meu panfleto, depois me olhou brevemente e disse:

– Está brincando!? – Creio que viu em mim um concorrente.

Mas, logo em seguida, ofereci os folhetos a duas mulheres idosas que passaram conversando animadamente como velhas amigas.

– Oh, muito obrigada – disse uma delas, como se eu lhe tivesse oferecido um canapé na hora do chá. – Pode contar conosco. Iremos, com certeza. – As duas senhoras continuaram andando e conversando, com meus folhetos vermelhos destacando-se de suas luvas pretas.

Depois, ofereci o panfleto a um jovem de ascendência asiática com jeito de aluno aplicado de Harvard. Ele era esguio e usava jeans e jaqueta de couro; recusou meu panfleto como se fosse um dado dispensável, irrelevante, para uma pesquisa que tivesse pressa em concluir. Sumiu de minha vista antes que eu pudesse reagir à sua recusa.

Lucy veio correndo ao meu encontro, informando-me com grande entusiamo:

– Vendi três. E você, já vendeu algum?

Parecia realmente que estávamos vendendo os panfletos, embora estivéssemos, é claro, distribuindo-os gratuitamente. Isso porque muitos dos nossos "fregueses" eram pessoas eficientes como eu: pessoas muito apressadas, muito preocupadas consigo mesmas para serem perturbadas por uma menina com um penacho cor-de-rosa ou um sujeito imprensado entre dois cartazes, ambos distribuindo impressos para uma quermesse da igreja. Lucy e eu éramos obstáculos incômodos ao livre trânsito dessas pessoas apressadas para chegar a Algum Lugar Importante. Para esses transeuntes esbaforidos, Lucy e eu estávamos simplesmente obstruindo seu caminho.

Eu estendia a mão para entregar um folheto, e um cavalheiro de aparência distinta – talvez um professor de Harvard, ou quem sabe um Cidadão Orgulhoso, ou um Homem Subindo na Vida – desviava habilmente o olhar de mim. Mesmo quando eu tentava agressivamente me posicionar na linha de visão de uma dessas Pessoas Apressadas, ela conseguia não apenas evitar se confrontar comigo, como passar por mim como se não me tivesse visto. Sentia que sabiam que eu existia, e se sabiam, o que era óbvio a julgar pela destreza com que me evitavam, queriam que eu soubesse precisamente o que eu sempre quis que todos os panfleteiros que havia evitado anteriormente soubessem: que desejavam que eu não existisse, que fariam tudo o que pudessem para que eu me sentisse como se, de fato, não existisse. Oh, como os odiava. O que significava, me parece, que eu percebia e odiava pela primeira vez essa minha faceta.

Enquanto isso, Lucy se esbaldava. Ela, agora, estava "vendendo" seus folhetos praticamente a todo mundo. Esticava a mão jovialmente. Se a Pessoa Apressada a ignorava, não perdia a pose e oferecia com o mesmo entusiasmo um folheto ao próximo passante. Não se deixava abater, recuperava sua esperança num relâmpago.

Mas, a princípio, eu tive problemas. O processo era humilhante. Numa certa altura de nossa incursão a Harvard Square, passamos por uma lixeira. Ah! Subitamente ocorreu-me a idéia de jogar fora todos os meus folhetos e dizer a Lucy que tinha "vendido" todos eles, convidando-a a voltar à igreja para tomarmos um chocolate quente. Depois, poderia reassumir meu papel de uma eficiente Pessoa Apressada e me descartar do meu amaldiçoado cartaz de homem-sanduíche.

Mas não. Não entreguei os pontos. E não foi somente o sentimento de culpa que me fez continuar panfletando. Para meu assombro, estava começando aos poucos a me divertir. Tinha experimentado o outro lado da planfletagem e o achara estranhamente prazeroso. Propiciava-me uma espécie de olhar indiscreto sobre a privacidade das pessoas, uma pequena amostragem do que elas eram quando não sabiam que estavam sendo observadas. Estava aprendendo alguma coisa sobre elas e também sobre mim.

Depois de descarregar meu veneno sobre as Pessoas Importantes, que não tinham tempo para Lucy, para mim, e para nossos folhetos – imaginando-as vazias, pretensiosas, embora eventualmente ricas e poderosas – tive que admitir que elas não eram diferentes de mim (embora provavelmente mais ricas e poderosas), tive que admitir que muitas vezes agira exatamente como aquelas pessoas de nariz empinado, adotando a mesma postura arrogante, rejeitando os folhetos gentilmente oferecidos por meninas graciosas, achando que minha agenda tinha absoluta prioridade sobre panfleteiros de Harvard Square ou de qualquer outro lugar.

Comecei a observar cada pessoa mais de perto. Lucy disse que queria ir "vender" alguns folhetos na Livraria Juvenil Wordsworth porque estava sentindo frio. Fiquei sozinho na beira da calçada depois que ela foi para a livraria. As Pessoas Apressadas começaram a parecer um pouco menos más à medida que notava algum sinal de sofrimento nele ou nela. (Havia algumas mulheres nessa categoria, mas a maioria era de homens.)

E eu comecei a simpatizar ainda mais com as pessoas que aceitavam meus folhetos. Elas estavam infiltradas no meio da multidão como agentes secretos da comunicabilidade. Eu procurava identificá-las e me concentrar nelas, driblando as Pessoas Apressadas. Passei a encontrar um contingente cada vez mais expressivo dessas pessoas. Notava o pequeno sorriso brilhando em seus olhos. Apreciava o milésimo de segundo do olhar que me lançavam ao aceitarem o folheto. Nesse milésimo de segundo, verificava-se uma rápida e explosiva troca de energia, um momento de afirmação. Era como se fizéssemos parte de uma sociedade secreta determinada a não permitir que a Vida Apressada consumisse nossas almas.

Comecei a perceber detalhes, como o broche cintilante no casaco folgado de uma mulher, ou a maneira elegante com que um homem enfiara seu cachecol no seu paletó, fazendo-o parecer ao mesmo tempo um adorno e um agasalho. Passei a antecipar com prazer cada encontro, cada oportunidade de descobrir o tipo de pessoa que seria o próximo transeunte que abordaria. Comecei a ver a alegria que as Pessoas que Paravam pareciam demonstrar naquele fugaz milésimo de segundo de suas vidas, em que aceitavam um panfleto oferecido por uma garota sorridente e um homem desajeitado carregando cartazes nos ombros.

O panfleto parecia dar a elas um pretexto para pararem, em vez de constituir propriamente um obstáculo. Algumas chegavam a puxar conversa comigo. – Onde é que fica a igreja? – ou – Esta menina é sua filha? – ou – Não é maravilhoso que Harvard Square esteja parecendo tão impregnada do espírito natalino hoje?

Outras se aprofundavam mais. Uma delas foi um homem que se parecia com William Holden um pouco mais velho. Vestia roupas velhas, surradas, mas elegantes. Estava precisando fazer a barba e os cabelos estavam emaranhados por falta de uma boa lavagem. Ele se aproximou de mim casualmente e pegou um panfleto, apertando minha mão – um gesto inesperado, surpreendente, de parte de uma pessoa ao receber um folheto, um panfleto, ou um impresso de qualquer natureza. – Ora, ora – ele me disse, me cumprimentando como se eu fosse o Prefeito das Pessoas que Param –, está me parecendo um pouco perdido aqui. Venho observando-o mas está começando a entrar no espírito da coisa. O segredo é seguir o fluxo. Não deixe que os bastardos o derrubem. A maioria é gente boa, é preciso saber escolhê-los. É uma espécie de pescaria.

Conversamos durante algum tempo. Aquele homem era um mendigo experiente. Mas também era um filósofo, um psicólogo e um conhecedor de finas iguarias fora de suas possibilidades financeiras. A julgar pelos seus conhecimentos gerais e a qualidade da sua linguagem, também poderia ser um ex-aluno da Universidade de Harvard, que os caprichos da vida tinham reduzido à condição de pedinte na sua praça.

– Gosto das ruas – ele me disse. – Gosto do que faço e de fazê-lo neste lugar. Cada dia traz uma nova surpresa. Nunca fico entediado nem sofro de estresse.

– Mas como consegue sobreviver? – perguntei ao homem a quem, na minha cabeça, dera o nome de Felizardo.

– De biscates. As pessoas das lojas me conhecem. Há muito trabalho que ninguém quer fazer. Levar e trazer recados, capinar, lavar janelas, varrer calçadas. Estou sempre ocupado. Ganho mais do que gasto. Ficaria admirado se soubesse o montante de minha conta bancária. Poupo para minha aposentadoria – ele acrescentou, piscando o olho.

Depois, desapareceu como que por encanto, quase como se fosse um fantasma. Nem me deu a chance de lhe dar algum dinheiro. Suas últimas palavras para mim foram:

– Continue o bom trabalho. Estaremos aqui quando precisar de nós. Até mais ver! Até mais ver! – Seria esse o vocabulário de um mendigo? Senti-me como se um mentor estivesse se dirigindo a mim. Prometi a mim mesmo que não esqueceria a lição de Felizardo e das mulheres de luvas pretas. E das Pessoas que Param. Jurei que aprenderia a parar. E tentaria continuar o que Felizardo chamara de "bom trabalho". Lamentei que tivesse resistido tanto à idéia de panfletar.

Continuando a distribuir os folhetos, imaginei o que Felizardo teria querido dizer ao declarar: "Estaremos aqui quando precisar de nós." Não deveria ser o contrário? O que é que eu precisava dele?

Ao permanecer ali, perdido em pensamentos e um pouco atordoado, me dei conta de que precisava do exemplo dele. Precisava acreditar nele, antes de mais nada, e não descartá-lo como um neo-hippie maluco. Precisava levá-lo a sério, tão seriamente quanto Thoreau ou João Batista, pessoas à margem da vida mas que falam ao seu coração.

A ironia é que aqueles – como eu – que vivem no universo convencional da vida podem aprender muito com aqueles que – como Felizardo, Thoreau ou João Batista – vivem à margem da vida. Estamos ocupados ganhando dinheiro, criando filhos, mantendo-nos em forma e "sendo responsáveis", enquanto eles estão ocupados num outro plano. Graças a Deus que eles estão lá, como Felizardo me lembrou, quando precisamos deles.

Saindo da livraria, Lucy veio ao meu encontro, orgulhosa por ter "vendido" todos os seus folhetos antes de mim. Dividi com ela os que ainda me restavam e os distribuímos juntos.

Ao nos dirigirmos à igreja e ao chocolate quente que nos aguardava, senti que tinha mudado. Naturalmente, na minha idade, ninguém muda radicalmente. Mas, juro por Deus – para usar uma expressão que meu avô repetia a toda hora – que tinha visto uma coisa realmente especial. Ia me lembrar para sempre daquele dia em Harvard Square, tentaria mantê-lo na minha memória como se tivesse sido Scrooge[1] visitado pelos espíritos de Natal.

Tinha visto a vida de um novo ponto de vista. Tinha visto a vida sob o ponto de vista de Felizardo, um homem que o mundo via como um vagabundo mas que eu agora via como um mensageiro, um profeta. E também me tinha visto sob o meu pior aspecto: o de um Homem Apressado. Mas, por outro lado, tinha visto pessoas que tinham aprendido a parar o suficiente para se abrirem ao inesperado da vida.

Em suma, eu tinha visto o momento humano numa praça pública. Ele está aqui e ali, agora. Está em toda parte. O significado e o amor residem em qualquer momento, em qualquer lugar, como a seiva de uma árvore à espera de ser extraída. Mensageiros, como nossos filhos e como Felizardo, tentam nos dizer o tempo todo como captarmos esses momentos. Podemos aprender a captar cada momento humano. Poderemos então viver a vida como fomos feitos para vivê-la.

---

[1] Ebenezer Scrooge, personagem de *Um conto de Natal*, de Charles Dickens. Scrooge era um homem mesquinho que achava o Natal um desperdício de tempo e dinheiro. (N. do T.)

ECOS...

Às vezes, freqüentemente, sempre

Mensageiros, como Felizardo e Ruby, surgem em nossas vidas regularmente. Temos apenas que saber distingui-los por trás de seus disfarces. Eles não costumam trazer uma tabuleta pendurada no pescoço anunciando: Profeta ou Pessoa que Pode Acrescentar Sentido à Sua Vida.

A autora da história que segue é uma autoridade mundial em dificuldades de aprendizagem, conhecida por suas notáveis conferências proferidas no mundo inteiro. Neste relato, ela narra um episódio ocorrido pouco antes de uma de suas conferências. Neste caso, o mensageiro foi uma pessoa necessitada de ajuda. Ao oferecê-la, a autora recebeu uma grande dádiva.

Ao ler este relato, é importante que você saiba que a autora, a quem chamarei de Anne, tem mais de setenta anos, teve câncer de mama e foi submetida a uma mastectomia há mais de dez anos. Viu seu marido, após cinqüenta anos de casamento, sofrer um enfarte que afetou suas faculdades mentais a ponto de requerer internação numa clínica de assistência especializada permanente. Anne pode visitar o marido, é reconhecida por ele, que, no momento, não se lembra dos detalhes da visita. Contudo, Anne é uma pessoa que tem uma visão da vida tão honestamente otimista quanto qualquer outra pessoa que conheço ou tenha conhecido. Ela irradia uma energia positiva porque parece encontrar sempre calor e esperança mesmo nas circunstâncias mais adversas.

– E.H.

Pensei que poderia prever cada momento daquele dia rigorosamente planejado. As fichas com minhas anotações estavam em ordem. Os perfis estavam no auditório, prontos para serem distribuídos. Esperava dispor de generosas seis horas para dissertar sobre compreensão de leitura; como ajudar os leitores a estabelecer uma ponte com os escritores, com idéias e com si próprios; como casar palavras impressas com conhecimento, emoções e questionamentos que trazemos dentro de nós. Embora alguns tipos de compreensão se desenvolvam espontaneamente, a maioria dos alunos precisa ser orientada por professores perfeitamente familiarizados com o processo.

Naquele dia, estava usando um amuleto para afastar a preocupação. Classicamente, esses pitorescos pequenos amuletos individuais de origem guatemalteca são guardados num jarro ou num prato. Quando seu portador coloca alguns debaixo do travesseiro, à noite, sua função é absorver as preocupações da pessoa que acredita nos seus poderes, proporcionando-lhe um sono tranqüilo. Mas, reza a lenda, quando os amuletos são montados aos pares, intercalados com pequenas contas de madeira, como no meu colar, elas se tornam Amigas em relação ao mundo e umas das outras.

Contando com trinta minutos antes de virem me apanhar, planejei me sentar no lobby do hotel e dar os últimos retoques na introdução de minha palestra. Enquanto aproveitava esse intervalo disponível, um homem esbaforido emergiu do corredor, dizendo à mulher atrás do balcão ou, quem sabe, a todo mundo:

– Não consigo falar pelo telefone do meu quarto. Como se faz uma ligação interurbana?

Ela respondeu laconicamente:

– Ele funciona como qualquer outro telefone. Basta ligar para a companhia telefônica ou qualquer que seja sua operadora. Tem que usar seu PIN.

Pela expressão do seu rosto, percebia-se que as palavras não faziam o menor sentido para ele.

– É uma emergência. Preciso fazer uma ligação urgente.

A mulher encolheu os ombros e deu-lhes as costas.

– Use-o como qualquer telefone público.

O homem estava pálido, parecia perplexo, arrasado. Levantei-me e me aproximei dele, explicando que não tinha podido deixar de ouvir o que ele dissera, que muitas vezes eu também ficava confusa com a terminologia telefônica. Peguei meu telefone celular e me prontifiquei a fazer a ligação para ele. Ele deu um passo atrás, hesitante, mas claramente querendo aceitar meu oferecimento. Disse-lhe que minha assinatura pré-paga me permitia ligar para qualquer lugar, a qualquer hora, sem ter que pagar taxa de ligação interurbana.

– É grátis. Diga-me, por favor, o número do telefone com o qual quer falar para que eu possa completar a chamada para o senhor. – Quando o número começou a tocar, passei-lhe o aparelho e virei as costas para dar-lhe a ilusão de privacidade. Ouvi quando ele disse à pessoa que atendeu que sua filha passara doze horas numa mesa de operação, que os médicos estavam fazendo tudo ao seu alcance, mas ela estava muito fraca, correndo sério perigo de infecção. Por esse motivo, seus filhos não deviam vir visitá-la tão cedo. Ele disse que não sabia quando poderia ligar novamente, nem como daria a notícia ao resto da família. Então, sua voz ficou trêmula e não conseguiu mais falar. Disse apenas que tinha que se despedir, e me devolveu o telefone porque não sabia como desligá-lo.

Ele começou a me contar o que havia acontecido. Sua filha havia prendido a manga direita da roupa na engrenagem de uma desfolhadora. A máquina tinha engolido não só o tecido de sua jaqueta como seu antebraço. Ao dizer isso, seu corpo começou a tremer e os soluços sufocaram suas palavras. Abracei-o, procurando consolá-lo, e encostei sua cabeça no meu ombro. Não sabia o que dizer. Seria completamente imbecil dizer-lhe que não se preocupasse, que tudo ia acabar bem. Tudo que me ocorreu dizer foi que dava para perceber que ele amava muito a filha. Isso calou fundo na sua alma.

– Tem razão. De fato, eu a amo muito.

Ele ergueu a cabeça do meu ombro e parou repentinamente de chorar.

– Não devia estar fazendo isso. Não devia estar soluçando dessa maneira. Devia ser forte. Sou um policial.

– Devia chorar sim. O senhor ama sua filha profundamente, e ela está em estado grave. É natural que fique preocupado e emocionado. Provavelmente, também deve estar exausto. Como chegou aqui? Está sozinho?

Ele explicou que a filha tinha sido transportada de helicóptero, e que ele e a mulher tinham vindo de carro. Sua mulher chegara a ver o helicóptero de socorro médico sobrevoando a casa deles, mas jamais poderia supor quem fosse o paciente. Ele me disse que sua mulher estava no quarto do hotel, esperando que ele lhe dissesse se tinha conseguido fazer a ligação interurbana. Pedi-lhe que trouxesse a mulher e a lista com os números dos telefones da família. Eu faria as ligações para eles, quantas vezes quisessem, nos próximos trinta minutos de que dispunha. Enfatizei que seriam todas de graça. Ele olhou para mim, visivelmente aturdido, relutante, constrangido, confuso e assustado, mas ao mesmo tempo ansioso para que alguém tomasse a decisão por ele.

– Façamos isso por sua mulher. Podemos ajudá-la.

Muitos minutos depois, ele reapareceu de mãos dadas com a mulher. Os cabelos dela estavam desgrenhados, os olhos vermelhos de não dormir e de tanto chorar. Os dois lembravam João e Maria, perdidos na floresta. Poupei-a das apresentações, limitando-me a pedir o número do telefone de algum parente para quem achassem que devia ligar. Quando a ligação foi completada, passei-lhe o telefone. Seu marido encaixou sua mão na minha como quando se liga um interruptor numa tomada para se obter energia elétrica. Segurei a mão dele enquanto a mulher falava. Na ligação seguinte foi ele quem falou. Ela ficou segurando minha mão. E assim prosseguiram, os dois se revezando no telefone, dando notícias da filha.

Quando acontecem coisas ruins, precisamos desabafar, extravasar, contar o que sucedeu em voz alta. É assim que nos conscientizamos da verdade. Finalmente, eles terminaram de falar com todas as pessoas que constavam da lista, e chegara o momento de eu ter que ir embora. Beijei cada um deles, desejando melhor sorte para a família.

No auditório, deixei de lado minha introdução cuidadosamente preparada. Tocando primeiro no meu colar, expliquei às pessoas presentes como as bonecas, isoladamente, representavam preocupação, mas a partir do momento em que eram dispostas em pares, tornavam-se Amigas – símbolos emblemáticos da amizade.

A seguir, contei-lhes a história do casal tão amargamente atingido pelo acidente da filha, e como, por intermédio dele, eu recebera uma grande dádiva. Um aparelho de plástico, preto, um telefone celular, tinha sido o meu passaporte para o mundo interior de duas almas que sofriam. Eu tinha sido privilegiada por presenciar uma comovente cena de amor e solidariedade, uma demonstração de afeto e dedicação entre pais e uma filha, marido e mulher. Aquelas pessoas me proporcionaram a oportunidade de poder ajudá-las quando estavam desamparadas, entregues à dor. Pessoas altivas, habitualmente competentes, muitas vezes não sabem fazer isso. Aquele casal quase não ousara fazê-lo, mas, impulsionado pelo desespero, se arriscara.

Finalmente, declamei o juramento dos médicos gravado no pedestal da estátua do dr. Livingstone Trudeau, em Saranac, Nova York: "Curar às vezes, aliviar freqüentemente, confortar sempre."

Esse mesmo juramento pode e deve ser feito por todos nós. Com a ajuda de educadores, pais e dos próprios estudantes, às vezes podemos curar a ignorância, oferecendo conhecimento. Nas salas de aula, freqüentemente podemos aliviar a ansiedade, demonstrando estratégias bem-sucedidas. E, ao lidarmos com outros seres humanos, podemos sempre confortar, tornando-nos intelectual e emocionalmente disponíveis.

Não há compromisso mais solene.

Não há maior privilégio.

Um anjo de misericórdia

Enquanto Anne ajudou intencionalmente os personagens da história anterior, a autora da próxima narrativa ajudou sem saber que o estava fazendo. Freqüentemente, este é o caso. Simplesmente não sabemos quando o gesto aparentemente mais insignificante – como um "muito obrigado" ou um tapinha nas costas – é capaz de mudar uma vida.

Por exemplo, um amigo meu me contou a história de um padre que estava decidido a renunciar aos seus votos e abandonar a batina, desencantado com a corrupção que presenciava no seio da Igreja, desesperado com a indigência da caridade que vinha praticando. Até que certo dia foi cortar o cabelo. Seu velho barbeiro, que pertencia à sua paróquia, disse-lhe, enquanto lhe cortava o cabelo, que vinha pensando em suicídio, mas que desistira da idéia quando se lembrou do padre, do homem generoso e autêntico que ele era. – Eu estava cheio de tudo – disse o barbeiro –, de todos esses impostores e vigaristas que andam por aí, e, uma vez que meus filhos estavam criados e minha mulher já tinha partido, pensei em ir fazer-lhe companhia onde quer que ela se encontre, para onde vamos depois que morremos. Mas, aí, pensei no senhor. – Nesse ponto, o barbeiro interrompeu o corte de cabelo e colocou a mão no ombro do padre por um breve instante.

– Aquele toque foi elétrico – o padre contou ao meu amigo. – Sentado naquela cadeira antiquada, vendo minha imagem refletida no grande espelho de Joe, meu barbeiro,

com a mão no meu ombro, me dizendo que acreditava em mim o suficiente para abandonar a idéia de suicídio, cá para nós, o que é que eu podia fazer? Era preciso ser muito cínico para não ver que uma força superior estava agindo naquele instante. Você não acha?

Joe, o barbeiro, não fazia idéia de quanto estava ajudando o padre naquele momento crucial de sua vida. É geralmente assim com os momentos humanos. Tal como aconteceu no relato que segue.

– E.H.

Não tenho nenhum treinamento formal em vendas a varejo, mas todo Natal ajudo meu irmão, trabalhando em sua loja. Numa véspera de Natal, estava atrás do balcão fazendo embrulhos para presente, quando meu irmão colocou um par de magníficos castiçais de bronze, com quase um metro de altura, em cima do balcão e me pediu para emitir o recibo para uma mulher que os adquirira. Deixei de lado o material de embalagens e me encaminhei em direção à encantadora loura que estava de pé do lado oposto do balcão, com a mão longa apoiada na base de um dos castiçais. Sorri para a compradora, intrigada com o fato de sua fisionomia me parecer tão familiar.

– Vocês aceitam American Express? – ela perguntou quando registrei o valor de sua compra e lhe disse o quanto devia. Confirmei com um gesto de cabeça, admirada por também achar sua voz familiar, com uma doçura musical e inconfundível inflexão européia. *De onde é que conheço esta mulher?*

Sorrindo, ela me entregou o cartão de crédito. Verifiquei o nome. O sobrenome não me impressionou, mas o primeiro nome, Leatrice, reconheci imediatamente. Olhei novamente para seus sorridentes olhos de safira.

– Queira desculpar minha impertinência, mas, por acaso, é enfermeira de algum hospital? – perguntei.

– Sou, sim – ela respondeu, um tanto surpresa.

– Perdoe-me, por favor, se não conseguir conter minha emoção – eu disse, já começando a sentir os olhos marejados.

– Exatamente na data de hoje, há quase dez anos, eu estava num hospital com um abscesso no rim, e a senhorita era a enfermeira de plantão na noite em que fui internada. – Lembrei-me nitidamente de ter lido seu nome, Leatrice, no seu crachá naquela noite horrível, quando colocou delicadamente a mão fresca na minha testa febril.

– De fato, costumava trabalhar no turno da noite naquela época – ela respondeu pausadamente, dilatando as pupilas ao me examinar mais de perto. – Estou me lembrando de você agora. Os abscessos renais são bem raros. Estávamos todos muito preocupados com você – ela acrescentou suavemente, estendendo a mão sobre o balcão para me cumprimentar.

– Você foi tão boa para mim. Eu estava sofrendo demais, sentindo muita dor, e você foi um verdadeiro anjo de misericórdia para mim. Deus a abençoe por sua bondade – disse a ela, com as lágrimas rolando pelo meu rosto ao me lembrar daquele abcesso praticamente apagado de minha memória.

– Espero que tenha se recuperado completamente – ela disse, continuando a segurar minha não na sua.

– Oh, sim – assegurei-lhe, enxugando as lágrimas com a outra mão.

– Você teve muita sorte – ela disse quase num sussurro.

– Sei que fui abençoada com um excelente atendimento. Minha gratidão pelos bons cuidados que recebi não diminuíram com o tempo. Especialmente nesta época de Natal, aniversário da cirurgia, levanto as mãos para o céu por ter sido tão afortunada. Mas você foi uma enfermeira maravilhosa. Tenho certeza de que todos os pacientes entregues aos seus cuidados abençoaram a sorte de contar com sua competência e dedicação.

– Talvez – ela disse meditativamente. Terminei de processar a compra que ela fizera com o cartão de crédito, entreguei o recibo e ajudei-a até a porta com seus castiçais.

– Feliz Natal e muito obrigada – ela disse, me abraçando.

– Feliz Natal para você também – eu disse, descansando os castiçais para retribuir o abraço. – Obrigada por ter sido um anjo de misericórdia para mim – acrescentei calorosamente.

– Você foi o anjo de misericórdia, querida – ela disse suavemente, e notei lágrimas nos seus translúcidos olhos azuis. – Estou chorando porque, ao me dirigir de carro para o trabalho naquela noite, estava me questionando sobre os rumos de minha vida, me perguntando se devia continuar minha carreira de enfermeira. Estava me sentindo realmente perdida, começando a entrar em desespero – ela admitiu. – Então, fui lhe fazer uma visita rotineira, para checar seu estado. Você mal podia se mexer, estava sentindo muita dor, mas mesmo assim me abençoou por ter ido vê-la. Nunca me esquecerei disso. Perdi a conta dos pacientes que atendi ao longo dos anos, mas você foi a única que sempre me abençoava. Você mudou minha vida naquela noite. – Ela beijou meu rosto, apanhou os castiçais e encaminhou-se para a porta.

Dei-lhe adeus com um aceno de mão e ela sorriu, olhando para trás ao partir. Depois, desapareceu. Tínhamos nos encontrado casualmente em duas ocasiões num espaço de muitos anos, mas sabia que nenhuma de nós jamais poderia esquecer a outra. Tínhamos nos salvado reciprocamente, cada uma à sua maneira.

Gelo

Enquanto na última vinheta ocorreu um momento humano chave quando alguém disse "obrigado", nesta, escrita por um homem que hoje é professor, um momento-chave aconteceu quando uma pessoa ficou zangada. Às vezes, os momentos humanos mais poderosos e úteis emergem em meio a conflitos, e até mesmo raiva. (E, esteja prevenido, a raiva aqui pode se expressar em termos pesados, de baixo nível.) Isso se deve ao fato de a intimidade sempre gerar conflitos. Conflito não é o oposto de conexão, entrosamento. O oposto de conexão é indiferença. Quando você se importa o suficiente para ficar zangado, é sinal de que ainda está conectado.

– E. H.

D e certa forma, meu relacionamento com meu pai sempre foi estranho. Não sou capaz de defini-lo com exatidão. Não no início, naturalmente. Éramos muito unidos quando eu era pequeno. Mas, com o tempo, à medida que fui mergulhando numa adolescência tumultuada, fui me afastando dele com maneiras que sei (sobretudo agora que sou pai) que o magoaram. Passei a desrespeitá-lo ao tomar certas atitudes por que hoje me recrimino, em grande medida desde sua morte há dois anos.

Sou o filho do meio de uma família de cinco irmãos, mas o primeiro menino, e havia muitas expectativas por causa disso. Meu pai era um atleta frustrado, especialmente na prática do hóquei, esporte no qual ele se lamentava ter conseguido um desempenho apenas razoável depois dos trinta anos. Atribuía sua mediocridade ao fato de ninguém se ter dado ao trabalho de treiná-lo convenientemente na sua juventude. Seu pai, cirurgião bem-sucedido e professor emérito de Harvard (também famoso jogador de beisebol em Yale), nunca o vira jogar o que quer que fosse, nunca estimulara as habilidades de meu pai, exercitando-o no quintal da casa onde moravam. Sei disso porque ele me contou essa história inúmeras vezes.

Eu estava jogando mal naquele dia. Faltava-me coordenação não sei por que motivo, e não conseguia fazer nada certo. Meu pai tinha tido mais um dia péssimo no seu negócio que ia de mal a pior, e começou a berrar para mim das arquibancadas, como sempre fazia. Meu pai gritava tanto nos rinques de hóquei que nenhum dos outros pais ficava perto dele. Fui derrubado no meio da quadra de gelo e soltei meu bastão.

– Levante-se! – ele berrou. (Quando ele berrava eu não conseguia ouvir mais ninguém.) Procurei recuperar meu bastão, mas o deixei cair novamente. – LEVANTE-SE! – ele continuou bradando. Não conseguia me levantar apesar de tentar desesperadamente.

E então me deu um estalo. Consegui me acalmar enquanto o jogo prosseguia à minha volta. Peguei meu bastão e, ignorando tudo o mais, esquiei lentamente em direção às arquibancadas. Com toda força de meus pulmões gritei:

– F..., seu merda – erguendo o braço num gesto de vitória. Todo o mundo ficou em silêncio. Fui para o banco dos jogadores e enfiei a cabeça entre as mãos. O treinador veio ao meu encontro enquanto todos os que estavam no banco olhavam para mim, estarrecidos. – Está se sentindo bem? – o técnico perguntou.

– O que foi que eu fiz? – foi tudo o que pude dizer.

A volta para casa foi longa, silenciosa, um momento penoso de que jamais me esquecerei. Ficamos sem falar um com o outro durante um dia e meio. Recordo-me nitidamente de como me senti triste, abatido, naquela ocasião. Estava no primeiro ano do ensino médio, podia ser um bom jogador de hóquei talvez atravessando uma má fase, mas era um fracasso em tudo o mais. Estava atolado até o pescoço, engajado numa batalha de vida ou morte pela minha identidade. Ingressara recentemente numa escola com quatro mil alunos, e estava perdendo a batalha. Andava fumando maconha, bebendo, me deixando reprovar deliberadamente em álgebra, tirando notas baixíssimas em todas as outras matérias, embora pudesse ter um aproveitamento muito melhor. Estava desapontando meu pai em todos os sentidos. E, agora, o humilhara publicamente, e não estávamos nos falando.

Finalmente, meu pai e eu resolvemos cessar as hostilidades. Ele iniciou a conversa e estabeleceu o tom. Estava calmo, mas visivelmente triste. Não precisava dizer isso.

– Precisamos acertar alguns pontos – foi a sua abertura. Estava calmo e afetuoso, ao contrário do que eu julgava que merecia. Mas foi uma porta aberta, e eu precisava dela. Permaneci calmo, e disse a ele que necessitava de espaço como atleta, que precisava jogar para mim, não para ele. Tive que lhe dizer que ele precisava respeitar o fato de eu ser um jogador empenhado, procurando sempre dar o melhor de mim, e sabia quando estava num mau dia. Não era preciso que ele se esgoelasse me dizendo isso. Também lhe disse que me tornara um bom jogador de hóquei graças aos seus bons ensinamentos, e que queria continuar discutindo com ele certos aspectos do jogo – essa era a nossa única conexão – mas que era imprescindível que nosso relacionamento mudasse.

Minha vida mudou efetivamente depois disso, embora tenha se passado mais de um ano para eu largar as drogas e começar a melhorar meu desempenho no colégio. Mais tarde me dei conta de que essa mudança de comportamento se devera à postura que meu pai passou a adotar. Ele recuou para um discreto segundo plano. Nunca mais gritou comigo durante um jogo. Depois dos jogos, ele me perguntava o que eu achara da partida, não se limitava a apontar meus erros. Podíamos conversar novamente sem nos digladiarmos. Ainda havia muitas coisas sobre as quais não falávamos, mas ele me outorgou o poder de que eu necessitava, embora isso não deva ter sido fácil para ele.

Sempre respeitei aquele momento de conexão, de interação entre nós, quando ele renunciou à sua autoridade – bem intencionada, porém nociva – entregando-me as rédeas de minha vida. Esse momento-chave volta à minha mente com freqüência.

Penso nisso ao trabalhar com adolescentes. Eles podem ser muito difíceis, mas o que procuram incessantemente é o que lhes é negado: poder. Se conseguir criar estratégias especiais e interações individuais na sala de aulas, para conferir-lhes esse poder de uma forma que os ensine a utilizá-lo da melhor maneira, então estarei no caminho certo que me permitirá conquistar-lhes a confiança e seus jovens corações.

Agradeci a meu pai por isso no elogio fúnebre que proferi em sua memória.

1-800...

Embora na história anterior tenhamos podido ver o que aconteceu a longo prazo, a vida não nos dá essa oportunidade se as pessoas envolvidas forem estranhas, não mantiverem relações. Alguns dos momentos humanos mais memoráveis – como os meus com Ruby e Felizardo – acontecem com pessoas que não vemos nunca mais. Ficamos curiosos, querendo saber o que acontecerá depois, como a autora do episódio que segue.

Não há uma certeza lógica do que poderá suceder no futuro. Não posso oferecer a esta autora ou a qualquer outra pessoa um desfecho previsível dos acontecimentos. Afinal, coisas ruins acontecem. No entanto, acredito com a mais absoluta convicção, baseado na minha experiência, que se você conferir energia positiva a qualquer coisa que esteja acontecendo, mesmo que seja só um pouquinho, o que pode ser feito com um simples sorriso ou dois dedos de prosa, isso pode ajudar. Às vezes ajuda muito.

– E. H.

A temperatura estava abaixo de zero num dia do começo de fevereiro quando notei que meu aspirador de pó não estava funcionando bem ou, como preferia pensar, estava "disfuncionando". Disfunção é uma palavra que aprendi lendo livros de auto-ajuda. Na ocasião, possuía pelo menos uns 150 desses livros, mas nenhum deles podia ajudar meu aspirador de pó a remover migalhas de bolo de arroz das entranhas do meu sofá. Todo o espaço à minha volta estava recoberto por uma camada bege de farelos de bolo de arroz. Eu comia bolos de arroz o tempo todo, como doida. Era fanática por comida natural, esperando que uma alimentação saudável, isenta de agrotóxicos, pudesse me livrar de doenças imprevisíveis. É uma ilusão ingênua, confortadora, que acalento. Todos nós precisamos de um pouco de ilusão para podermos enfrentar o dia-a-dia.

Liguei para o número 800 que constava do cartão de garantia, que não cheguei a remeter para o fabricante. Quando a ligação foi completada, uma gravação interminável de opções me encaminhou para uma série de instruções que resultaram, finalmente, na chegada à linha de uma voz humana.

Sou fissurada em conhecer gente. Adoro ouvir vozes de pessoas estranhas. Quando falo com elas pelo telefone, acho fascinante imaginar detalhes de suas vidas. No teatro de minha imaginação, as cenas se improvisam arrebatadoramente. Onde estará a pessoa com quem estou falando? Num cubículo? Numa sala gigantesca cheia de mesas? Trabalhando em casa? Haverá brinquedos coloridos espalhados pelo chão enquanto um ensopado cozinha em fogo brando na panela de barro? De que será o ensopado? Será de carne? De frango? Ou será um tofu? Todas essas indagações me levam a desejar me comunicar com essas pessoas, conhecê-las um pouco e sentir que as toquei e fui tocada por elas. Para mim, há qualquer coisa de exótico nisso, como a sensação de viajar para terras distantes.

A voz humana do outro lado da linha era feminina, anasalada, rouca.

– Charlene falando, em que posso ajudá-la?

Charlene era indubitavelmente de uma região rural do Oeste. Seu sotaque característico sugeria que a qualquer momento ela poderia começar a cantar para mim, numa sofrida interpretação, "Stand by your man". Adoro ouvir inglês falado de uma maneira que não se ouve freqüentemente.

Do lado de fora de minha janela, o céu estava de um azul irreal, como costumava ficar em fevereiro, na minha comunidade praiana na costa nordestina.

– Onde é que você está, Charlene?

– Estou em South Cah'lina – ela respondeu.

– Você está resfriada, Charlene? – A voz dela parecia com

a de uma pessoa deitada na cama cercada de exemplares da revista People e caixas de pastilhas de mel com limão. Esperava que houvesse alguém em sua vida que fizesse a gentileza de levar-lhe chá com torradas numa bandeja.

– Estou com o PIOR resfriado de minha vida – ela disse. – Mas em que posso servi-la?

– Meu aspirador de pó não está aspirando – respondi. – Mas isso não se compara com o desconforto que deve estar sentindo. Sua voz está péssima.

– O casamento de minha filha é amanhã à noite e estou me sentindo horrorosa.

– Já ouviu falar de *equinácea*[2] ou *hidraste*[3]? – perguntei. Desde criança, sou uma inveterada hipocondríaca. Passei noites a fio de minha vida lendo livros sobre as virtudes das vitaminas, da fitoterapia e de remédios homeopáticos, enquanto minhas amigas preferiam pintar as unhas dos pés vendo televisão. – Você tem vitamina C aí com você? – *Nem mesmo o FedEx poderia entregar-lhe a vitamina com a necessária rapidez, pensei. Ela precisa tomar uma dose reforçada AGORA, e repeti-la de hora em hora durante o dia todo!*

– Devo ter um pouco de vitamina C – ela respondeu.

– Pode tomar um comprimido agora? – perguntei ansiosamente. – Precisa tomar dois mil miligramas nas próximas horas.

– Farei isso assim que acabar de falar com você.

– Ótimo. E a *equinácea*? E o *hidraste*? A equinácea pode reforçar seu sistema imunológico. Matar bactérias. Você precisa dos dois. Compre-as depois do trabalho. Não deixe de tomá-las. – Confesso que me sentia um pouco constrangida com a minha intromissão, apesar de ser naturalmente desinibida. Como o que estava fazendo poderia ser interpretado por alguém dos AA? Eu vinha assistindo a uma série de debates dos Alcoólatras Anônimos sobre "violação de fronteiras e controle". Mas não podia deixar Charlene sofrer tanto!

---

[2] *Echinacea purpurea*: planta da família *asteraceae* utilizada medicinalmente para fortificar o sistema imunológico. (N. do T.)

[3] Do inglês Golden Seal Hydraste: planta da família *rannuncalaceae*, cujas raízes eram antigamente usadas para fins medicinais. (N. do T.)

– Obrigada por me ajudar – ela disse. – Estou realmente me sentindo péssima.

– Você vai comprar as ervas?

– Vou – ela respondeu. Da maneira como pronunciou "vou", a palavra pareceu ter duas sílabas. Adorei. Gostaria que ela pudesse me ensinar a falar daquele jeito arrastado.

– Fico feliz por ter podido ajudar. O que acha que a fez ficar tão indisposta?

– Não tenho a menor idéia – ela respondeu com seu delicioso sotaque sulino.

– O que pensa do homem com quem sua filha vai se casar?

– Como já disse, sou desinibida, não me acanho de fazer perguntas íntimas como essa a estranhos. Não me controlo, é mais forte do que eu. Assim que concebo uma teoria, tenho que testá-la, ver se funciona. Tive uma formação científica, mas acredito em astrologia, em cartas de tarô.

Minha teoria (geralmente tenho uma teoria) era que ela se sentia infeliz com algum aspecto do casamento iminente da filha, e que esse sentimento comprometera sua função imunizadora.

– Não confio nele – disse Charlene.

– Sua impressão de que, de algum modo, sua filha não estará segura com ele faz com que chegue a perder o sono?

– Faz, sim. Passo a noite toda rolando na cama.

– Por que não confia nele?

– Ele traía a última mulher. Não pagava a pensão dos filhos. Bebia muito naquela época. Agora parece que parou.

– Alcoólatras recuperados geralmente são gente boa, Charlene.

– Nem todos. E se ele resolver começar a beber novamente? Há sempre a possibilidade de uma recaída.

– Compreendo como deve se sentir.

– Minha superiora vai me dar uma bronca se continuar falando por muito tempo. Todas as ligações são controladas, não podem ultrapassar uma certa duração.

– Oh, Charlene, sinto muito.

– Deixa para lá. Você me ajudou. E agora como é que posso ajudá-la a resolver seu problema com o aspirador de pó?

CRIANDO CONEXÕES...

Convite à reflexão: Mediante o poder do amor e da imaginação, transformamos momentos comuns em momentos humanos. Defini momentos humanos como aqueles momentos em que nos sentimos intimamente ligados a alguém ou a alguma coisa que nos transcende, nos ultrapassa, e na presença de algo relevante para nós, que chamamos de *significação*.
Onde ou com quem você encontra momentos humanos? Talvez com seus filhos ou seus netos? Ou com sua cara-metade? Ou quem sabe com um amigo do peito? Ou possivelmente no seu jardim, ou numa igreja ou num templo? Talvez numa cadeira especial num canto aconchegante do salão de leitura de sua biblioteca local? Talvez sozinho no bosque onde costuma dar longas caminhadas? Talvez com seu cachorro? Ou quem sabe com tudo isso?

Obstáculos comuns à conexão: Qualquer coisa que bloqueie o amor ou a imaginação bloqueia os momentos humanos. O bloqueio pode ser simples, causado, por exemplo, por pressa excessiva. É difícil vivenciar um momento humano quando se está com pressa de chegar a algum lugar. O bloqueio pode ser complexo, como ocorre quando se foi profundamente magoado por um determinado grupo de pessoas. A mágoa, o ressentimento, pode nos retrair, impedindo-nos de expandirmos nossa afetividade. O hábito também pode bloquear os momentos humanos. Acostumamo-nos a ver o mundo por um certo prisma e não nos abrimos a uma nova perspectiva. Nossa imaginação se entorpece.
Um sério obstáculo ao amor é nossa tendência a impor nossa

maneira de ser e ver as coisas. Por estranho que possa parecer, apesar de ansiarmos por conexões íntimas e pelos momentos humanos que elas criam, também as tememos. Tememos tudo que é novo. Tememos nos apegar aos outros e tememos abrir nossos corações. Por mais que possamos querer alguma coisa, também não a queremos. Por isso, optamos por nos resguardar, refrear nossas emoções. O obstáculo ao amor, nesse caso, é nossa própria opção. Como é tão mais fácil bancar o cínico afetado, menosprezando o sentimentalismo dos outros, em vez de baixar a guarda e abrir o coração para que os outros possam vê-lo.

Este é talvez o maior obstáculo de todos: a opção da própria pessoa de se fechar.

Possíveis passos a serem dados: Se achar que está se trancando, se introvertendo mais do que desejaria, se achar que o temor o inibe ao tentar se conectar, então o que talvez deva fazer é escolher uma situação segura – como uma conversa íntima com um amigo – e falar francamente sobre seus temores. Um dos fatos surpreendentes da natureza humana é que somos capazes de resolver problemas simplesmente discutindo-os com ouvintes interessados. A partir do momento que passamos a encarar nossos temores e hesitações como problemas, e começamos a discuti-los reservadamente com pessoas de nossa confiança, as proporções dos problemas diminuem consideravelmente. Começam a nos ocorrer estratégias e soluções de todo tipo. Além do mais, o simples fato de termos uma conversa franca com outra pessoa que goze de nossa irrestrita confiança começa a nos dar mais confiança – confiança essa que podemos usar para ampliarmos o círculo de nossas conexões. Sei que isso funciona, porque usei tal estratégia na minha própria vida

Capítulo dois

INFÂNCIA

Onde está meu pai?

No meio da noite, ouvi um barulho. Acordei e fiquei escutando. Ouvi outro barulho, como um tinido. Estava escuro, e eu não fazia idéia da hora que fosse. Tinha três anos, quase quatro.

Deitado na cama, continuei ouvindo o barulho de algo que tilintava. Chamei minha mãe. Num instante, ela acorreu à minha cabeceira.

– O que está acontecendo? – perguntei.

– Seu papai está indo embora – ela respondeu, passando a mão carinhosamente na minha testa.

Não sei como compreendi que ela dissera que ele estava indo embora em caráter definitivo, mas devo ter percebido o significado de suas palavras, porque me lembro de lhe ter perguntado:

– Ele está levando com ele todas as ferramentas? – Papai havia montado uma maravilhosa pequena carpintaria no porão de nossa casa na Seaview Street, em Chatham. Ele e eu passávamos horas a fio brincando ali no porão.

– Está – disse minha mãe. – Ele está embalando tudo neste momento. – Fora o tinido das ferramentas sendo acondicionadas em caixas que me acordara. Comecei a chorar.

– Mas ele só está se mudando para a casa da vovó Hallowell e está levando as ferramentas para você poder brincar com elas quando for visitá-lo – e você irá muitas vezes.

Sentei-me na cama e olhei pela janela do meu quarto. À luz da lua e dos postes de iluminação da rua, pude ver meu pai carregando uma caixa de papelão com martelos, plainas e uma furadeira aparecia pela tampa entreaberta da caixa. Vi quando ele colocou a caixa na mala do carro, um velho Willys.

Como num clip cinematográfico, isso é tudo de que me lembro daquela noite. Papai tinha se mudado, levando suas ferramentas com ele. Chorei. Minha mãe me consolou.

Até aquela noite, tinha vivido no que a mente infantil de um garoto de quase quatro anos imaginara ser uma família feliz. Meus irmãos mais velhos, John, de doze anos, e Ben, de dezesseis, talvez soubessem que não era bem assim, mas eu não suspeitava (pelo menos conscientemente) de que papai estivesse indo embora de casa de vez. Por outro lado, devia desconfiar de alguma coisa, porque compreendi instantaneamente o que estava se passando, sem precisar de maiores explicações.

Por que ele estava indo embora? Porque estava doente. Gammy – nossa avó – poderia cuidar dele. Ele ainda nos amava, mas estava doente. Aceitei o fato consumado. Somente anos depois, é que vim a saber que "doente" significava louco; muito mais tarde, soube que, no caso de meu pai, louco queria dizer maníaco-depressivo, ou o que hoje chamam de distúrbio bipolar.

Olhando para trás, essa foi a primeira crise real de minha vida. Perdi meu pai, um pai que continuava vivo.

O que me salvou, então, foi a família que encontrei fora de minha casa, a família que encontrei com meus primos, Jamie e Lyn, e minha tia, irmã de minha mãe, que eu chamava de Duckie, seu marido, meu tio, irmão de meu pai, a quem chamava de tio Jimmy. É isso mesmo: duas irmãs haviam se casado com dois irmãos, portanto, esses primos Jamie e Lyn eram primos em primeiro grau duplamente primos-irmãos, o equivalente genético de meio-irmãos. Uma vez que meus irmãos verdadeiros eram muito mais velhos do que eu, Jamie, que era apenas dois anos mais velho, tornou-se, na prática, meu irmão de verdade; e Lyn, quatro anos mais velha, tornou-se minha irmã. Isso foi um dos muitos pequenos milagres de conexão que salvaram minha vida.

Milagre, por quê? – você poderá perguntar. Porque, quando seu pai fica demente e sai de casa no meio da noite para nunca mais voltar, o próximo passo geralmente não é ser afetuosamente adotado por um tio e uma tia e um par de primos, enquanto sua mãe tenta refazer a vida e encontrar seu rumo. Se eu não tivesse encontrado Jamie, Lyn, Duckie e tio Jim, posso garantir que hoje estaria morto, na sarjeta da rua da amargura, na prisão, ou estaria sobrevivendo só Deus sabe como.

Mas tive a sorte de encontrá-los. Atravessava correndo o campo, descia a encosta com o coração aos pulos e ia diariamente da minha casa para a casa deles. Chatham era uma cidade pequena, e se podia andar com segurança por toda parte. Quando cresci um pouco, Jamie me ensinou a andar de bicicleta. Lembro-me de como ele era paciente comigo. Ele era e ainda é a pessoa mais gentil que se possa imaginar. Embora tivesse apenas cinco anos quando meu pai foi embora, sabia que alguma coisa ruim estava acontecendo, e me dava uma atenção toda especial. O mesmo posso dizer de Lyn. Tanto isso é verdade que nunca sofri a dor de um lar desfeito. Chorei apenas na noite em que meu pai partiu – e ainda fico triste quando penso nisso, como teria sido maravilhoso se meus pais tivessem permanecido juntos para sempre – mas Jamie e Lyn me fizeram um membro de sua família generosa tão rapidamente, que nunca me senti de fato triste.

Na festa dos meus quatro anos, o primeiro aniversário depois de papai ter ido embora, dizem que eu estaria endiabrado, teimoso e malcriado, um pirralho insuportável. Mas Jamie e Lyn não desanimaram, continuaram me dando todo o apoio. Não me perguntem por quê. Sempre me chamavam para brincar com eles, e outra coisa não fazíamos o dia inteiro. Via televisão com eles no porão, alimentava os cachorros com eles, e dormia na casa deles mais freqüentemente do que na minha própria cama. Fiz o jardim de infância em Chatham, e depois a primeira e a segunda séries do ensino fundamental. Jamie, Lyn e eu éramos então uma família (e ainda somos).

Minha infância pode ter sido tempestuosa, como foram muitas de minha geração, mas também foi preenchida por momentos excitantes que permeiam toda infância, e todas as fronteiras selvagens da aventura. Lembro-me de uma vez em que estava apavorado, escondido embaixo da cama de uma casa estranha enquanto a polícia procurava por Jamie e por mim. Os policiais vasculhavam um quarto depois do outro, de armas em punho, eu imaginava, suas vozes abafadas se aproximando cada vez mais do meu esconderijo no segundo andar. Pensei que seria preso e levado para a cadeia se fosse apanhado. Eu tinha uns cinco anos. Prendi a respiração e fiquei quietinho embaixo da cama. Recordo-me da luz da lanterna de um dos policiais refletida no assoalho, sondando o aposento e se detendo nos meus calcanhares. Sem dúvida alguma, eu estava exausto. Mas o policial não deve ter notado meus pés e se afastou. Suspirei fundo, mas só saí dali quando achei que o policial já estava longe e não podia me ouvir.

Anos mais tarde, descobri que esse episódio, que se situa entre os momentos mais apavorantes de minha vida, tinha sido uma farsa. A irmã mais velha de um dos amigos de Jamie conhecia um dos policiais de Chatham. Ela havia combinado com eles que dessem uma "batida" na tal casa enquanto brincávamos de esconder nas suas dependências, tendo nos advertido com antecedência de que a polícia prenderia quem quer que encontrasse lá. Não sei dizer por que acreditamos nela, e com tanta convicção que até hoje nunca fiquei tão amedrontado. Coisas da infância. Sem qualquer noção de perspectiva, nenhum ceticismo ou descrença. Somente olhos de espanto e deslumbramento diante da vida.

Jamie, Lyn, Duckie, tio Jim, e até mesmo a cidade, como as cidades pequenas costumam fazer com as crianças todas, me deram amor. Recordo-me de meu cuidado em pisar nas faixas pintadas de branco no estacionamento de Harding Beach nos dias quentes, para não queimar as solas dos pés no asfalto escaldante, enquanto esperava na fila para comprar cachorro-quente. Recordo-me dos rádios portáteis, do óleo de bronzear e dos biquínis. Recordo-me do cheiro da grama ao ser aparada. Recordo-me de tantos cheiros e perfumes de Chatham: de madressilva, de maresia e de algas, entre eles.

A infância transcende a felicidade ou a tristeza, o bem ou o mal. Pelos padrões da objetividade, minha infância não foi uma infância estável; porém, eu a curti intensamente. Como a maioria das pessoas, guardo muitas lembranças maravilhosas e outras particularmente penosas. Mas o que de fato importa é ter usufruído desse período da vida, independentemente de ele ter pesado muito ou pouco numa balança de felicidade e estabilidade. Que tenhamos sido traumatizados na infância ou maravilhosamente tratados, ela ainda é a época que sustenta todas as outras épocas; a época de onde viemos, aquela que está sempre nos chamando de volta.

Deixe-se ser chamado de volta. O que você ouve? O que você vê? Seu pai indo embora na calada da noite? A luz da lanterna de um guarda rebuscando um quarto enquanto você está embaixo da cama?

Oh, como eu gostaria de poder voltar atrás. Não para fazer tudo outra vez, mas apenas para ver outra vez a cidade como era naquele tempo; rever o guarda Benny Nick, no seu posto no cruzamento em frente ao Mayflower, acenando para cada um de nós, garotos que éramos então, quando passávamos por ele. Ver o sr. Parmenter olhar para mim, intrigado, do outro lado do balcão da mercearia quando lhe perguntei onde poderia achar uma coisa chamada Tampax, para Lyn; pedir uma casquinha de sorvete de pistache na Howard Johnson's (sem saber o que era pistache, mas com a maior pose); ver o time da cidade jogar beisebol do jipe de tio Jim, estrategicamente estacionado no morro em frente ao campo, enquanto ele bebia suas cervejas em lata que abria com o que chamava de chave de igreja.

Naquele tempo, as latas não tinham os anéis com que são abertas hoje. O serviço telefônico de Chatham tinha uma telefonista que entrava na linha e perguntava: – Número, por favor? Ninguém trancava as portas das casas, nem mesmo as dos automóveis.

A cidade era segura. Mas também podia ser perigosa; afinal, pais iam embora sorrateiramente.

Gostaria de voltar lá e ver a cidade como era nos bons tempos, mas não posso. Nenhum de nós pode. Mas podemos fazer uma coisa que poderá ser ainda melhor. Podemos reviver esses momentos na memória. Podemos ver em nossa lembrança, agora, a cidade como já foi. Podemos reter em nossa memória afetiva o que já morreu e desapareceu há muito tempo, fazendo com que ressuscite. Alguns do mais belos momentos humanos parecem melhores nos replays da memória.

Não podemos voltar literalmente no tempo, mas podemos voltar e colher momentos de nossa infância como frutos da árvore da memória e saboreá-los por completo na maturidade.

ECOS...

Beijar um menino

Na última história, narrei minhas lembranças de quando meu pai foi embora. A maneira como me lembro hoje é diferente dos momentos que vivi então. Agora, não sou capaz de saber com exatidão o que senti quando ainda não completara quatro anos. Posso apenas fazer uma idéia que provavelmente fugirá, pelo menos um pouco, da realidade. O tempo modifica, desta forma, todos os momentos humanos.

Na história seguinte, ouviremos o relato de outro homem debruçado sobre as recordações de sua infância. A maneira como criamos nossos filhos nos dias de hoje felizmente está mudando para melhor. Mas até bem pouco tempo, como a maioria dos meninos de ontem há de se lembrar, houve um momento como o que o autor descreve. Chega a ser irônico o fato de ensinarmos aos garotos de então a serem "machões", e lamentarmos que, ao se tornarem homens, eles se envergonhem de externar suas emoções.

Todos os dias, faço questão de abraçar e beijar meus dois filhos, bem como minha filha. E, embora os garotos (e Lucy) geralmente esfreguem o beijo com a mão ou virem a cabeça, e eu acabe beijando seus cabelos em vez de suas bochechas, fico contente por estar lhes passando a noção de que é legal, até mesmo viril, beijar – para não falar de abraçar!

– E. H.

Como a maioria de sua época, os homens de minha família eram avessos a revelar suas emoções. Na verdade, num determinado momento, houve uma grande mudança na maneira como os meninos eram criados. Nunca me esquecerei de um episódio que marcou essa mudança para mim.

Quando pequenos, era permitido aos meninos chorarem – demonstrarem dor, desapontamento ou mágoa – da mesma forma que era permitido às meninas. Mas chegava o dia em que os meninos tinham que abrir mão dessas concessões se quisessem ser iguais a seus pais ou avôs quando crescessem. Para sermos homens de verdade – e, naturalmente, todos queríamos ser –, não podíamos continuar a externar nossas emoções como nossas irmãs.

Meu dia chegou no Aeroporto Nacional de Washington. Vivíamos em Washington, o meu avô viajava a negócios para lá freqüentemente, vindo de Nova York, onde residia. Sempre íamos recebê-lo no aeroporto e levá-lo para nos despedirmos quando embarcava de volta. Naqueles dias, o terminal não estava tão movimentado, e se tinha acesso a uma plataforma de observação para ver os "Connies", como meu pai chamava os Constelations, pousarem e decolarem. Eu adorava meu avô. Quando descia a escada do avião para pisar em terra firme, eu acenava alegremente para ele e mal podia esperar o momento de correr ao seu encontro e receber um abraço e um beijo na testa.

Um dia, quando ele estava regressando a Nova York, dei um passo à frente para meu habitual abraço e beijo de despedida. Eu devia ter nove ou dez anos. Ele me empurrou delicadamente para trás, sorriu e estendeu a mão para mim.

– Você agora é um homem, Ralph – ele disse.

Quando penso nesse episódio ocorrido há cerca de quarenta e cinco anos, ainda sinto a sensação de perplexidade e mágoa. Ainda não me considerava um homem, e tive uma grande sensação de perda.

Mas meu avô e meu pai eram homens do seu tempo. Tentando navegar pela minha adolescência e juventude, não me recordo de ter ouvido nem um nem outro dizer que me amava. Sabia que ambos me amavam, mas não ousavam dizê-lo.

Houve uma ocasião, entretanto, em que testemunhei um extravasamento de emoção de meu pai que me surpreendeu. Nunca vira uma demonstração daquelas da parte dele, e sou muito grato por ter podido participar desse momento.

Meu pai e eu tínhamos decidido deixar de fumar simultaneamente. Eu fumava havia dez anos quando tomamos a resolução conjunta e ele era fumante havia quarenta anos.

Duas décadas mais tarde, eu participava de uma reunião profissional em Chicago quando telefonei para ele para saber qual tinha sido o diagnóstico do médico sobre um problema respiratório de que ele sofria havia algum tempo. Ele nem conseguiu pronunciar a palavra para mim, e tampouco pôde me dizer como se sentia com o terrível diagnóstico. Soletrou apenas o nome da insidiosa doença: – C-â-n-c-e-r. – Quando telefonei para ele, o médico me disse que cinco por cento dos pacientes portadores daquele tipo de câncer pulmonar sobreviviam ao quinto aniversário do diagnóstico. Meu pai não foi um deles.

Os parentes mais próximos reuniram-se em torno do seu leito por uns poucos dias, sabendo que o fim estava próximo. Ele estivera numa espécie de coma desde que eu voltara para casa e me juntara à família na vigília ao lado dele. Ele não chegou a falar comigo. Sou cantor desde tenra idade, e meu pai era um músico talentoso. Levara uma fita com uma missa de Bach, que gravara havia mais ou menos um ano com um coro maravilhoso, para que ele ouvisse. Não tinha certeza de que ele pudesse ouvi-la, nem mesmo parcialmente, mas me fazia sentir melhor pensar que estava tocando uma peça que ele gostaria de ouvir.

Quando o movimento "Qui Tolis" começou, em que eu cantava os solos de barítono, ficamos todos espantados ao vê-lo praticamente sentar-se na cama, abrindo os olhos pela primeira vez em muitos dias, e parecendo olhar fixamente para alguma coisa no quarto que nós não víamos. Fiquei profundamente emocionado e me senti incrivelmente amado.

Pouco depois, papai começou a se sentir melhor. Permaneceu acordado e conversou com todos nós – seus filhos, com as esposas e com sua mulher, minha mãe. Perguntou-nos se ia morrer. Ainda não se conformara com essa realidade. Quando lhe dissemos, chorosos, que ia, ele começou a dizer o quanto amava todos nós. Repetia incessantemente, como se tentasse compensar todos os anos em que seu compromisso com a virilidade o impedira de proclamá-lo. Voltou-se, então, para minha mãe e estendeu o braço para ela, num derradeiro esforço.
– Você sempre foi o meu grande amor – ele disse. Não podia acreditar que ele estivesse dizendo aquilo na presença de todos nós. Nunca o ouvira falar com ela daquela maneira, e imaginei que ele não estivesse sendo capaz de ver que estávamos ali.
– Eu a amei durante quase toda a minha vida. Te amo demais.
Ali estava aquele homem que eu nunca ouvira pronunciar semelhantes palavras, declarando a paixão que tivera a vida inteira por minha mãe. Poucas horas depois, ele exalou o último suspiro. Estávamos todos presentes. Relutamos em deixá-lo, e lhe dissemos várias vezes quanto o amávamos, tal como lhe havíamos dito quando ele podia nos ouvir.
Quantas lições aprendi com os homens que fizeram parte da minha vida! Quando tinha dez anos, pensei que um homem de verdade não podia demonstrar às pessoas que amava o quanto as amava. Como uma criança dos anos 60, repudiei essa idéia e expressei exacerbadamente o amor aos meus filhos. Fiz um juramento a mim mesmo de que meu relacionamento com meu filho, particularmente, seria diferente. Eu o abraçaria e beijaria na testa incansavelmente, e todos os dias diria que o amava. Ele tem agora vinte e oito anos, e creio que não lhe ocorreu pedir-me para deixar de fazê-lo. Sorrio só de pensar nisso.
Finalmente, como um adulto mais velho, vi meu modelo de papel masculino expressar uma intensa paixão que nunca suspeitei de que ele pudesse abrigar no peito. Desde então, tenho passado grande parte de minha vida profissional como educador tentando ajudar outros pais a liberar essa paixão reprimida em seus corações e compartilhá-la com seus filhos.

O resgate

Esta história, contada por uma filha que também é poeta, capta um dos momentos universais da infância: aquele em que a criança sente medo, e precisa da ajuda da mãe ou do pai. Ao ler este sensível relato, aposto que pensará num momento semelhante que viveu com sua mãe ou seu pai quando era criança. Assim espero.

– E.H.

Lembro-me de mim, com oito anos, pedindo licença aos mais velhos para me retirar da mesa, depois de um interminável almoço de domingo, e ir dar uma volta ao ar livre para espairecer. Os domingos em Illinois, nos anos 50, eram perigosos para as crianças: podiam morrer de tédio se não tivessem cuidado. Lembro-me de caminhar sozinha, naquela tarde, procurando avidamente um pouco de aventura, alguma coisa capaz de quebrar a monotonia, quando me deparei com um renque de altos pinheiros. Subi até o topo do mais alto, cujos galhos eram tão simetricamente intercalados que formavam uma escada que até mesmo uma criança podia galgar. Trepei na árvore com a alegria e o entusiasmo da competência e da força, e admirei a vista lá de cima. A monotonia do domingo sumiu, e fiquei contemplando a paisagem que se descortinava a perder de vista. Era uma observadora etérea, uma águia e um anjo simultaneamente. Podia sentir a copa da árvore começando a balançar com o suave sopro da brisa, e segurei seus galhos com mais força. O mundo parecia oscilar, e de repente a árvore revelou-se frágil e minha segurança, precária. Não podia desprender os dedos com que me agarrava aos galhos para iniciar a descida. Minhas mãos ficaram escorregadias, minha respiração, acelerada, e meu estômago começou a dar voltas. Portanto me resignei a ficar esperando – não sei por quanto tempo – que acontecesse algum milagre. Então vi meu pai se aproximando da árvore com seu terno de três peças, seu longo sobretudo, e seu chapéu de feltro. Como ele adivinhara que estava precisando de sua ajuda? Como soubera o rumo que eu havia tomado? Não ousei chamá-lo com toda força de meus pulmões com receio de que uma inalação muito profunda me derrubasse da árvore, mas chamei em voz baixa: – Papai – e ele me ouviu. Respondeu, perguntando onde eu estava, e o orientei fazendo pequenos ruídos até ele me localizar, no topo da árvore mais alta, iluminado pelo sol.

Ele escalou a árvore, vagarosamente, galgando os degraus da escada de galhos até me alcançar e, firmando as mãos e os pés nos mesmos galhos a que eu me agarrava, cobriu meu corpo com o dele. E me desceu da árvore.

Nas minhas reminiscências da infância, meu pai está sempre vestido com um terno de três peças, com um relógio no bolso do colete e uma grossa corrente de ouro atravessando-lhe o ventre. Ele devia ter outras roupas. De fato, tinha, afinal dormia de pijama e, todos os verões, pintava a cerca de madeira do jardim usando um short cáqui e uma camisa velha, mas eram exceções que simplesmente confirmavam a regra do terno de três peças – calça, paletó e colete.

Era um pai extraordinário: amoroso, confiável, amável. Ele me ensinou a rezar e me ouvia dizer preces todas as noites ao me pôr na cama. Ele me ensinou a engraxar sapatos e me pagava dez centavos pelo par que eu engraxasse, bem ou mal. Todos os invernos, ele me levava à colina construída pela mão do homem mais próximo na vastidão da pradaria do Meio-Oeste, para que eu pudesse praticar esquiagem. Fazia um frio cortante, e como aquela era a única elevação num raio de milhares de quilômetros, o vento varria as grandes planícies sem nada que o detivesse. Ele castigava a encosta da colina de tal forma que a camada de neve que cobria o terreno com uma espessura que chegava aos joelhos tinha de ser refeita com neve artificial quando chegava o inverno. E meu pai ficava no sopé da colina com seu terno de três peças, o comprido sobretudo, o chapéu de feltro e a corrente de ouro reluzindo no sol, esperando pacientemente que eu descesse a rampa não sei quantas vezes. E eu nem me tocava, achando a coisa mais natural do mundo impor-lhe aquele sacrifício.

Meu pai era um observador: cuidadoso, previsível, já velho quando comecei a notá-lo. Não era como os outros pais, embora estivesse sempre presente, fiel e discreto espectador de minhas proezas esquiando, velejando ou jogando softball, não fazia nenhuma dessas coisas comigo. A única exceção foi naquela tarde quando subiu numa árvore para me socorrer. E então soube o quanto ele me amava.

Tambores

Na história anterior, o pai não era como os outros pais, porém era um pai maravilhoso. Nesta história, o filho não é como os outros filhos; contudo, é um filho maravilhoso. Creio que acho esta história particularmente tocante porque, como psiquiatra infantil, tenho tido oportunidade de conhecer muitas crianças que têm de lutar para encontrar seu caminho. Quase sempre, as que conseguem contaram em suas vidas com pelo menos um adulto que soube ver sua força antes de suas limitações, e fez com que se sentissem amadas e muito especiais por serem o que são. Esses adultos não são fáceis de serem encontrados.

John Q. Thompson Jr., o pai deste menino, é um desses adultos. Ele faz com que seu filho se sinta num mundo em que esse sentimento é difícil de ser encontrado. Acho que uma pessoa não pode fazer nada mais importante.

– E.H.

Tenho um filho adotivo, Will, com dezoito anos. Ele é portador de diversas enfermidades graves. Naturalmente, ele é muito mais do que os diagnósticos que os médicos têm feito de seus males. Em benefício da concisão, entretanto, mencionarei apenas que, ao longo dos anos, ele revelou sintomas da síndrome de Tourette, distúrbio obsessivo-compulsivo e de distúrbio de déficit de atenção hiperativo. O diagnóstico mais grave, porém, é de distúrbio agudo e confiabilidade de crescimento e de síndrome de Asperger.

Ele atua bem em diversas áreas, mas a mais notável é a da música de percussão. Com três anos de idade, ele já gostava de bater em panelas, frigideiras e latas de biscoitos. Aos treze, anunciou que queria uma bateria. Eu argumentei:

– Sei que você tem queda para batucar, mas não seria aconselhável primeiro tomar umas aulas?

– Não – ele retrucou, contrariado. – Quero uma bateria completa. – Finalmente acabei cedendo e comprei uma velha bateria Ludwig de 1962. Para meu assombro, ele se sentou na bateria e revelou seu talento. Eu toco guitarra e, quando tocava com ele, percebia que era capaz de tocar intuitivamente qualquer ritmo, fosse rock, blues, marchas ou música das grandes bandas, me acompanhando com perfeição. O fato de aquele garoto, vítima de tantas deficiências cognitivas e das demais enfermidades que mencionei, incapaz de identificar o dia da semana em que estávamos e que ainda acreditava em Papai Noel aos dezessete anos, poder coordenar imediatamente seus quatro apêndices motores e tocar como um profissional só pode ser explicado como um talento inato. A despeito de todos os seus problemas, ele nascera com um dom especial, um cérebro que lhe permitia tocar instrumentos de percussão como os melhores bateristas e percussionistas.

Erguido esse pano de fundo, vou lhes revelar agora um momento de conexão especial que se verificou contra ele. (Comunicar-se com os outros representa, naturalmente, um problema para ele. Ele não gosta de se exibir, olha furtivamente para as pessoas, não tem amigos reais, apenas conhecidos circunstanciais, abomina palavras ternas, afetuosas, como *amor* e *triste*, embora tolere um termo mais "cru" como louco.)

Na minha adolescência, sempre sonhei em formar uma banda familiar. Minha mulher tinha tocado trompa no colégio mas não continuara, e minha filha toca flauta mas não se dedica ao instrumento com empenho. Mas eu toquei em diversos tipos de bandas com meu filho na bateria, e agora toco guitarra elétrica.

Um dia, meu filho e eu estávamos tocando no primeiro andar de nossa casa. Mark Gorena, um jovem pastor nosso amigo, conversava com minha mulher à mesa de jantar. Num certo momento, houve uma pausa na conversa dos dois. Nossa música reverberava por toda a casa, chegando aos seus ouvidos. Mark olhou e, apontando para cima, disse à minha mulher:

– É assim que seu filho abraça o pai, não é verdade?

Minha mulher concordou com um aceno de cabeça e os olhos rasos d'água.

CRIANDO CONEXÕES...

Convite à reflexão: Quem de sua infância destaca-se particularmente na sua memória como personagens positivas e gentis? Você é capaz de trazê-las à sua mente num piscar de olhos?

Obstáculos comuns à conexão: Freqüentemente, velhas mágoas separam as pessoas dos momentos felizes de sua infância. Como vítima disso, posso dizer que minhas lembranças amargas do passado são mais profundas, indeléveis do que as harmoniosas. Conseqüentemente, muitas pessoas nunca se apegam às recordações felizes, afirmativas, fortalecedoras da infância porque as reminiscências dolorosas basicamente as afugentam, e elas acabam guardando muito poucas ou nenhuma de suas lembranças daquela época.

Possíveis passos a serem dados: Não faz muito tempo, meu filho de cinco anos, Tucker, descobriu, para seu total espanto, que podia passar seu dedo pela chama de uma vela sem se queimar. A princípio ficou aterrorizado. Mas depois de eu tê-lo persuadido e tranqüilizado, mostrando-lhe como era seguro, ele resolveu tentar. – UAU! – gritou. – Foi fácil! – E passou o dedo de um lado para outro, cortando a chama, uma dezena de vezes.

Uma infância sofrida pode erguer uma cortina de fogo, separando-o dos bons momentos, assim como dos maus. Entretanto, se você contar com uma orientação amistosa – como a de um marido ou uma mulher, um amigo íntimo, um parente ou um terapeuta – poderá reduzir a intensidade dessa cortina de fogo. Talvez não consiga reduzi-la à dimensão da chama de uma vela, mas poderá impedir que suas labaredas o isolem totalmente de sua infância. Ela não precisa queimá-lo inevitavelmente quando você a transpuser.

Recue, restabeleça a conexão com o que foi positivo, reveja os rostos das pessoas que realmente representaram algo nos primeiros anos de sua vida, o ajudaram, o protegeram. Nade no velho lago novamente, jogue bola no antigo campo de sua meninice, desfile na parada da independência. A simples evocação desses aspectos felizes da infância pode ligar a corrente positiva que deles emana, e dar origem à energia que você talvez não canalize há muitos anos.

Mesmo que sua infância tenha sido maravilhosa, você pode tê-la ignorado e se esquecido dessa energia positiva que ela pode lhe proporcionar. Religue-se a esse período de sua vida; sinta a esperança e o vigor que são a doação natural da infância. Simplesmente retroceda na sua mente, sente-se debaixo de uma árvore ou à beira de uma fogueira e reincorpore o que era bom. Não deixe que essa dádiva se perca. Você pode reviver o passado, injetando-lhe a dose certa de renovação.

Capítulo três

FAMÍLIAS

Noite de hóquei

Por alguns anos na década de 1950, o time de hóquei Boston Bruins jogou nas noites de Natal no Boston Garden. Durante os quatro ou cinco anos em que isso ocorreu, minha avó comprou ingressos para que toda a família fosse de carro da casa dela, em Wiano, Cape Cod, até Boston na noite de Natal, para assistir ao jogo e depois voltar para casa. Assim fizemos todos os anos mesmo depois de meu pai ter se mudado. O ritual durou dos meus três aos oito anos, pouco antes de ir morar em Charleston. Graças à minha avó, uma tradição de família sobreviveu por algum tempo a um divórcio.

Essa tradição conferiu uma profunda sensação de magia à minha vida. É preciso compreender inicialmente que o Natal na casa de Gammy Hallowell era especial. Mas culminá-lo com uma longa incursão noturna para ir assistir a um jogo profissional de hóquei, e fechar a noite com uma viagem de volta para casa igualmente longa – o que significava que eu só ia para a cama muito depois da meia-noite – era o máximo. Era pura mágica.

O dia começava com meus irmãos, minha mãe e eu nos juntando aos meus primos, Lyn e Jamie, e a Duckie e tio Jim para a viagem de carro de Chatham a Wiano, um percurso de cerca de quarenta e cinco minutos. Papai já tinha saído de casa e estava morando com Gammy, de maneira que o encontrávamos na casa dela. Abríamos os presentes que trocávamos entre nós em casa, mas os presentes de Gammy esperavam por nós em Wiano. Sendo o único membro abastado da família e na sua condição de avó, Gammy sempre dava os melhores presentes.

Mas não eram só os presentes que criavam a aura mágica. Era toda a atmosfera de sua grande casa, com o terreno coberto com blocos esparsos de neve deslocada pelo vento, a longa e sinuosa rampa de automóveis, a vista da baía cinza-azulado nos fundos, e o fogo crepitando na lareira da sala de estar. Em Gammy havia a maior lareira que eu já tinha visto. Três ou quatro pessoas podiam se sentar facilmente dentro dela, embora, como era de se supor, ninguém o desejasse. Tinha um enorme console ladeado por duas pesadas lanternas de bordo e estibordo. Naturalmente, o console estava decorado com enfeites de Natal, uma grande árvore erguia-se na saleta que ficava entre a sala de jantar e o living, e os aromas das iguarias de Gerda, a cozinheira sueca, permeavam o ar.

Depois das emoções com a abertura dos embrulhos de presentes, e de termos presenciado tio Jim, como o homem mais velho, trinchar o peru, de saborearmos a sobremesa especial que Gerda tinha preparado, e após tirarmos ou fingirmos que tirávamos uma soneca, papai e Gammy arrebanhavam todos os que queriam ir assistir ao grande jogo.

Tio Jim, Duckie ou mamãe eram geralmente os que dirigiam de volta para Chatham. Nunca cheguei a compreender como ainda lhes restavam forças para apreciar o jogo de hóquei. Numa retrospectiva daqueles dias, estou certo de que devia ser muito embaraçoso para mamãe ir à casa de Gammy, uma vez que ela e papai estavam divorciados. Dou-lhe um grande crédito pela maneira graciosa e sutil como enfrentava a delicada situação, pois graças a ela nunca percebi qualquer tensão – embora as tensões existissem.

Papai, Gammy, Jamie, Lyn, meus irmãos John e Ben e eu, e às vezes nossos primos de Filadélfia, os Heckshires, lotávamos quantos carros fossem necessários, e a alegre caravana punha-se em marcha.

Lembro-me dessas aventuras noturnas como se fossem expedições transcontinentais. Na minha mente infantil, Boston ficava muito longe, e o estádio Boston Garden era um reino encantado. Durante a viagem, nos distraíamos com um jogo de perguntas e respostas ou de conhecimentos de geografia. Quantos países, estados, cidades e regiões conhecíamos começando com a letra A? Muitos, graças a esse jogo. Papai, que estivera na guerra terminada havia pouco mais de cinco anos, apelava sempre para Alsácia-Lorena como seu primeiro A. Sempre achei que soava como um nome de menina, não como parte de um país. Até hoje, quando ouço "Alsácia-Lorena", lembro-me de meu pai e daquelas idas ao Boston Garden.

Durante o trajeto, papai ia me ensinando as técnicas do hóquei. Fiquei conhecendo as regras do jogo – a linha vermelha, as linhas azuis e os impedimentos – e tudo o mais que sei sobre o esporte graças a meu pai, que foi ponta-direita do time de Harvard, campeão nacional. Orgulhava-me muito dele por isso e, quando ia à casa de minha avó, freqüentemente folheava os álbuns de recortes daquela época que ela organizara caprichosamente.

Quando chegávamos a Boston, tinha início o segundo ato do espetáculo de mágica. A cidade. O imenso estacionamento. As ruas profusamente iluminadas. Meu pai me aconselhando a segurar meu ingresso com firmeza para que ninguém o arrancasse de minha mão (que idéia!). Meus irmãos, meus primos, minha avó e eu galgando os diversos lances de arquibancadas para chegarmos às nossas cadeiras especiais. Ficava admirado com a resistência de minha avó subindo todos aqueles degraus, mas ela era uma grande companheira.

Ela sempre adquiria cadeiras especiais perto da primeira fila, para que tivéssemos uma visão ampla da quadra gelada. Quando os jogadores do Bruins saíam do vestiário e entravam em campo, eu berrava, alucinado, como todos os outros torcedores fanáticos, e me sentia transportado a um outro estado mental. De Puro Prazer. Terceiro ato de show: eu ficava encantado desde o primeiro segundo de ação até o final do jogo. Depois de cada tempo, eu tinha vontade de fazer o relógio andar para trás, para poder assistir novamente a todo o desenrolar daquela etapa do jogo. Queria que a partida não acabasse nunca, durasse indefinidamente.

Parece que o Bruins jogava sempre com o Canadenses de Montreal ou com o Rangers de Nova York na noite de Natal.

Os uniformes vermelho-branco-e-azul do Canadenses pareciam vivos, régios, enquanto o preto-e-dourado do uniforme do Bruins lembrava intrepidez, espírito urbano. E os uniformes azul-escuros do Rangers, com o nome R-A-N-G-E-R-S impresso em diagonal na frente com letras brancas realçadas com vermelho, pareciam imponentes, como convinha a um time de Nova York.

Ainda me lembro de Jean Beliveau, o número 4 do Montreal, tão nitidamente quanto me lembro de John F. Kennedy. Beliveau tinha carisma. Era um cavalheiro, pelo menos assim me parecia, num jogo bruto de trancos e cotoveladas. Imaginava que ele jogava hóquei como meu avô Skipper jogaria – como um gentleman.

Mas também gostava das brigas. O Bruins tinha uma turma da pesada. Leo Boivin, de sua linha de defesa, parecia um hidrante de incêndio com mais de um metro e oitenta de altura sobre patins. Dizia-se que era o jogador de hóquei que tinha o melhor jogo de cintura no sentido literal da expressão. Embora o Bruins geralmente perdesse, Teddy Green ganhava todas as brigas em que se envolvia. Lembro-me de Vic Hadfield, do Rangers, saindo de campo com o rosto ensangüentado depois de uma batalha com Teddy Green. O sangue me assustou, mas meu pai me disse que parecia pior do que era na realidade. Isso foi quando a liga tinha apenas seis times, ninguém usava capacetes de proteção, e Jacques Plante, goleiro do Canadenses, levantava a maior polêmica por ser o primeiro goleiro a usar máscara.

Depois de cada tempo de vinte minutos, um caminhão que chamavam de Zamboni (não me perguntem por quê) entrava no rinque. O Zamboni recolhia todas as lascas de gelo e espalhava uma fina película de água, revestindo a quadra com uma nova e reluzente superfície. Eu adorava observar o Zamboni varrer o gelo esfarelado e substituí-lo por uma placa que parecia ser de vidro puro. Numa noite de Natal, o motorista do Zamboni apareceu com um gorro de Papai Noel, e foi aplaudido enquanto varria o gelo e agitava o gorro para a multidão. Lembro-me de pensar, com a minha pureza infantil, que ele devia ser um homem muito bom. Uma vez perguntei a meu pai se algum dia poderia manobrar o Zamboni. Não me lembro de qual foi sua resposta; não devo ter dado muita importância – o que realmente importava era poder estar ali assistindo àquele jogo. Terminada a partida, começou o quarto ato da mágica. O Bruins, geralmente derrotado, dava uma volta no rinque saudando os espectadores, e nós o aplaudíamos invariavelmente, fosse qual fosse o resultado. Esportividade era praxe na minha meninice. Então, meu pai e minha avó nos conduziam, depois de descermos intermináveis degraus, para a Causeway Street, ao lado da Estação Norte. A maioria do público se encaminhava para os trens, para regressar aos seus lares. E nós nos dirigíamos para a área de estacionamento à procura de nossos carros. Eu não precisava mais segurar firmemente meu ingresso, apenas a mão de meu pai, enquanto ele abria caminho no meio da multidão. Geralmente, havia neve derretida ou lama acumulada que tínhamos que contornar ou pular. E, naturalmente, precisávamos nos desviar dos afoitos motoristas de Boston.

Uma vez aconchegado no banco traseiro do carro, sentia-me abrigado no meu casulo, protegido do frio e da neve e dos perigosos motoristas, seguro no banco do grande Chrysler que meu pai conduziria prudentemente a Wiano, a muitos quilômetros de distância. Enquanto o carro varava a estrada no silêncio da noite, enroscado ao lado de Lyn ou de meus irmãos, eu ouvia a conversa por alguns minutos e logo caía no sono. Ainda vejo as luzes vermelhas das lanternas traseiras dos carros à nossa frente, uma ondulante linha pontilhada de vermelho rumando para o sul.

Anos mais tarde, fui com meu pai, Jamie e Lyn e seu marido, Tom, assistir ao Bruins jogar muitas outras vezes. Tive o prazer de ver outro número 4, um jogador chamado Bobby Orr, despontar e crescer mais do que qualquer outro antes dele. Tão classudo quanto Jean Beliveau, tão criador quanto Jacques Plante, Bobby Orr foi o atleta mais fascinante que já vi atuar em qualquer esporte.

Contudo, por mais que gostasse de ver Bobby Orr jogar hóquei no Boston Garden, e, depois dele, Larry Bird jogar basquete, é o brilho mágico daquelas noites que antecederam Orr ou Bird que cintila com mais intensidade em minha imaginação. Por alguns anos, tivemos uma tradição de família. Por alguns anos, tive a felicidade de desfrutar a companhia de meu pai. Por alguns fugazes momentos, tive tudo o que sempre quis ter.

Aprendi desde então que bastam alguns anos. Alguns anos podem durar para sempre. Alguns anos podem até reaparecer.

Você se surpreenderia se eu lhe dissesse que comecei a levar Lucy, Jack, Tucker e Sue para assistir a um jogo do Bruins uma vez por ano? O Bruins não joga mais na noite de Natal, o que permite aos jogadores passarem essa data com suas famílias. Mas sempre que levo meus filhos para ver o Bruins, embora ele não jogue mais no Boston Garden e sim num novo estádio, tenho a impressão de estar revivendo um dos meus velhos Natais. Posso ver o velho motorista manobrando o seu Zamboni, posso ver a sombra de Jean Beliveau, posso ver as pernas magras de minha avó subindo os degraus com agilidade e posso ver Boivin, Green e o resto do velho time que comia pregos no café da manhã. Estou até pensando em ver se encontro um Chrysler dos anos 50 para a viagem do próximo ano.

Meu irmão, John Hallowell

Q uero enfocar um momento insólito no ano 2000, quando raspei meia polegada de sujeira entranhada e removi insetos mortos acumulados na cúpula de vidro do lustre pendurado no teto do quarto de meu irmão.

Meu irmão John, a quem chamo de Johnny, é oito anos mais velho do que eu. Ele vive com uma mulher chamada Anne num pequeno apartamento em Cambridge. Por razões que explicarei mais adiante, os dois não têm condições de cuidar convenientemente da casa. A família ajuda Johnny de diversas maneiras. Um dia, Jamie nos contou como o apartamento de Johnny estava se transformando num verdadeiro chiqueiro. Por isso, Lyn, Tom, Jamie, Sue e eu resolvemos implementar uma Operação Limpeza. Uma vez que Sue e eu fomos os últimos a chegar, fui contemplado com o lustre do quarto.

Para explicar por que Johnny não era capaz de limpar sua própria casa e por que o lustre estava em tão lastimável estado, preciso remontar à origem dos fatos, fornecendo um background esclarecedor.

Quando eu era garoto, Johnny era tão mais velho que eu mal o conhecia. Ele era carinhoso comigo, mas nossa grande diferença de idade não permitia que brincássemos juntos. Lembro-me de ele transcrever as cartas que eu escrevia a Papai Noel, assim como me lembro dele me contando histórias para eu dormir, não só porque sabia contá-las muito bem, como também porque muitas vezes ele arrotava durante a narrativa, impregnando o ar por alguns segundos com o cheiro azedo do que quer que tivesse comigo no jantar. Eu achava que era um preço razoável a ser pago por uma história contada por Johnny.

Johnny começou antes de mim e construiu uma carreira acadêmica estelar, culminando em Harvard. Durante o período em que esteve por lá, tornou-se uma celebridade familiar, recebendo os mais rasgados elogios de nossa grande dama, Gammy Hallowell, pelo brilho que conferia ao nome da família. Ele foi aceito pela sociedade Phi Beta Kappa no seu primeiro ano, distinção que só dezesseis alunos recebem a cada ano em Harvard. Depois, no último ano, apresentou uma tese sobre Charles Dickens que mereceu o mais alto grau possível – *summa cum laude*. Diplomou-se entre os primeiros de sua turma e ganhou uma bolsa para estudar na Inglaterra. Passou um ano lá sob a tutela de C.P. Snow e sua mulher, a romancista Pamela Hansford. Lorde e Lady Snow – membros da corte inglesa – tinham profunda admiração por meu irmão e depositavam grandes esperanças nele, dando-lhe todas as razões para acreditar, tal como acontecera em Harvard, que muito breve o mundo também reconheceria seu talento.

Quando Johnny voltou para os Estados Unidos, abriu mão da carreira acadêmica e optou por trabalhar na revista *Life*. Porque amava o teatro e o fascinante mundo das estrelas, foi trabalhar em Hollywood e se saiu muito bem, assinando muitas reportagens de capa para a revista, e também escreveu um livro intitulado *The Truth Game*, sobre Hollywood e suas estrelas.

Ele era um escritor particularmente bem dotado. Estudante de letras que era, eu admirava seu talento. Johnny tinha olho de repórter e um toque de poeta. A combinação dessas duas qualidades é rara na cobertura jornalística de Hollywood, e acho que era isso que tornava o seu estilo tão admirado.

Mas, depois de alguns anos em Hollywood, seu cérebro teve problemas, seus neurônios entraram em pane. Ele herdou o distúrbio maníaco-depressivo de nosso pai e, quando a doença se manifestou, o atingiu impiedosamente. Johnny enlouqueceu rapidamente. Foi internado no Hospital Estadual de Camarillo, na Califórnia, e submetido a um tratamento com eletrochoques, numa época em que, muitas vezes, eles eram aplicados sem anestesia. O procedimento terapêutico era uma verdadeira tortura. Até hoje, Johnny não se conforma com o tratamento que recebeu no Hospital de Camarillo.

A família logo o retirou do hospital e o trouxe de volta para Cambridge. Eu estava no segundo ano em Harvard na ocasião. Fui com Jamie e Duckie ao aeroporto para receber Johnny. Nunca o vira naquele estado. Na verdade, nunca tinha visto ninguém naquelas condições. Fiquei assustado ao vê-lo tão agitado. Olhando, transtornado, para a direita e para a esquerda, fumando um cigarro depois do outro, ele estava extremamente excitado, tirando toda sorte de conclusões falsas, acusando-nos – sua família – por seu infortúnio, e murmurando frases desconexas sobre complicadas conspirações contra ele, algumas armadas por Howard Hughes, outras por magnatas dos grandes estúdios, agentes, artistas e escritores, chegando a insinuar que uma delas tinha sido engendrada por mim. Seu delírio atingiu o paroxismo quando ele viu uma carteira de fósforos no chão ostentando na capa os dizeres "King Edward Cigars". (Meu verdadeiro nome é Edward; Ned é meu apelido.)

– Você está achando que é rei, não é, Edward? Pois sim, é o que veremos, fique sabendo.

Johnny estava louco. Isso faz parte da herança genética de minha família. Depois que enlouqueceu, sua vida mudou para sempre. Nunca mais ele voltaria aos seus dias de glória. Mas, considerando-se os rumos que sua vida estava tomando, isso talvez não fosse tão ruim.

Ele foi diagnosticado como portador do distúrbio maníaco-depressivo e submetido a uma rigorosa medicação, à qual, felizmente, reagiu muito bem. Gradativamente, suas alucinações foram diminuindo, e ele teve alta do hospital. Pouco depois disso, também aceitou o fato de que era alcoólatra. Entrou para o A.A., e lá encontrou a mulher que se revelou o amor de sua vida.

O relacionamento em si era estranho, porque Johnny era, e é, homossexual. Mas, quando conheceu Anne, uma mulher mais velha que tinha filhos crescidos e era divorciada, aconteceu algo extraordinário. Eles se apaixonaram. Anne é uma mulher inteligente e espirituosa, que gosta tanto de literatura e cinema quanto Johnny. Mas sua atração era muito mais profunda do que isso. Obviamente, não foi sexo que os atraiu. Mais exatamente, creio que foi o fato de se terem dado conta de que podiam se ajudar reciprocamente, à sua maneira peculiar. Pode-se dizer que eles foram unidos pela graça de Deus. Não sei, com certeza, em que essa união se baseia, mas Anne é uma espécie de caricatura de minha mãe. De qualquer maneira, Johnny e Anne vivem juntos há mais de vinte anos. Anne requer muitos cuidados físicos e Johnny está sempre pronto a proporcioná-los. Ele a leva ao cabeleireiro e, quando Anne não pode andar, Johnny a empurra numa cadeira de rodas. Anne sofre de problemas cardíacos e circulatórios, e por isso Johnny massageia-lhe os pés e leva-a ao médico regularmente. Anne, por sua vez, retribui, cobrindo Johnny com seu amor e carinho.

Jamie, que é o membro de nossa família mais chegado a Johnny, visita o casal todas as semanas há anos, geralmente almoçando com Johnny aos domingos, certificando-se de que estão bem e intervindo quando é preciso fazer alguma coisa, desde marcar uma consulta com o psiquiatra até ajudá-los a comprar roupas, não faltando nunca com seu apoio emocional. Jamie tem sido o anjo da guarda do casal, e mobiliza o resto da família quando precisa de ajuda.

Anne e Johnny se debilitaram fisicamente com a idade, mas seu amor se fortaleceu. São duas figuras extraordinárias – Anne sempre com os lábios muito pintados e Johnny com a barba por fazer há alguns dias –, decididamente não estão a fim de participar de nenhum concurso de beleza. – Somos um casal de velhinhos meio atrapalhados da cabeça – declaram em tom jocoso, sem se sentirem nem um pouco envergonhados dos seus muitos problemas psíquicos. Muito pelo contrário, sentem-se orgulhosos de suas conquistas, e com justa razão. Anne não bebe há trinta anos e Johnny, há vinte e cinco.

Recentemente, quando descia de carro a Huron Avenue em Cambridge, passei por um pedestre que me chamou a atenção. Ele estava usando uma bermuda azul-marinho muito folgada, uma camisa xadrez vermelha, tênis e meias brancas. Andava com dificuldade, como se fosse coxo ou estivesse sentindo falta de ar. Era meu irmão, John.

Aproximei o carro dele, buzinei e acenei com a mão. Por um segundo, recuamos no tempo. Eu tinha dez anos novamente e Johnny, dezoito. Ele olhou para mim e me deu um sorriso afetuoso que pareceu dizer: "Oi, Neddy", e acenou de volta. Ainda tínhamos a vida pela frente.

Mas logo voltei aos meus cinqüenta anos e ele aos seus cinqüenta e oito. Ele continuou andando, e eu segui em frente. Não parei, pois sabia que ele estava a caminho da loja da esquina e gostava de dar aquela caminhada. Sacudi a cabeça, admirado. Lá estava Johnny, frágil e manco, numa de sua voltas pela vizinhança, seguramente indo comprar alguma coisa para Anne, e feliz da vida por poder fazê-lo. Ele tinha encontrado o amor de sua vida, e sentia-se feliz por fazê-la feliz. O amor era tudo na vida para Johnny agora.

Durante anos, mesmo depois de enlouquecer, ela significara mais do que apenas isso. Johnny lecionou no curso de redação criativa da Escola de Extensão de Harvard, onde foi um professor muito estimado. Também exerceu funções burocráticas, uma delas na secretaria do Centro de Saúde Mental de Massachusetts, onde eu também trabalhei como psiquiatra durante alguns anos. Depois disso, ele trabalhou uma temporada como auxiliar no Pine Street Inn, um albergue para os desabrigados de Boston. Nunca rejeitou trabalho por orgulho. Embora houvesse quem achasse que trabalhar num albergue ou na secretaria de um hospital de doenças mentais não estivesse à altura de um ex-aluno de Harvard que se diplomara com o grau *summa cum laude*, Johnny aceitou empregos humildes e cumpriu suas obrigações com zelo e dignidade. Ele precisava ganhar a vida para poder se sustentar e ao seu grande amor, Anne.

Mas, aos cinqüenta e sete anos, ele sofreu um derrame. As seqüelas o impediram de continuar trabalhando. Finalmente, esse homem corajoso, brilhante, excepcional, teve que desistir de seus empregos. Recorreu à assistência social e obteve a pensão a que tinha direito. Hoje, Anne e ele vivem desse recurso, com alguma ajuda complementar de Lyn, Jamie, Sue e eu, e dos filhos de Anne. Johnny continua a se locomover sozinho. Ainda faz as compras. Ainda fricciona os pés de Anne. Ainda lê livros e escreve. Fala mais devagar agora, omite algumas palavras, mas, mesmo assim, é capaz de dissertar sobre a obra de Charles Dickens melhor do que qualquer outra pessoa. Tenta fazer tudo o que lhe pedem e está dentro de suas possibilidades.

Esse é o motivo pelo qual minha família foi ajudá-lo a limpar sua casa naquele dia. Assim que Jamie avisou que era necessário dar uma ajuda, o mutirão foi organizado por Lyn, que, de muitas maneiras, assumiu o lugar de Gammy Hallowell como nossa matriarca.

Não foi uma tarefa das mais agradáveis. Enquanto lavava a cúpula de vidro do lustre, não conseguia acreditar como fora possível acumular tanta sujeira, tão entranhada e viscosa quanto um pedaço de queijo gosmento, apodrecido. Os insetos deviam estar apodrecendo ali havia anos. Mostrei a Lyn e Tom, e eles me disseram que a imundíce embaixo das cadeiras e das mesas era ainda pior. Eles estavam lá havia mais tempo do que eu.

Lyn também conhecia Johnny havia mais tempo. Ela fora sua grande amiga na adolescência. Johnny enfrentara os piores momentos do início de nossas vidas atribuladas e encontrara em Lyn uma de suas melhores aliadas. Tio Noble, com sua mente doentia, acusara os dois de terem um relacionamento incestuoso. Essa acusação era completamente infundada, e afastou Johnny de tio Noble, de mamãe e de mim, embora ele e mamãe ainda estivessem casados. Mais tarde, Jamie também se tornou um fiel aliado de Johnny. Por ser o mais moço, eu era um recém-chegado que Johnny nunca chegou a conhecer bem. Mas nos amávamos, embora guardando uma pequena distância.

Ao esfregar a sujeira, eu, o recém-chegado, ocupei meu lugar no esforço conjunto da família para ajudar Johnny. Foi um dia especialmente difícil, porque Lyn acabara de saber que podia ter um mieloma múltiplo. Mesmo assim, ela e Tom não deixaram de comparecer para ajudar na faxina. Como ficou comprovado mais tarde, não tinha nenhum mieloma, mas naquele dia ela ainda não conhecia o resultado dos exames. Contudo, lá estava ela, ajudando a limpar a casa de Johnny e Anne. Lancei um rápido olhar por cima do ombro para Lyn e Tom, Jamie e Sue, e fitei furtivamente Johnny e Anne, sentados na sua cama como dois gatos assustados enquanto nós trabalhávamos, e pensei como amava minha família. Lá estavam Lyn e Tom, ameaçados com a possibilidade de uma doença fatal, ajudando Johnny e Anne que, há anos, enfrentavam a possibilidade de enfermidades fatais. Lá estava Jamie, velho e fiel companheiro de Johnny, fazendo a sua parte. E lá estava Sue, nova no clã, mas solidária e prestimosa.

Aquela velha família WASP, carregando sua herança genética de alcoolismo, insanidade mental e gentileza, sofrera tantos padecimentos através dos anos que poderia ter perdido a fibra, a fé, mas isso jamais aconteceu. Esfregando a cúpula de vidro, senti-me orgulhoso. Orgulhoso de todos nós. Nenhum de nós era famoso, mas todos tínhamos participado da faxina, em um ou outro momento, ajudando-nos mutuamente como estávamos fazendo naquele instante.

Um sociólogo podia olhar para nossa família e dizer que nas duas últimas gerações tínhamos caído de um alto padrão de saúde, prosperidade e influência para um patamar inferior de desequilíbrio mental, pouco dinheiro e nenhuma influência. Mas, das maneiras que efetivamente contam – bravura de coração e firmeza de propósitos –, ainda voamos alto.

Johnny e Anne mantêm-se unidos há mais de vinte anos. Venceram, juntos, toda sorte de adversidade. Olho para eles reverentemente. Não são unidos pelos laços do matrimônio, mas são mais fiéis e dedicados um ao outro do que qualquer outro casal. Ali estava um homem, John Hallowell, um astro em Harvard e um astro em Hollywood, vivendo um final de vida sem dinheiro, longe dos olhos do público mas nos olhos e no coração da mulher amada. Ali estava esse meu irmão, a quem chamo de Johnny, cumprindo seu papel de bom irmão, não trazendo riqueza e fama para casa, para sua família, mas dando a todos nós um exemplo de vida dedicada, pelo menos na sua segunda metade, ao amor; uma vida na qual se confrontara com duas ameaças potencialmente mortais – distúrbio maníaco-depressivo e alcoolismo – e as derrotara.

Este homem é Johnny – um vencedor, vivendo uma vida na qual não cumpriu a promessa do brilhante acadêmico de Harvard, mas que realizou sua promessa de amor.

É isso aí, Johnny! Parabéns!

Johnny, orgulho-me de ser seu irmão.

E também muito me orgulho de pertencer a essa família de loucos.

Minha mãe

Posso ver minha mãe agora tão claramente como quando ela ainda tinha quarenta anos e eu apenas seis. Lá está ela, na soleira da porta de nossa casa na Bridge Street, em Chatham, despedindo-se de mim enquanto subo no ônibus escolar. Ela está usando uma blusa cor-de-rosa, uma saia branca plissada, um cinto azul-marinho e um colar de pérolas. Sinto, naquele momento, sem consciência disso, a verdade absoluta do que minha mãe sempre dizia: "Eu sempre amarei você, não importa onde possa estar ou o que esteja fazendo."

Agora, olhando para trás e vendo minha mãe através da janela do ônibus, com os olhos do garotinho que eu era, sinto o que então sentia: o toque caloroso do seu amor incondicional. Quando você tem seis anos, e sabe que sua mãe o ama total e incondicionalmente, isso constitui o mais valioso patrimônio que é possível se ter ao longo de toda a vida. Será, possivelmente, toda a proteção de que você poderá vir a precisar.

O que torna esse sentimento tão reconfortante e confiável é sua indestrutibilidade. Você poderá descobrir mais tarde, como aconteceu comigo e com tanta gente, uma série de equívocos que diminuem sua mãe aos seus olhos, comprovando que ela é humana e, portanto, falível. Mas, se você tiver sentido esse amor inqualificável na infância, ele agirá como uma vacina imunizadora contra o desespero, será uma dose permanente de fé na vida. Posso ver nos olhos de minha mãe agora, como via então, um olhar que diz – *Não importa onde você esteja, não importa o que esteja fazendo, eu sempre o amarei.* Acredito que Deus envie Sua mensagem de amor através de olhos como esses. É realmente tudo do que qualquer um de nós precisa.

Aquele olhar de minha mãe, como que inspirado por Deus, fez mais do que simplesmente contemplar. Ligou minha mente para sempre. Disparou uma longa reação em cadeia de neurotransmissores, hormônios, endorfinas, fatores de crescimento, globulinas imunes e outras substâncias nutrientes que se combinaram para me impregnarem de um sentimento de que a vida era boa, quaisquer que fossem os acidentes de percurso. Embora, nos anos que se sucederam, muitas dúvidas me assaltassem, e eu atravessasse períodos de insegurança e confusão pessoal, nunca perdi completamente o sentimento que aquele olhar de minha mãe instilou.

Em momentos isolados, mães, pais, avós, professores, treinadores e até animais de estimação podem lançar olhares como aquele para as crianças. Bastam alguns desses olhares para que o sentimento perdure por muito, muito tempo.

Não sei por que me lembro de mamãe e da maneira como estava vestida naquele dia, mas o fato é que me lembro. A memória de uma criança é curiosa; muitas vezes não nos lembramos do que pretendíamos lembrar, embora nos lembremos do que julgávamos que não fosse causar uma impressão duradoura. Aquele dia, quando eu tinha seis anos, era apenas mais um dia do meu primeiro ano de colégio. Mas posso ver minha mãe, a casa de ripas de madeira pintadas de branco, as cercas vivas de lilases, e até os lírios do vale aninhados embaixo dos lilases, tão nitidamente como se eles fossem estar lá quando eu chegar em casa logo mais.

Mas ele se foram. Mamãe se foi. A casa ainda está lá, embora já tenha tido vários proprietários. Mesmo que os lilases e os lírios do vale tivessem permanecido lá, eu não estaria lá. Muito menos minha infância. Entretanto, o olhar que minha mãe me dirigiu continua lá, e está aqui comigo hoje.

A mulher, minha mãe – Dorothy McKey Hallowell, a quem os amigos chamavam de Doffie –, era a mais feliz e ao mesmo tempo a mais triste das mulheres que conheci.

Os fatos básicos – seu primeiro marido, meu pai, enlouqueceu, enquanto o segundo marido se revelou um alcoólatra sádico, violento – não confirmam o que poderia ter sido. Eis o que disseram dela no álbum de formatura do ensino médio, em 1934:

DOROTHY MCKEY

26 de junho de 1915 "Doffie" 7 anos
45 Ledges Road, New Centre

"Você já viu um sonho andando?"

Atenção, todas as patrulhas – tumulto na Ledges Road esquina com Harvard. A causa? Ora, que pergunta! Doffie McKey, naturalmente – basta olhar para esses cabelos, esse rosto, esses olhos e esse corpinho. Mas, apesar de todos os seus compromissos em Harvard e milhares de outros, Doffie está presente em todas as atividades do colégio. O ginásio muito deve à sua energia e ao seu entusiasmo, e o que seria da oitava série sem o seu sorriso jovial nas segundas-feiras de manhã? Temos muita pena de vocês todos no próximo ano, pois sabemos como é difícil sobreviver sem o seu espírito alegre, vibrante e vigoroso para nos ajudar a vencer as situações mais penosas.

Infelizmente, a vida de minha mãe tornou-se uma situação de fato penosa. Ela nascera para ser uma esposa feliz e levar uma vida feliz. Viera ao mundo para criar filhos e fazer um marido feliz. Os movimentos feministas nunca a atraíram. Ela queria apenas bater os travesseiros, sorrir recatadamente e dizer palavras calorosas de encorajamento. Mas o sonho nunca se tornou realidade, pelo menos não por muito tempo.

Ela se descrevia como uma "otimista estrábica", e, embora sua vida derivasse de infortúnio em infortúnio, ela nunca perdeu a esperança de que dias melhores viriam.

Acreditava no que chamava de pássaro azul da felicidade. Acreditava em Deus e me ensinou desde cedo que Ele está em toda parte e ama todos nós, haja o que houver. Mas raramente ia à igreja. Depois de seu segundo divórcio, quase não saía mais. Entregou-se à bebida, tornou-se alcoólatra, e terminou seus dias à custa da assistência social.

Mas nunca perdeu seu senso de estilo (ela havia sido, de fato, uma encantadora debutante nas colunas sociais dos jornais de Boston, lembrando muito a maneira como seu álbum de formatura a descrevera) e tampouco sua convicção de que a estrada principal era a única estrada, de que a bondade reside nos corações de todos nós e de que o Boston Red Sox era o melhor time de beisebol do mundo.

Mamãe me levou a um jogo do Red Sox num dia frio, cinzento, de abril, quando eu devia ter uns doze anos. No final do nono turno, o Red Sox estava perdendo de cinco a zero. Virei-me para ela e disse: – Vamos embora – mas mamãe retrucou: – Oh, não, nunca se vai embora de um jogo antes do último lance. – Mexi com ela, dizendo-lhe que, se ela entendesse alguma coisa de beisebol, saberia que o Red Sox não tinha a menor chance de virar o placar. Ela respondeu laconicamente: – Espere e verá.

Apesar de meu pessimismo, depois da substituição de alguns jogadores, o Red Sox acabou vencendo por seis a cinco. Mamãe olhou para mim e disse: – Não sou dessas pessoas que vivem dizendo "Eu não falei?" mas... – seu olhar de triunfante determinação ficará na minha memória para sempre.

Aquela otimista estrábica nunca desistiu de ter esperança. Estava sempre disposta a levantar o astral de todos os que a conheciam, mesmo no fim da vida, quando quase não tinha mais forças.

Sua solidão e sua tristeza no apagar das luzes deixaram-me com um certo complexo de culpa. Por que não pude fazê-la feliz de algum modo? E que direito eu tinha a uma vida feliz, sabendo que ela bebia descontroladamente em Chatham, à espera de que surgisse um homem em sua vida, embora, no íntimo, tivesse certeza de que ele nunca chegaria?

Mamãe chegou a conhecer Sue, mas não conheceu as crianças, o que foi realmente uma pena, porque ela teria sido uma avó maravilhosa.

Minha mãe morreu aos setenta e dois anos. Desde que partiu, relembro freqüentemente aquela sua imagem na porta de nossa casa, despedindo-se de mim, quando eu tinha seis anos e ela, quarenta. Por mais dura que fosse sua vida, e a despeito das muitas decepções que sofreu, ela sempre me fez saber que estaria do meu lado em quaisquer circunstâncias. Sabia que minha mãe me amava com a mesma certeza que tinha de que o sol era quente. Nunca duvidei, por um segundo sequer, do seu amor por mim. Ela não podia me dar dinheiro, não podia me dar um lar estável, mas o que ela podia me dar ela me deu, a maior dádiva que um pai pode dar a um filho: irrestrito, incondicional amor.

O fim de uma era

Gammy Hallowell, a grande dama de minha família, recebia a corte em grande estilo em sua casa em Wiano. Embora pudesse visitar Skipper e vó McKey sem quaisquer restrições, as visitas a Gammy Hallowell eram acontecimentos orquestrados. Tínhamos que ir de carro de Chatham a Wiano, uma distância de cerca de cinqüenta quilômetros, o que representava uma longa viagem para um garoto. Era como ir visitar um reino encantado.

Gammy gostava de ostentar o estilo de vida dos ricos. Cultivava rosas. Sua propriedade ficava ao nível da água. Mantinha uma quadra de croquê no fundo de seus gramados e jardins. Sua casa era enorme, servida por uma grande criadagem. Eu podia até "encomendar" de véspera meu café-da-manhã, e ainda me lembro dos fabulosos ovos mexidos que Gerda sabia fazer como ninguém. (Seu segredo era usar creme em vez de leite, o que fazia os ovos ficarem com a deliciosa consistência de um pudim.)

Os jantares eram produções elaboradas. Nunca me esquecerei do meu primeiro encontro com lavandas. Jamie e eu tínhamos vindo de Chatham para passar o fim de semana com nossa avó. Meu pai já havia se mudado de minha casa e estava morando com Gammy. Ela convidara outras pessoas para jantar, e devíamos ser umas dezoito pessoas à volta de sua comprida mesa. Velas tremeluziam nos seus imensos castiçais, e eu tentava, como me fora ensinado, transferir para o meu prato a comida de uma travessa que um criado segurava atrás de mim, à minha esquerda. Eu tinha quatro anos. Aquilo tudo me parecia muito estranho.

Jamie, meu experiente guia, tinha seis. Saímo-nos muito bem com a sopa e o prato principal, mas surgiu um problema quando, após a retirada do prato principal, uma taça com água e uma flor, que parecia um dente-de-leão, boiando na sua superfície, foi colocada na minha frente. Notei que todos os demais tinham recebido uma taça idêntica. Olhei para Jamie, que estava conversando com uma senhora sentada ao seu lado. Sem saber o que fazer – já que Jamie, meu consultor, não se achava disponível – peguei minha colher e comecei a tomar a água como se fosse uma sopa. Imaginei que aquilo fosse uma sobremesa.

Pois não é que os elegantes convidados reprimiram a custo uma discreta risada! Foi um desses momentos em que os adultos ficam encantados com a inocência e candura de uma criança. Fiquei muito encabulado, mas logo me tranqüilizaram. O que me deixou realmente feliz foi a verdadeira sobremesa – uma torta genial chamada Alasca, que substituiu minha taça de água com dente-de-leão. Até hoje, não posso ver uma lavanda sem pensar em Gammy Hallowell.

Olhando para trás, vejo o quanto devo a Gammy Hallowell. Foi o seu dinheiro que me livrou das garras do tio Noble e me colocou num colégio interno, onde fui educado. O dinheiro dela contava, naturalmente, mas foram seu amor e seu grande estilo que permaneceram em minha imaginação, muito depois de o dinheiro ter acabado. Se algum dia chegar a ficar rico, vou mandar construir uma lareira cavernosa tão larga e profunda quanto a de Gammy Hallowell, colocarei grandes lanternas de bordo e estibordo no seu console, e convidarei todas as crianças que encontrar para se sentarem em volta da lareira e abrirem seus presentes de Natal. Talvez faça com que fiquem para jantar e também lhes servirei lavandas.

Lembro-me de quando Gammy Hallowell morreu. Eu tinha dezesseis anos e estava assistindo a um jogo de futebol na televisão, de férias do colégio. Mamãe chegou ao topo da escada e disse: – Gammy Hallowell acaba de falecer. – Já esperávamos por isso; era só uma questão de saber quando a morte chegaria. – Obrigado por me avisar – respondi. Fui para ao meu quarto, deitei-me na cama, e fiquei pensando durante algum tempo.

Fiquei imaginando o que iria acontecer dali para frente. Quem se encarregaria de promover as comemorações do Dia da Ação de Graças e do Natal? Quem presidiria as reuniões de família, emitindo opiniões e julgamentos, estimulando para que nos mantivéssemos unidos – quando mais não fosse discordando de conceitos antiquados e rejeitando-os. Gammy era uma espécie de governo central. Agora que se fora, não haveria mais uma força agregadora – pelo menos era o que eu pensava.

Meus temores se confirmaram. Depois que Gammy morreu, a família se dispersou. Depois que ela partiu, deixei de ver meu irmão mais velho, Ben, com a mesma assiduidade. Os membros da família começaram a se desentender, discutindo o desmembramento da propriedade de Gammy e criando sérias desavenças.

Também se descobriu que não havia sobrado muito dinheiro. Ela o havia gasto generosamente com todos nós, com suas obras de caridade e a manutenção de seu extravagante estilo de vida. Mas ainda restara o suficiente para custear meus estudos, pelo que serei eternamente grato a ela e ao tio Jim, que a aconselhou a prover minha instrução até a faculdade de medicina.

Com o dinheiro esgotado e a propriedade dividida entre parentes em litígio, uma era chegou ao fim na vida de minha família quando Gammy se foi para sempre. Desapareceu uma certa grandeza, que seria substituída mais tarde por uma nova vida menos elitista, menos faustosa, porém, enriquecida pela magia dos filhos que nós, netos de Gammy, traríamos ao mundo.

Mas no dia de sua morte, eu soube que uma grande mudança chegara. Alguma coisa especial faltaria. Não haveria mais lavandas, escapadas noturnas em automóveis luxuosos para ir assistir aos jogos do Bruins. Não haveria mais partidas de croquê com Gammy, nem se ouviria mais o tilintar de suas pulseiras quando ela cortava os talos das rosas.

Não fora somente o seu dinheiro que acabara e as falsas aparências que ele sustentava; também acabara a aura de importância que sua presença espalhava sobre toda a família e o arraigado sentimento de união. No dia de sua morte, o mundo pareceu menos especial para mim. Como sentia falta de seus julgamentos imperiosos, baseados em nada a não ser sua imbatível, inabalável confiança. Como sentia falta dessa confiança arrogante, muito embora fosse melhor perdê-la, sob pena de me tornar um adulto esnobe, pois sou forçado a admitir que Gammy Hallowell o era.

As famílias mudam. Deixamos de ser aristocratas WASP do Velho Mundo, granfinos de Boston, e passamos a integrar o proletariado deste mundo conturbado que luta por um emprego, no dia em que minha avó morreu. Essa queda na realidade foi a melhor coisa que podia ter me acontecido mas, na ocasião, confesso que fiquei amedrontado. Tive que crescer. Tive que arranjar um emprego.

ECOS...
(Re)Aproximando

Como viram, minha família possui sua cota de loucura. A maioria das famílias a possui, se a verdade for confessada. Com absoluta isenção e honestidade, é forçoso admitir que freqüentemente revelamos idiossincrasias, excentricidades, que beiram a insanidade. Este ensaio, de autoria de uma mulher que é uma talentosa escritora, capta um pouco da afetividade e da maravilhosa loucura de uma família, especialmente de seu pai, que usava tênis vermelhos, e se comportava extravagantemente na velhice.

Quando li este texto pela primeira vez, fiquei impressionado com o poder do processo de envelhecimento, que culmina com a morte, não só pelo seu impacto e capacidade de (re)aproximar as famílias, como aprofundar nossa noção do que significa estar vivo.

– E. H.

M eu pai foi um médico que não ficou doente um só dia de sua vida. Ele era um discípulo da velha escola: um gargarejo com água salgada curava uma garganta inflamada, e um banho de imersão em água quente e sais Epsom aliviava qualquer dor. Ele passou toda sua carreira trabalhando num hospital estadual, optando por viver modestamente com um salário irrisório e morar num conjunto habitacional do estado em vez de ganhar uma fortuna fora desses horizontes acanhados. Fora criado num lar desvalido, carente de tudo, e acredito que por isso o casulo proporcionado pelo hospital estadual – onde todas as necessidades eram providas, desde o próprio teto, os mantimentos e roupa lavada ao fornecimento de flores – oferecia a segurança que ele jamais tivera.

Meu pai tinha cinqüenta anos quando eu nasci, eu tenho um irmão gêmeo e duas irmãs mais velhas. Embora, nos dias de hoje, ser pai aos cinqüenta anos seja uma coisa corriqueira, nos anos 50, era coisa rara. Meu pai era um inglês meio desligado. Era vinte anos mais velho, pelo menos, do que a maioria dos pais das minhas amigas.

Meu pai era um disciplinador enérgico, que não hesitava em exercer sua autoridade e nos castigar quando saíamos da linha. Minha mãe era uma doce sulista, sociável e comunicativa. Os dois tinham temperamentos visceralmente opostos. Era um casamento tumultuado, que acabou para todos os efeitos quando minha mãe pegou os quatro filhos e voltou para sua terra na Carolina do Norte quando eu tinha doze anos. Papai vinha nos visitar durante as férias, e nós passávamos verões em Nova York com ele. Com exceção de duas breves tentativas, meus pais nunca mais viveram juntos.

Em 1973, meu pai se aposentou e foi morar na Flórida, onde pensou que lhe restariam apenas mais uns poucos anos de vida tranqüila antes de partir desta para melhor. Tinha setenta e dois anos quando então. Devido à sua competência como patologista, sua aposentadoria compulsória aos sessenta e cinco anos havia sido adiada. Acho que ele teria preferido trabalhar até cair morto, mas não lhe foi dada essa chance.

Em Hollywood, na Flórida, ele encontrou um apartamento em cima de uma garagem onde fazia o que sempre se propusera fazer quando se aposentasse. Nunca mais dirigiu um carro e tampouco voltou a possuir um telefone. Todos os dias caminhava uns dois quilômetros até a praia, nadava durante uma hora e confraternizava com outros *freqüentadores* da praia antes de voltar para casa. Com a barba branca esvoaçante e os tênis vermelhos espalhafatosos, papai se tornou uma figura exótica em Hollywood Beach. Fazia um tipo folclórico.

Depois de ter comparecido a alguns casamentos fora do estado, papai anunciou que já tinha viajado o suficiente. Não sairia mais da Flórida, na verdade nunca se afastava de um raio de mais de três quilômetros de sua casa. Minhas irmãs, meu irmão e eu o visitávamos duas ou três vezes por ano, levando nossos filhos conosco. Com a idade, o pai "durão" se converteu num "avô meloso". Tenho diversas fotos dele com minha filha caçula que são realmente enternecedoras: numa delas, ele segura a mãozinha fofa da neta com uma de suas mãos nodosas, enquanto a outra carrega um baldinho de areia de plástico.

Os anos passaram e meu pai não morreu, como previra inicialmente. Até os oitenta e muitos anos ele continuou dando suas braçadas diárias. Mas a verdade é que não tinha mais condições de se cuidar sozinho. Seu apartamento em cima da garagem se tornara um chiqueiro, a saúde pública o interditou. Contra sua vontade, o internamos numa clínica geriátrica excelente, com apartamentos limpos e arejados, administrada por um casal zeloso. Papai tinha seus aposentos individuais, mas não ia mais à praia, exceto quando íamos visitá-lo. Seus olhos e seus joelhos estavam fracos, sua memória falhava. Ele estava, simplesmente, cansado.

– Estou pronto para partir – ele dizia, muito objetivamente, sem autocompaixão. Como sua filha, não queria ouvir isso, e retrucava com trivialidades do gênero: "Pai, tão cedo você não vai a lugar algum. Ainda tem muitos anos de vida pela frente." A cada visita, à medida que ele se mostrava mais ensimesmado, deixei de repetir esses chavões e passei a falar mais francamente com ele. "Deve ser muito difícil", eu dizia, quando ele buscava, em vão, uma palavra ou uma lembrança. E ele concordava.

É raro toda nossa família – os quatro irmãos e nossos filhos – reunir-se no Natal. Mas lá estávamos nós em Hollywood, na Flórida, em 1977, com papai entre nós. Não foi um momento particularmente feliz. Estávamos todos irritados, com os ânimos exaltados. Meu irmão e uma de minhas irmãs tinham tido uma violenta discussão na praia. Meu cunhado me tratara de forma grosseira no restaurante. Dois priminhos estavam a ponto de se engalfinharem e, o pior de tudo, papai não estava passando bem. Mancando e ofegando, ele conseguiu ir até a praia apoiando-se numa bengala e com a ajuda de diversas mãos. Quando deixamos a praia, minha irmã chorou. Escrevi no meu diário: "Não vejo a hora de voltar para casa." Tenho certeza de que todos se sentiam da mesma maneira.

Um mês depois, recebi um telefonema de Stella, a bondosa mulher que, com seu marido, dirigia a clínica onde meu pai estava internado. Ele havia sido transferido para um hospital. Quando liguei para o médico, ele me perguntou se papai tinha feito um testamento. Eu e minhas irmãs fomos para Hollywood. Durante uma semana, ficamos na cabeceira dele doze, catorze horas seguidas todos os dias, segurando a mão dele, conversando com ele, massageando-lhe os pés, procurando diminuir seus sofrimentos de todas as maneiras. Nunca foi fácil para meu pai dar ou receber afeto, mas agora não lhe restava alternativa senão render-se aos nossos cuidados. Estou certa de que nosso carinho e dedicação faziam-no sentir-se melhor, e a nós também. Ele estava em condições precárias, e era doloroso vê-lo naquele estado. Estava ligado a uma bateria de tubos. Seu peito arfava com dificuldade. Sua respiração era induzida por uma máscara de oxigênio, suas dejeções eram feitas através de um cateter. O médico perguntou-nos quais eram nossos "desejos". Nenhum esforço heróico para prolongar sua vida. Papai fora claro a esse respeito.

Diariamente, eu e minhas irmãs levantávamos cedo e íamos para o hospital por volta das sete horas para conversarmos com o médico durante sua visita matinal. Repartíamos um quarto num hotel, revezando-nos na cama estreita. Fazíamos as refeições em turnos. Ficávamos sentadas, conversando com papai ou uma com a outra, comentando as pequenas e as grandes coisas de nossas vidas de uma maneira que não é possível fazer por telefone, cartas ou e-mails. A uma certa altura, minha irmã mais velha e eu pegamos um gravador e gravamos reminiscências de nossa infância, de dias felizes e despreocupados, que achamos que nosso pai gostaria de ouvir. Só Deus sabe o que ele foi capaz de ouvir ou compreender, mas, sempre que ouço essa fita, juro que sinto que ele está ouvindo e entendendo tudo.

Era a primeira vez que as três irmãs ficavam sozinhas – sem maridos e/ou filhos – em muitos anos. Sou grata por esses dias que passei com meu pai e minhas irmãs. Não tínhamos que preparar refeições, nos ocupar das crianças. O que não faltava era tempo ocioso... enquanto nosso pai agonizava, provocando pungentes recordações, lágrimas compartilhadas e gratidão por podermos dividir aquela privilegiada tarefa de ajudar nosso pai na passagem para o que pudesse vir depois. Ele estava presente quando nascemos, nada mais natural, portanto, que estivéssemos lá quando ele se despedia deste mundo.

Quando o médico nos disse que "não haveria milagres" e que "deveríamos deixar que a natureza seguisse seu curso", todas nós choramos. Sussurrei no ouvido de meu pai que o amava. – Pode me ouvir? – perguntei. Meu pai, com os olhos fechados, confirmou com um leve aceno de cabeça. Dizem que a audição é o sentido que se extingue por último.

Mas, contrariando todas as expectativas, meu pai apresentou sensíveis melhoras. Os médicos chegaram a falar em removê-lo para uma casa de repouso. Minhas irmãs e eu fomos até procurar algumas. Dispensamos o quarto que ele ocupava na clínica geriátrica, pois sabíamos que ele não voltaria mais para lá. Papai viera ao mundo sem nada e o deixava praticamente da mesma maneira, apenas com algumas caixas contendo papéis e uma gaveta com roupas velhas. Ele sempre viajara com pouca bagagem. Recolhi alguns retratos e o seu diploma de médico. Depois, com dois filhos pequenos em casa, precisei voltar a Boston por alguns dias.

Cinco dias mais tarde, papai piorou de repente. Peguei o primeiro avião e cheguei ao hospital à meia-noite, rezando durante toda a viagem para chegar a tempo. Quando entrei no quarto dele, minhas irmãs já estavam lá. Choramos ao pegarmos suas mãos frias. Os olhos estavam abertos mas vazios. Ele não podia nos ver, mas tinha certeza de que podia nos ouvir. Cantamos todas as suas canções prediletas. Procuramos transmitir-lhe uma imagem sonora de sua amada praia. Quando fizemos uma pausa para respirar, seu companheiro de quarto, um jovem magro morrendo de câncer, pediu-nos que continuássemos. Papai morreu três dias depois de eu ter chegado. Acredito sinceramente que ele estivesse esperando que eu, a mais moça, chegasse.

A família de meu pai se resumia a seus filhos. Ele era um solitário, sem amigos, somente alguns conhecidos da praia, muitos dos quais já tinham morrido. Meu irmão chegou no dia seguinte, e nós quatro, seus filhos, encomendamos um "serviço fúnebre" simples, no pequeno refeitório da clínica de repouso. Terminado o serviço, providenciamos um pouco de vinho, queijo e bolachas, e nos sentamos em torno de uma mesa, trocando recordações. A diretora da clínica geriátrica esteve presente com o marido, e uma auxiliar também compareceu. Meu filho de seis anos disse, olhando para o céu: "Por favor, dê ao meu avô um bom descanso." Depois cantamos "Amazing Grace" e "Kumbaya", fomos até o ponto favorito de papai na praia, e tomamos o sorvete que ele mais apreciava. Quaisquer ressentimentos por acaso remanescentes da Noite de Natal o vento levou com as cinzas de papai que meus irmãos espalharam – ilegalmente – no seu ponto predileto da praia.

Não mencionamos os tristes incidentes do Natal, mas nos demos conta de que os atritos de que tínhamos sido protagonistas seis semanas antes, num momento de irreflexão e descontrole, haviam sido superados pela força do amor, dos laços de família e das reminiscências que a morte de um pai suscita. Sinto-me abençoada – e sei que meus irmãos também – por nos ter sido concedida uma segunda chance de reunir a família, e de o termos feito corretamente dessa vez, no passamento do nosso pai. Na verdade, às vezes me pergunto se ele não teria planejado dessa maneira.

Amor incondicional

Uma das referências universais da infância é a avó. De todas as conexões e de todos os momentos humanos que me foram relatados em muitos anos de inquéritos e pesquisas sobre eles, os momentos vividos com avós são os mais freqüentemente citados. É fácil saber por quê, na medida em que as avós parecem se especializar num tipo de amor do mais generoso teor. Eu poderia escrever um volume inteiro só de histórias sobre avós.

Uma das razões é o fato de as avós nos amarem haja o que houver. Uma lembrança que a maioria dos adultos que se descrevem como pessoas felizes têm em comum é que havia alguém na sua fase de crescimento que os amava tanto que eles sabiam – com a mais absoluta convicção – que, independentemente do que fizessem, das confusões que aprontassem, essa pessoa bondosa continuaria a amá-los. Incondicionalmente.

Se alguém sente esse amor por você, esse sentimento lhe é incutido e lhe dá uma força especial. De certa forma, você se torna invencível. Nada poderá derrubá-lo totalmente, porque o amor dessa pessoa o sustenta. Pessoas verdadeiramente religiosas lhe dirão que o amor de Deus lhes dá essa invencibilidade. Mas, mesmo provindo de um ser humano mortal, o amor incondicional pode conferir força e segurança especiais.

Uma vez pediram a um homem famoso que dissesse como tinha conseguido realizar tanta coisa em sua vida. Ele respondeu simplesmente: "Eu só via sorrisos nos olhos de minha mãe."

Na história que segue, uma mulher conta como sua avó lhe deu esse inestimável presente, desde a mais tenra infância à idade adulta.

– E.H.

Minha avó e eu tínhamos um relacionamento especial. Eu era sua neta mais velha e a luz de sua vida. Ela era uma âncora para mim e uma fonte de irrestrita aprovação. Periodicamente, meu irmão e eu íamos passar uma semana com nossos avós. Eles brincavam conosco, contavam-nos histórias da infância de nossa mãe, e nos mimavam com seu amor e total dedicação.

Todas as noites, depois do jantar, minha avó me punha no colo e meu avô fazia o mesmo com meu irmão, enquanto os dois ouviam o noticiário da noite, balançando-se em suas cadeiras. Não podíamos nos sentir mais seguros, protegidos – invencíveis. Nada poderia nos acontecer quando éramos afagados e embalados com tanto carinho.

Costumávamos brincar embaixo da mesa de jantar, onde erguíamos elaboradas construções com nossos blocos de armar. Exigíamos que não tocassem neles, e por isso comíamos na mesa da cozinha durante nossas visitas.

As camas de minha avó com seus colchões de penas eram muito quentes no verão, o que a levou a mandar confeccionar colchonetes de palha que eram estendidos no chão fresco. Os colchonetes eram colocados bem atrás da porta de tela, onde pegávamos a brisa suave, e dormíamos ao som das cigarras e velados pelo céu salpicado de estrelas.

Minha avó não completara o curso secundário, porque era a filha mais velha e precisava cuidar dos irmãos menores. Achava que as meninas não tinham necessidade de cursar a universidade, mas, quando fui para o colégio, não havia avó mais orgulhosa.

Demos à nossa primeira filha os nomes de nossas duas avós. Creio que minha avó esqueceu por conveniência que nossa filha também recebera o nome da avó de meu marido. Mas não tinha jeito, Jo Beth era um nome que tinha sido escolhido exclusivamente em sua homenagem. Entretanto, nunca a chamava pelo nome quando se referia a ela ou a ela se dirigia. Para todos os efeitos, ela era o "anjinho da vovó".

Minha avó morreu de câncer quando eu tinha quarenta anos, sem jamais ter erguido a voz para mim ou me dirigido uma palavra mais áspera em toda a minha vida. Meu marido e eu estávamos de partida para a Nova Zelândia, numa licença para estudos durante um ano com nossos filhos – de nove, sete e três anos. Na última visita que lhe fizemos algumas semanas antes de partirmos, ela se mostrou carinhosa e atenciosa, e, como sempre, ardente defensora do que quer que eu resolvesse fazer.

Ela ficou na porta de sua casa, acenando para nós até o carro sumir de vista. Depois, recolheu-se aos seus aposentos, deitou-se e nunca mais se levantou.

Marge e Tom

Há uma morte nesta história, assim como houve nas duas anteriores. Mas esta morte, como verão, é de um tipo muito diferente.

Quando você ler esta narrativa e descobrir quem Marge e Tom são, na realidade, compreenderá por que é uma das histórias mais insólitas deste livro, e uma de minhas favoritas. Depois de lê-la, aposto que você verá com outros olhos... bem, espere e veja.

– E.H.

Quando meus cinco filhos concluíram o curso secundário e foram para suas respectivas universidades, passei a dedicar meu tempo cada vez mais à jardinagem. Em vez de ficar assistindo a jogos de futebol e de hóquei, plantava canteiros de flores, mudava pedras de lugar e geralmente redesenhava toda a paisagem. Embora sentisse falta das crianças e da companhia de outros pais, encontrava consolo na companhia de um casal de animais domésticos um tanto estranhos: dois perus selvagens. Temos uma coleção de patos, gansos e galinhas, uma vez que vivemos numa cidadezinha do interior, numa propriedade agrária que dispunha de muita terra. Sempre gostei de animais de fazenda, mas não do trabalho do campo. A criação de aves exige um esforço mínimo, e elas me divertem.

Achava que nossos perus eram extraordinariamente vistosos. Tom, o macho, era o personagem clássico do Dia de Ação de Graças, grande, gordo, com penas brilhantes de uma tonalidade marrom-arroxeada e imponentes barbelas vermelhas. Ele

135

andava pomposamente atrás de Marge, o amor de sua vida. Marge era esguia, elegante, de um marrom lustroso, mas desprovida das penas ostentosas da cauda de Tom. Sua cabeça era calva, parecendo com a de um abutre, coberta de nódulos rosados. Ela me dava a impressão de ter sido desenhada por Disney, embora alguns de nossos parentes me dissessem que ela não era propriamente bonita.

Talvez o que me parecesse ser beleza fosse sua personalidade. Marge gostava muito de mim; portanto, como podia resistir-lhe? Ela me seguia por toda parte, gurgulejando alegremente. Quando eu me ajoelhava e enfiava a cabeça numa moita, imediatamente Marge também enfiava sua cabeça e começava a pinicar a terra à procura de minhocas, larvas e afins que agradam bem ao paladar dos perus. Comecei a falar com ela, e ela me respondia. Basicamente, me dizia para não me preocupar muito. Às vezes, ela enchia um pouco a minha paciência, porque gostava de comer delfínios, e eu tinha que enxotá-la dos meus canteiros. Isso incomodava Tom, que protestava ruidosamente e ameaçava avançar em mim, mas tudo não passava de blefe, encenação para impressionar a amada.

Espírito superior, incapaz de guardar ressentimentos, Marge vinha correndo ao meu encontro assim que eu aparecia. Atravessava aos pulos o gramado como um dinossauro do Parque dos Dinossauros. No inverno, Marge e Tom ficavam empoleirados juntinhos num galho de árvore no galinheiro. Pareciam não ligar muito para o frio, e aguardavam pacientemente a chegada da primavera e o reinício de minhas atividades de jardineira.

No ano em que nosso filho mais moço foi para a universidade, fiquei muito deprimida. Meu filho mais velho, entretanto, tinha se casado e se mudara com a mulher para perto de nós. Gostava muito de minha nova nora, mas, a princípio, foi difícil estreitar nossas relações. Ela era de natureza reservada, um tanto tímida, e preferia ficar em casa, cuidando do seu jardim. Receava que ela me visse como a excêntrica que estava me tornando, a sogra biruta que falava com perus.

Aos poucos, fomos ficando amigas, e fiquei sabendo de

muitos dos seus infortúnios. Seus pais tinham se divorciado litigiosamente quando ela era muito pequena, e sua mãe, que adorava, morrera de câncer de mama um ano antes de ter conhecido meu filho. Sua profunda tristeza muito me comovia. Queria ajudar, mas não sabia como. Esperava que, com o tempo, pudesse me tornar uma boa amiga, e ela aprendesse a confiar em mim.

Na primavera passada, meu marido e eu estávamos regressando de um fim de semana prolongado, visitando nosso filho mais novo na universidade. Quando nos dirigíamos do aeroporto para casa, o telefone do carro tocou de repente, o que provocou uma guinada brusca do volante. Nunca me acostumei com telefones tocando dentro de automóveis. Atendi e fiquei surpresa ao ouvir a voz de minha nora perguntando como tinha sido nossa viagem. Tendo em vista que ela raramente falava ao telefone e quase nunca tomava a iniciativa de ligar, não tive dúvida de que havia alguma coisa errada. Não deu outra. Gentilmente, ela disse que não tinha boas notícias.

– Daisy? – perguntei, pensando que nossa velha pastora alemã tinha chegado ao fim de seus dias.

– Não, é a Marge – ela respondeu. Meu coração afundou. – E o Tom, também.

– O quê? Como é que é? Morreram?

– Sim. Quis evitar que vocês chegassem em casa e vissem o cercado deles vazio. Aconteceu alguma coisa com eles esta manhã. Cada um estava num canto, os dois mortos. Eles não apresentam marcas. Não imagino o que possa ter sucedido.

Nunca saberemos o que matou meu belo casal de perus. Suspeito de que tenham sido envenenados de alguma maneira. O caseiro talvez lhes tenha dado inadvertidamente alguma coisa deteriorada. Não sabemos. Foi muito triste. O que seria de minha jardinagem sem Marge para me incentivar e Tom, seu fiel escudeiro, para protegê-la.

Mas ao mesmo tempo que senti essa perda irreparável – e foi realmente uma perda muito sentida, embora se tratasse de dois perus – me dei conta de que ganhara algo maravilhoso. Deve ter sido muito difícil, exigindo um grande esforço de minha nora, dar aquele telefonema. Ela deve ter checado com a companhia o horário da chegada do nosso vôo e resolveu nos telefonar antes que chegássemos em casa. Comunicar a alguém que seu animal de estimação favorito morreu é tão ou mais difícil do que ouvir a notícia. Ela tivera a preocupação de amenizar o choque para mim, e, na verdade, tinha conseguido. Compreendi então que ela e eu tínhamos finalmente nos tornado amigas de verdade. Fora preciso muita coragem, carinho e confiança para fazer aquela ligação.

E agora, um ano depois, ainda sinto saudades de Marge e Tom quando mexo com a terra, e constantemente me surpreendo conversando com Marge, embora saiba que ela está no céu dos perus. Mas, afinal, ou se é excêntrica ou não se é!

Quando fico triste, abatida, me lembrando dos perus ou dos meus filhos que cresceram tão depressa, penso no gesto gentil de minha nora, procurando atenuar minha perda. Foi assim que começamos a nos tornar uma família legítima.

Cuidados com os outros

Se a morte de dois perus é capaz de reaproximar uma família como na última história, acho então que minha teoria está provada: praticamente qualquer acontecimento pode conter os ingredientes de momentos humanos, momentos que nos conduzem à compreensão do real significado das coisas que efetivamente contam, e, por meio dessa compreensão, ao amor.

Pode ser extremamente penoso só enxergar a tristeza, o sofrimento, as trevas. Na vinheta que segue, uma jovem mulher passa por uma brusca transição: deixa de ser cuidada e protegida por seus pais para assumir inopinadamente a responsabilidade de tomar conta deles e do resto da família. Tudo acontece de repente, quando, de menina-moça, ela passa a ser uma mulher adulta.

– E.H.

Provas. Yale. Segundo ano. Quando me dou conta, agora é um hábito. Passei muitos momentos da primavera pensando no verão. Começaria com um giro pela Inglaterra e a França, pegando as comemorações do cinqüentenário do Dia-D (Invasão da Normandia), de cuja programação faziam parte apresentações da orquestra de Glenn Miller. Depois, em meados de junho, voltaria a Connecticut, pegaria minhas coisas na casa – dormitório em que estava hospedada e iria correndo ao encontro de minha irmã em Boston. O marido dela – com quem estava casada havia quatro anos – estaria fazendo um curso numa escola de administração na Espanha, e ela ficaria morando sozinha no seu apartamento em Cambridge, que eu considerava minha casa em Boston, uma vez que ela morava lá havia mais de cinco anos.

Mas, primeiro as provas. Três de história e duas de outras matérias. Muita coisa para fazer. Depois, arrumar as malas, e ter certeza de estar com tudo pronto quando papai chegasse, impaciente para pegar a estrada de volta para casa. Estava preocupada com essa minha mudança com papai. As coisas não andavam muito boas.

Papai chega. Começamos a colocar as coisas na mala do carro. Papai está calado. Ou, melhor, estava. – Como pode juntar tanta tralha? – ou – Pra que tanta roupa? – ou – Por que você precisa levar todos esses livros? – Alívio. Tensão. Por que está tudo tão calmo? No carro. Na College Street. Ele engrena a segunda. – Como foram as provas? – ele pergunta. Digo-lhe. Estou exausta. Quero descansar. Depois, mergulhar no verão. Excitada com a perspectiva de passá-lo com Ellen em Boston. Ele engata a terceira marcha. Ainda não chegamos à auto-estrada. – Fico contente por saber que se saiu bem nas provas. – Pausa. – Há um assunto sobre o qual precisamos conversar. Não quis deixá-la preocupada durante as provas. – Pausa.

Câncer. O QUÊ? Fico chocada, amedrontada. Ele procura me acalmar, revelando pormenores do diagnóstico, do que foi planejado. Cirurgia. Em julho. Ele faz analogias. Uma laranja. A polpa precisa ser retirada. A casca ainda está boa. O mal foi detectado no início. O prognóstico é excelente.

De repente, estamos em casa. Estou calma. Ele também. Terá que se submeter a uma operação, mas, como sempre, se sairá bem. Ainda não será dessa vez que ficarão livres dele. Não morrerá. Como seu amigo Sam. Como seu amigo Al. Como seu amigo Ken... quase. Todos eles são meus "tios". Mas ele ficará bem. Provou-me isso descrevendo o procedimento médico com riqueza de detalhes.

Saímos do carro. Nada de abraços. Nada de lágrimas. Não há razão para isso. Ele só vai para o hospital para remover a "coisa". Subimos os degraus rangentes da escada circular que leva ao sótão, com os braços sobrecarregados. Ao descermos, pergunto: – E mamãe? Onde está mamãe? Quando atravesso a cozinha carregando outro monte de coisas, ela finalmente aparece. Dou um rápido alô e subo novamente a escada. Ao passar de volta pela cozinha, digo: – Que tal um abraço? – estou calma. Momentaneamente despreocupada. Ela não diz nada. Abraçamo-nos. Os seus joelhos vergam. Amparo seu corpo, pesado. Ela chora. Estamos aterrorizadas – ela e eu. Ela com a doença traiçoeira, eu com a conscientização de que os dois vão precisar de meus cuidados. Ela não está calma. Ela pesa nos meus braços. Sou sua mãe.

Não vou para Boston. Sou o elo entre os dois, e entre eles e o resto da família. Aparo a grama do jardim. Preparo as refeições. Lavo a roupa. Não me queixo. Sei que eles precisam de mim. Gosto de me sentir útil. Vejo-os como dois seres humanos frágeis, carentes. Vejo meu pai sofrer fisicamente. Cateter. Dependência. Exaustão. Vejo minha mãe sofrer emocionalmente. Será que vai perdê-lo? O que farão? Amo-os. Somos uma família.

Emergimos desse verão mais fortes. Seis anos depois, câncer extirpado. Alastrara-se por toda a laranja. Ele perdeu quase toda a visão alguns anos mais tarde. Mas tínhamos adquirido experiência. Ela está mais forte. Pode ajudá-lo. Ele pode pedir ajuda. Posso ser filha deles sem precisar ser sua mãe. Família.

Rhoda Lee

O depoimento que vocês vão ler a seguir me foi prestado por uma encantadora mulher chamada Terri Alexander, que assistiu a uma de minhas conferências. Ela se sentou à esquerda, e usava um chapéu que lhe encobria os olhos, o que tornava difícil ver a expressão do seu rosto. Entretanto, depois de ter escrito este texto, ela se levantou e se dirigiu ao público, discorrendo sobre seu tema: Rhoda Lee. Ela se aprumou. Sorriu e falou com visível orgulho. Pude ver, então, o seu rosto.

Ela nos contou que sua bisavó, Rhoda Lee, sempre lhe dissera para manter o coração cheio de amor. Disse-nos que tentara fazer isso, e, embora talvez não soubesse tudo que se espera que uma assistente social deva saber, mantivera esse amor, como Rhoda Lee lhe impulsionava a fazer. Também nos disse que estava conservando Rhoda Lee viva, e que estava fazendo sua parte na preservação do amor no mundo.

Quando ela se sentou ao terminar sua intervenção, houve um profundo silêncio no auditório, quebrado logo em seguida por entusiásticos aplausos.

Considero o que essa jovem assistente social e sua bisavó, Rhoda Lee, disseram a mais importante lição de vida: o amor tudo conquista.

– E.H.

A conexão mais profunda que tive em toda minha vida, antes do nascimento de minha filha, foi com minha bisavó paterna, Rhoda Lee Jones.

Minha bisavó tinha uma instrução equivalente ao terceiro grau e nascera de pais que tinham sido escravos e depois se tornaram meeiros. Rhoda (foi assim que sempre a chamei) era uma mulher atarracada, de pele muito escura, que possuía um coração de ouro. Ela nunca me disse expressamente "eu te amo", mas eu sentia o seu amor fluir em todo o meu ser.

Tanto meu pai quanto minha mãe agiam de maneira abusiva, cruel. Rhoda Lee, entretanto, nunca falou mal deles ou procurou desculpar seu comportamento. Ela apenas me amava tanto quanto podia. A maior recordação que tenho dela é o seu modo meigo, ponderado, com que enfrentava as mais terríveis situações.

Desde muito cedo, Rhoda Lee incutiu em minha vida o amor pela leitura, lendo-me a Bíblia todas as noites antes de eu ir para a cama, ou até mesmo durante o dia, se eu lhe desse ouvidos. Muitas vezes, essa mulher de instrução superior utilizava as histórias da Bíblia para me ajudar a compreender e a resolver os meus problemas.

Nos doze anos que convivi com minha bisavó, nunca a ouvi proferir uma palavra indelicada sobre quem quer que fosse, mesmo sobre aqueles que a tratavam de uma maneira desumana e preconceituosa. Rhoda Lee criava filhos de outras pessoas na Costa Leste de Maryland, e era conhecida como uma autêntica redentora quando se tratava de salvar crianças abandonadas ou maltratadas. Até hoje, se você perguntar à minha gente na Costa Leste sobre Rhoda Lee, falarão dela com muito amor e grande orgulho. É para mim uma honra ser ligada por laços sangüíneos a essa extraordinária mulher.

O sonho de Rhoda Lee era que eu freqüentasse a Universidade de Washington. Ela me dizia para eu ter orgulho de mim e usar o exemplo de minha vida, por vezes árdua, para ajudar outras pessoas, sobretudo as crianças. Não consegui cursar a Universidade de Washington, mas me formei e obtive o diploma de mestrado em assistência social em outra universidade, aos vinte e três anos.

Gostaria que todos tivessem uma Rhoda Lee em suas vidas.

Uma vez, ela me disse que, se eu falasse a seu respeito com outras pessoas, manteria viva sua memória e ajudaria a conferir a suprema dádiva do amor a um maior número de criaturas.

A pessoa mais importante
de minha vida

*Quando esta vinheta me foi entregue, o título imedia-
tamente chamou minha atenção. Quem seria? Mãe, marido, esposa, amigo... quem? Devia ter sido capaz de adivinhar. Você é? Dá para você ter uma idéia?*

– E.H.

Sem exceção, a pessoa mais importante de minha vida foi
minha avó. Fui visitá-la em Ohio, todos os verões de minha
vida até ela falecer.

No último verão de sua vida, ela veio me ver, em vez de eu
ir vê-la. Lembro-me dela nitidamente, sentada comigo no ba-
lanço do jardim de minha casa. Ela segurou minha mão e disse
que estava cansada de viver. Queria que Deus a chamasse para
a Morada Celeste. Protestei com veemência, e ela apertou
minha mão e disse que tinha umas coisas para mim. Presen-
teou-me com um par de brincos e seu anel de noivado. Nunca
possuíra muitos bens materiais, mas fazia questão de me dar o
pouco que tinha. Lembro-me de termos conversado um pouco
mais, mas não consigo me recordar do que falamos.

Minha avó morreu em Ohio duas semanas depois. Não chorei no seu enterro. Sabia que ela partira feliz. Coloquei na mão
dela, no caixão, uma velha foto em que ela aparece me carregando no colo quando eu era bebê. Sempre quis ser uma parte
dela e o sou até. Ela me amava tanto. Nunca me "disse" muita
coisa, mas me "mostrou" tudo. Ela será para sempre uma parte
inseparável de mim. Quero ser uma avó igualzinha a ela.

Moët & Chandon

Nas duas histórias anteriores, duas mulheres – uma bisavó chamada Rhoda Lee e uma avó cujo nome não nos foi revelado – destacam-se como duas grandes influências para o bem. Se você for uma pessoa de sorte, em algum lugar de sua família terá tido alguém que significou tanto para você quanto essas mulheres significaram para as autoras dessas histórias.

Nesta história, o foco é na figura do pai da autora. Eu a conheci quando estava dando um seminário a um grupo de diretores de vários colégios independentes. Ela era – e espero que ainda seja – uma mulher forte, calorosa, de presença marcante. Quando ela me entregou esta curta vinheta, eu a li imediatamente e resolvi tocar o projeto e escrever este livro. Vinha pensando nele havia algum tempo, mas quando li esta breve história algo me tocou tão profundamente, tão significativamente, que senti um desejo incontrolável de celebrar momentos humanos num livro.

Cheguei a pensar em dar o nome de "Moët & Chandon" a este livro em homenagem a esta história, mas ninguém saberia o significado do título antes de ler o livro. Por isso, desisti.

Esta é uma história muito simples sobre um dos momentos a que todos nós voltamos em pensamento, se tivermos vivido uma vida razoavelmente longa: o momento da morte de uma pessoa querida. A autora deste texto e eu passamos a nos corresponder depois que li este seu depoimento pela primeira vez, e incluo um bilhete que ela me escreveu posteriormente à maneira de um pós-escrito.

– E.H.

E ra uma noite escura de dezembro. Sentia-me particularmente tensa, na varanda da casa de meus pais, aguardando o cortejo de carros que escoltavam meu pai, de regresso da Costa Leste. Estava muito entorpecida, não tanto pela noite fria, mas pela antecipação de nosso derradeiro adeus.

Meu pai, meu herói, tinha recebido uma sentença de morte quatro semanas antes. Um tumor sinistro fora localizado em seu cérebro e agora estava lhe roubando a vida. Ele encarava a sorte adversa que o destino lhe reservara com dignidade incomum e manifestara o desejo de morrer na sua casa de praia, recentemente adquirida para o merecido lazer da aposentadoria, na orla marítima de Maryland. À medida que a dificuldade para cuidar dele aumentou, a família decidiu (sem a minha aprovação) trazê-lo de volta para casa, em Baltimore.

Quando os carros foram parando lentamente, um após o outro, meus olhos identificaram uma das criaturas mais extraordinárias que já conheci, e estou certa de que jamais conhecerei outra igual. Palavras raramente eram trocadas, existia uma tácita, incrível compreensão entre nós dois que as dispensava. Sempre tivéramos uma ligação muito especial e, geralmente, falávamos muito pouco um com o outro. Já fazia diversos dias que não o via e, depois de o terem devidamente acomodado, me foi dado o privilégio de visitas privativas. Suas faces rosadas e os olhos de um azul profundo me acalmaram ao me aproximar de sua cabeceira. Sua fala já estava seriamente comprometida. Ele só conseguia emitir palavras monossilábicas, mas eu compreendia tudo.

Ele pronunciou com esforço – Moët. – E eu lhe perguntei: – Está querendo um pouco de champanhe?

Ele respondeu: – Nós.

Algo me fez ir até seu armário de bebidas e lá, na prateleira, estava uma garrafa de Moët & Chandon, com um laço de fita no gargalo. Compreendi imediatamente o que aquilo queria dizer. Ele havia guardado uma garrafa do meu casamento e a estava me oferecendo carinhosamente.

Ele morreu no dia seguinte às 11:45 da noite, quinze minutos antes do meu quinto aniversário de casamento e do trigésimo quinto de suas bodas. Agradeço a Deus todos os dias a sua presença em minha vida.

Tempos depois, a autora me enviou este fecho para seu texto original:

Caro Ned,

Queria lhe dar um *follow-up* do que aconteceu com a adorável garrafa de Moët & Chandon. Fique certo de que ela não foi desperdiçada. Pelo contrário, foi muito bem aproveitada.

Alguns dias depois da morte de meu pai, minha família levou suas cinzas para a Eastern Shore. Alugamos uma das poucos barcas – ferry-boats – remanescentes por aquelas bandas, a Oxford/Bellevue, e rumamos para a frente da propriedade, que dava diretamente para o cais. Foi lá que espalhamos suas cinzas. Depois, retirei a garrafa de Moët & Chandon de um recipiente térmico, meu marido distribuiu as taças, e prestamos uma homenagem condigna... erguemos um brinde e demos um comovido adeus a um homem extraordinário.

Mais uma vez, obrigada por ter se "reconectado" comigo.

Afetuosamente,

Tina

Papai Noel

Na história anterior, uma garrafa de champanhe adquiriu uma significação muito maior do que ao ser comprada. É isso o que as recordações fazem com muitos objetos e acontecimentos. O que parecia banal na ocasião pode nos provocar lágrimas mais tarde. E o que parecia importante na ocasião pode se tornar importante de uma maneira inteiramente diferente anos depois, como aconteceu com a garrafa de Moët & Chandon na história anterior, e com Papai Noel na presente vinheta.

Quando crianças, naturalmente não imaginamos como nossas lembranças da infância nos emocionarão quando crescermos. Não fazemos idéia então. Não conhecemos a magia que envolverá cada acontecimento anos mais tarde. Esta vinheta, de autoria de uma mulher de Maine, é um bom exemplo.

– E.H.

Q uando eu era muito pequena, a voz dele era a que eu pensava que fosse a de Papai Noel. Todos os anos, umas duas semanas antes da manhã de Natal, o telefone tocava e minha mãe chamava minha irmã e eu. – Meninas, é para vocês.

Quem poderia ser? – nos perguntávamos. Bárbara atendia ao telefone (ela era quatro anos mais velha) e inclinava o fone receptor para que nós duas pudéssemos ouvir, e nós ouvíamos. Sinos badalando. Uma profusão de guisos, trenós, pelo menos umas oito renas, tínhamos absoluta certeza. Depois, o inconfundível Ho! Ho! Ho! Papai Noel nos perguntava quais tinham

149

sido nossas boas ações e quais eram nossos desejos para os presentes que estariam embaixo da árvore. Ao fundo, ouvíamos a voz abafada da Mamãe Noel, insistindo com o Bom Velhinho para que ele anotasse nossos pedidos, se não poderia esquecer-se.

Só muito depois, é que viemos a saber que eram nossos padrinhos que falavam do outro lado da linha. Eu amava aquele momento mágico. Todos os anos era a mesma coisa: quando se aproximava a época dos festejos natalinos, eu ficava imaginando – *Será que ele vai telefonar este ano? Ele vai se lembrar? E se tivermos saído quando ele telefonar?* Mas não precisávamos nos preocupar. Todos os anos, como o nascer do sol, ele nunca falhou.

Anos mais tarde, quando ele foi diagnosticado com câncer e confinado ao leito, peguei um avião para a Flórida e fui vê-lo com meu filho de treze meses. Meu filhinho ainda não conhecia o homem a quem eu chamava de tio John. Quando chegamos, minha madrinha veio ao nosso encontro e pediu-nos para esperar. Aparentemente, meu padrinho não queria que nós o víssemos confinado ao leito. Ele se levantou com enorme sacrifício, minha madrinha o ajudou a se vestir, ele saiu do quarto e sentou-se à mesa da cozinha.

Foi uma visita breve. Coloquei minha mão em cima da mão dele na mesa da cozinha e disse o quanto o amava. Pouco depois, me despedi. Ele fez questão de se levantar e nos acompanhar até a porta, de onde acenou para nós nos dando adeus, como sempre fazia quando eu ia visitá-lo. De longe, sopramos beijos um para o outro.

Na manhã seguinte, minha madrinha telefonou para dizer que tio John tinha morrido enquanto dormia. Fomos as últimas pessoas a vê-lo vivo. Fiquei imensamente agradecida por ter podido lhe dar adeus.

Ainda o vejo nitidamente, de pé na porta de sua casa, nos soprando aquele derradeiro beijo, apesar da doença, parecendo um autêntico Papai Noel, meu inesquecível, muito querido Papai Noel.

CRIANDO CONEXÕES...

Convite à reflexão: De que maneira sua família lhe transmite força?

Obstáculos à conexão: Se há conflitos em sua família, crie coragem: isso é bom sinal! O oposto de conexão não é conflito; o oposto de conexão é indiferença. Famílias conectadas, unidas, naturalmente também discutem e discordam. Talvez os maiores obstáculos à conexão nas famílias nos dias de hoje sejam de ordem prática: tempo e distância. As pessoas parecem não ter tempo para sentarem-se em torno de uma mesa a fim de jantarem juntas, ou vivem demasiado longe para poderem se reunir com freqüência.

Possíveis passos a serem dados: Na minha vida, esforço-me para não deixar de viver momentos humanos. Em outras palavras, tento estar presente quando digo adeus de manhã, e não estar com a mente já do outro lado da porta, na rua. Muitas vezes, isso é difícil de ser feito. Como todo o mundo, tenho muitos problemas e obrigações me pressionando todos os dias. Mas sei que, no fundo, a qualidade de vida da minha família é a parte mais importante de quem sou. Preciso encontrar tempo para minha família. Tenho de cuidar dela com carinho, como um jardim precioso, se quiser que cresça e floresça. E não apenas os membros imediatos de minha família, mas, igualmente, parentes distantes.

Arranje tempo, esta é minha sugestão mais sensata, irrefutável.

Em termos de conflitos familiares, um bom terapeuta é capaz de fazer milagres. A terapia de família evoluiu muito. Competentes praticantes dessa arte salvam famílias diariamente. Seu médico particular poderá recomendar-lhe um bom terapeuta de família. Os melhores geralmente são assistentes sociais; o exercício de suas atividades no campo social lhes confere grande experiência na terapia familiar.

Na impossibilidade de consultar um terapeuta de família, um bom lema a ser adotado é simplesmente: tente crescer. Freqüentemente, as famílias empacam, insistindo em seguir os mesmos padrões, rezar pela mesma cartilha ano após ano, década após década, o que leva primos septuagenários a continuar combatendo as mesmas batalhas que seus pais travavam entre si. Mas, se você procurar crescer – em outras palavras, se tentar coisas diferentes – mesmo que não seja bem-sucedido, terá, pelo menos, a sensação de que está fazendo um esforço válido. E poderá até ter êxito. As famílias podem, e não raro conseguem, mudar para melhor.

Capítulo quatro

PROFESSORES E ESCOLA

Estou aqui porque
eles estavam lá

E sta é uma história de amor, mas não é sobre o tipo habitual de amor. É uma história em que eu e meus professores somos os protagonistas. Meus professores moldaram minha vida mais do que qualquer outro grupo de pessoas fora de minha família. Acredito que, na verdade, esse seja o caso de muita gente.

A primeira professora de que me lembro é a sra. Eldredge, que conheci aos seis anos na escola primária de Chatham. Eu era incapaz de aprender a ler. Enquanto meus colegas começavam a distinguir os fonemas e os sons que as letras representam, eu não os acompanhava. Não era capaz de olhar para as letras e emitir sons. Não conseguia progredir como as outras crianças da minha classe.

Em outras turmas, eu poderia ser considerado estúpido, lerdo ou até mesmo retardado. Afinal, durante os anos do meu aprendizado – as décadas de 1950 e 1960 – na realidade, só havia duas qualificações para a capacidade mental de uma criança: "inteligente" e "estúpida". Pelo fato de custar muito a aprender a ler, eu era considerado como estúpido. Por isso, podia ser ridicularizado, posto de castigo num canto da sala de aula, sendo obrigado a me esforçar mais ou simplesmente ser esquecido. Numa escola pública de uma cidade pequena em Cape Cod naqueles dias, as pessoas não sabiam grande coisa sobre distúrbios infantis, como diagnosticá-los, rotulando empiricamente as crianças de inteligentes ou estúpidas, boas ou más. O estigma de estúpida ou má expunha impiedosamente a criança à vergonha, à dor e à humilhação. Rara é a criança da minha geração que não tenha tido pelo menos um professor ou professora que não se excedesse em métodos requintados de crueldade, vergonha, dor e humilhação.

Mas a professora Eldredge era uma honrosa exceção. Era uma boa alma. Recordo-me dela como uma velha senhora gorducha. Tudo nela era redondo: o rosto, as bochechas, o corpo. Até seus vestidos estampados com frutos esféricos acentuavam a total rotundidade. Não tinha recebido qualquer treinamento especial para ajudar crianças com dificuldades para aprender a ler, seu único atributo era o fato de ser professora do primário havia muitos anos.

O que ela fez para me ajudar foi simplesmente o seguinte: durante o período de leitura, ela se sentava ao meu lado e colocava um de seus braços flácidos e macios em torno dos meus ombros e me dava um pequeno abraço enquanto eu tentava decifrar as palavras. Eu gaguejava, balbuciava, simplesmente porque não conseguia atinar com o sentido das palavras. Mas nenhum dos outros garotos ria de mim, porque eu tinha a proteção da Máfia.

Esse era o meu "tratamento": o pesado braço da professora Eldredge. Isso foi tudo o que ela fez por mim, mas não precisou fazer mais nada. Sua proteção ostensiva me fazia sentir seguro quando errava. Sentia-me à vontade, apesar do meu cérebro deficiente. Ela não podia fazer um transplante cerebral para acabar com minha dislexia, mas fazia o que podia para que eu não me sentisse envergonhado. Seu método funcionava tão bem que eu chegava a aguardar com prazer o período de leitura. Nunca me esquecerei da professora Eldredge. Tenho a impressão de que seu braço permaneceu em torno dos meus ombros desde então – durante o curso secundário, a faculdade de medicina, a residência hospitalar e minha vida de escritor, conferencista e terapeuta. Até hoje ainda o sinto.

Depois do curso primário, encontrei a cada ano um mestre que fez uma diferença para mim. Um deles, o sr. Slocum, um professor que tive em Fessenden (o internato para onde me mandaram a partir da quinta série), me levou ao primeiro jogo a que assisti ao vivo do Red Sox, no qual peguei uma bola que o apanhador do Minnesota Twins, Earl Battey, não conseguiu rebater com seu bastão. Assisti a centenas de jogos de beisebol, mas esse foi o meu primeiro. O velho Slocum não era obrigado a fazer isso nos seus dias de folga, mas gostava de levar a garotada aos jogos.

Depois, houve o professor Magruder, outro mestre do Fessenden, que me deu um *button* JFK. Eu tinha onze anos e não entendia nada de política, mas por causa desse presente aderi ao Partido Democrata na hora. Estávamos em 1960, o ano em que Kennedy foi eleito.

Três anos depois, enquanto jogava futebol numa luminosa tarde de outono, o professor Magruder me deu a notícia de que JFK acabara de ser assassinado. O mundo como eu conhecia nunca mais foi o mesmo depois daquele dia. Creio que isso significa que, de certa forma, JFK também foi meu professor. Ele certamente incutiu no meu espírito uma visão afirmativa de mundo, uma espécie de positividade sem cinismo que, pelo menos para mim, falta à política nacional desde que ele morreu.

Fiz o curso secundário na Exeter, uma escola preparatória em New Hampshire. Lá, conheci a vida mental exercida em sua plenitude. Todas as aulas eram ministradas em mesas redondas. Os alunos aprendiam discutindo, debatendo. Cada professor inquiria e questionava; o ensino era inspirado na filosofia socrática.

Os invernos eram frios, minha família, continuava, como sempre, refém da loucura, e eu estava desenvolvendo um quadro que se poderia chamar de depressão. Meus professores porém nunca permitiram que eu me entregasse ao abatimento irreversível. A cada ano, um deles demonstrava interesse por mim. Nada excessivo, exagerado, apenas o suficiente para que eu tivesse vontade de me sair bem, superar meus problemas.

Quando estava no último ano do ensino médio, apaixonei-me pela novela *Crime e castigo*. Meu professor de inglês respondeu ao meu entusiasmo me ofertando os cadernos de anotações de Dostoiévski sobre a obra. Senti-me profundamente lisonjeado. Um professor dar um presente a um aluno? Uau!

No ano seguinte, o professor mais influente que já tive entrou na minha vida. Seu nome era Fred Tremallo. Naturalmente, eu o tratava a princípio de sr. Tremallo. Ele e sua mulher, Ellie, tornaram-se meus pais "substitutos" no meu último ano no Exeter. Tremallo era meu professor de inglês. Ele me disse que eu levava jeito para escrever. Ele também era gordo – não tanto quanto a professora Eldredge, mas tão parrudo quanto um jogador da linha de defesa de um time de futebol americano. Usava bigode e tinha servido no Serviço Secreto. Era de ascendência italiana, de Nova Jersey, e não acredito que tivesse muita noção do que pudesse ser a tríade WASP, mas parecia simpatizar comigo. Por quê? Não sei.

O processo pelo qual ele me modificou mais do que qualquer outro professor foi simplesmente o seguinte: ele me disse que eu era capaz de fazer mais do que pensava que podia, e então extraiu esse "mais" de dentro de mim. Na primeira semana de aula, eu escrevi uma história de três páginas, nosso primeiro trabalho do ano. Ainda vejo a observação do professor Tremallo, em tinta vermelha, no rodapé da última página: "Isto tem possibilidades", ele escreveu. "Por que não desenvolve e transforma num romance?"

Um *romance*?, pensei com meus botões. *Uma história de três páginas não era suficiente?* Não para o professor Tremallo. Perguntei a ele depois da aula se achava realmente que devia transformar aquela história num romance e ele respondeu: – Sim – seu bigode se abrindo e fechando em torno da palavra, prosaicamente. Esperei que ele dissesse mais alguma coisa, mas ele não disse. Os alunos da aula seguinte chegaram e tomaram seus lugares em volta da mesa redonda; e eu me retirei, excitado e ao mesmo tempo apavorado. Iria mesmo escrever um romance? A idéia me parecia tão absurda quanto uma viagem à lua. Pensando bem, provavelmente foi esse mesmo tipo de reação que os espíritos céticos tiveram quando JFK anunciou à nação que íamos colocar um homem na lua.

Mas, antes de terminar o ano, eu havia escrito um romance com cerca de quatrocentas páginas. Ele ganhou o Senior English Prize (Prêmio de Inglês Sênior), distinção que mais prezo até hoje, porque escrever esse romance me pareceu, no começo do ano, uma missão impossível. Tinha me parecido não apenas uma tarefa fora do meu alcance, de minhas possibilidades, como totalmente infactível. Era como desafiar a lei da gravidade ou me tornar invisível. E, entretanto, foi feita.

A obra em si não era lá essas coisas – e, graças a Deus, felizmente, nunca foi publicada – mas obedecia aos critérios básicos da concepção de um romance: era coerente, tinha um fio condutor do princípio ao fim da narrativa, e possuía personagens que adquiriam vida própria ao longo da trama. Creio que se poderia dizer do romance de um aluno promissor o que Samuel Johnson disse de um cachorro dançando apenas sobre as patas traseiras: "Nem sempre ele consegue fazer bem-feito, mas é surpreendente como chega a fazê-lo." O fato de ter conseguido fazê-lo mudou completamente a minha vida.

Como? Ele me deu uma identidade. Tornei-me um escritor naquele ano, não apenas na minha mente, mas num sentido público, nas mentes dos meus colegas – implacavelmente críticos, diga-se de passagem. Eles me aceitaram, me reconheceram como escritor. Se me aceitaram, raciocinei, é porque devo ter algum mérito. Isso tudo porque no período letivo 1967-68, o professor Tremallo arrancou de dentro de mim mais do que eu julgava que tivesse.

Ao término da universidade, tornei-me médico, depois psiquiatra e especializei-me em psiquiatria infantil, mas tudo isso só foi possível graças à confiança que adquiri para realizar tarefas difíceis. A confiança estava escondida nas minhas entranhas, mas o professor Tremallo mergulhou nas águas turvas da minha adolescência e a resgatou para que eu e os outros pudéssemos vê-la. Ao me incentivar a fazer o que eu acreditava que não poderia fazer, ele permitiu que eu provasse a mim mesmo que era capaz de dar conta de tarefas difíceis. Essa confiança foi sem dúvida inestimável para mim.

De onde foi que ele tirou a idéia de que escrever seria minha paixão? Como pôde pressupor que seu jovem aluno seria capaz de escrever um romance? Não sei. Mas, semana após semana, calhamaço após calhamaço, à medida que eu ia escrevendo, ele fazia seus comentários e observações com tinta vermelha, como um treinador apurando o desempenho de um atleta. A maioria dos comentários era bastante específica, do tipo: "Por que você deixou este trecho capengar no passado mais-que-perfeitamente?" Genial, transformar "mais-que-perfeito" num advérbio! Por me lembrar desse comentário, nunca emprego o tempo mais-que-perfeito sem primeiro pensar na pobre frase capenga. Alguns eram mais genéricos, como: "Refazer" ou "Vago" ou "Tente novamente". Ele era exigente, mas sempre senti seu braço em torno de meus ombros, como o da cara professora Eldredge. Nunca duvidei da sabedoria e propriedade de seus julgamentos, de que ele acreditava em mim, e que eu devia remover montanhas para fazer o que me pedia. A conexão humana era irrefutável e fazia toda a diferença.

Por isso, no último ano, enquanto os outros ficavam do lado de fora apanhando sol e ouvindo Bob Dylan, os Beattles, ou Simon e Garfunkel, eu ficava enfurnado no meu *loft*, um espaçoso estúdio no sótão da igreja do colégio, escrevendo desenfreadamente. O romance cresceu. Lembro-me de que, quando cheguei à página 100, pensei que talvez conseguisse levar a cabo aquela idéia maluca de escrever um romance.

O professor Tremallo também enfatizava a técnica e a disciplina, dando-me para ler *A retórica da ficção*, de Wayne Booth, um livro cujas páginas sublinhei aplicadamente, sem entender quase nada, mas me sentindo muito importante, muito "escritor", por ter sido considerado à altura de compreendê-lo. Não me dei conta na ocasião, mas tenho a impressão de que Fred estava tentando me dar as ferramentas do ofício como parte da experiência de realizar o objetivo de me tornar um escritor. Ele estava me fornecendo o instrumental de escritor equivalente à maleta preta e ao estetoscópio antes de eu saber como utilizá-lo.

Quando terminei o último ano e a tarefa tinha sido concluída, despedi-me de Fred e Ellie. Para todos os efeitos, era um escritor. Mais profundamente do que isso, entretanto, sabia que podia fazer mais do que jamais acreditara que pudesse.

Embora tenha visto Fred e Ellie Tremallo umas poucas vezes depois que me formei, não foi a mesma coisa. Ele era um homem muito reservado, tímido e talvez até um pouco desconfiado. Não comparecia a reuniões sentimentais de ex-alunos. Tinha que formar novos escritores. Tínhamos tido nossos bons momentos como professor e aluno, e ponto final.

Até a hora de sua morte.

No inverno de 1999, soube por intermédio de Charles Terry, um professor do Exeter com quem continuei mantendo relações de amizade depois de minha formatura, que Fred estava com câncer pulmonar e só lhe restavam alguns meses de vida. Telefonei para o hospital, falei com Ellie, peguei o carro e fui visitá-lo imediatamente.

Quando entrei no quarto do hospital, encontrei Fred sentado na cama, de peito nu, às voltas com seu laptop. – Recomendações para a universidade – ele se adiantou, presumindo corretamente que quisesse saber do que se tratava. – Preciso terminá-las antes de morrer. – Depois ele sorriu matreiramente e eu estremeci. Como sempre, ele foi logo quebrando o gelo.

Entramos nesses momentos que sabemos serem especialmente significativos em nossas vidas sem precisar de um cinegrafista e de uma orquestra sinfônica para enfatizar a importância do que está acontecendo. De certa forma, sublinhamos esses momentos, que nos são tão caros, segundo a segundo. Às vezes, os assinalamos com lágrimas; às vezes, festivamente mas, quase sempre, com simplicidade, com uma conversa algo embaraçosa e nenhum outro efeito especial a não ser o barulho do trânsito na rua, ou alguém tossindo na sala ao lado.

Fred, Ellie e eu conversamos, eu sentado na beira da cama e Ellie de pé na cabeceira de Fred. Falei com Fred de Sue e das crianças, e comentei com ele sobre minha atividade de psiquiatra e os livros que havia escrito.

– Quando você vai escrever o grande romance? – ele me perguntou.

– Não sei – respondi. – Talvez nunca.

– Poderia escrevê-lo, se tentasse – ele retrucou. O mesmo desafio, a mesma cobrança dos tempos de colégio. Quem sabe, algum dia, acabaria me decidindo a escrevê-lo.

– Não tenho um romance, mas trouxe um texto que gostaria de ler para você. – Disse-lhe então o que havia escrito. Era um esboço desta narrativa. Quando terminei de ler, ele pigarreou e disse:

— Emoções à parte, este é um texto excelente.

— Ali estava o velho professor fiel à sua vocação, ensinando e estimulando até seu último alento.

Era hora de me retirar. Formara-se uma fila de estudantes do outro lado da porta, todos esperando para entrar.

— Há outras pessoas esperando no corredor – disse. – Acho melhor ir andando. – Ellie moveu a cabeça, concordando.

— Que esperem – disse Fred. Sei que isso não significava desrespeito ou desconsideração pelos outros, ele estava apenas me honrando com um último presente: seu tempo. Apertei sua mão, e me lembrei de quando apertei a mão de meu avô, pouco antes de ele morrer. Apertei a mão de Fred tal como apertara a de Skipper. Fred me olhou, com um olhar que eu conhecia bem, no qual seus olhos se enterneciam e brilhavam simultaneamente, em que se sentia que ele estava transmitindo uma mensagem positiva, impossível de ser traduzida em meras palavras.

Beijei reverentemente a testa de Fred, dei um forte abraço em Ellie, e deixei o quarto, para nunca mais ver os dois. Exceto na minha memória, o tempo todo.

ECOS...

Adequando-se

A luta para se adequar: haverá um drama mais inquietante, mais mobilizante para a infância, pelo menos depois dos oito ou nove anos? Como pai, preocupo-me com a popularidade de meus filhos, embora procure não exagerar. Não nego que me aborreço quando um deles não é convidado para um determinado evento de que gostaria de participar, ou quando vislumbro alguma discriminação social. Entretanto, administrar essas situações é uma questão delicada que precisa ser resolvida pela própria criança, sem excessiva intervenção dos pais. Aprecio particularmente o depoimento desta mulher, revelando como começou a ouvir seu próprio tambor interno.

— E.H.

Como uma garota de catorze anos, eu parecia muito com uma água-viva invertebrada, com um desses trevos de quatro folhas gelatinosos, transparentes, que flutuam ao sabor das marés. Meus colegas eram os mesmos desde o jardim de infância, o que significava onze anos de convivência forçada com as mesmas criaturas. Todos me detestavam e eu retribuía com a mesma dose de desprezo e hostilidade. As coisas nem sempre tinham sido tão drásticas, tendo piorado consideravelmente quando os meninos, na altura do 1º ano do ensino médio, tinham deixado o colégio para irem para os respectivos internatos. Minha turma, reduzida a nove garotas, ainda teve que esperar um ano para também seguir novos rumos.

O fato de dizer a meus pais que não gostava de minhas colegas não queria dizer que não daria prazerosamente meus dentes caninos para me adequar à turma, ser aceita. Se pudesse me tornar benquista, popular, talvez me dispusesse até a arrancar alguns molares. Mas eu era irrecuperavelmente chata, "esquisita, sem coragem de me modificar". Esse comportamento ocorre quando ignoramos a batida do nosso próprio tambor e tentamos dançar de acordo com uma música que não podemos ouvir, olhando para onde os outros põem os pés. Passava a metade do meu tempo desdenhando, agressivamente, minhas colegas e a outra metade tentando fazer com que gostassem de mim, o que deixava todas nós confusas e me conferia o título de adolescente abominável. Tinha ódio de mim por ser rejeitada, e ao mesmo tempo por tentar me enturmar.

Uma tarde, andando pelo corredor do colégio com outras duas garotas, passamos pela sala dos professores enquanto minhas colegas de turma malhavam o professor de latim, um jovem pálido, roliço, inseguro, cuja pasta de livros era constantemente premiada com pedaços de gelo durante o inverno. Sem pensar, fiz[1], supondo que ele estivesse na sala e pudesse ouvi-las. Virando-se para mim e me medindo de alto a baixo, elas disseram a uma só voz: – O que foi que você disse?

Pensando rapidamente, respondi: – Ia dizer "merda" se vocês não tivessem me interrompido. – Elas foram tomadas de surpresa e preferiram me ignorar, enquanto eu voltava à minha habitual auto-execração.

No fim do ano, me foi dada mais uma chance de engrenar com minha turma, e embarquei nela sem hesitar. Nosso professor de História Antiga era um tal de sr. Ward, cujo único real interesse era treinar o time de futebol dos garotos e relembrar suas proezas na Guerra da Coréia. Nessa altura de minha vida, lembro-me de muito pouca coisa sobre o Egito, mas, em compensação, não me esqueci de como se mata um homem numa trincheira quando se está num tanque de guerra. Aparentemente, joga-se o tanque contra o inimigo entrincheirado, gira-

---

[1] (…), emite um som esquisito, para fazê-las parar de falar.

se a torre, e espreme-se o soldado. Naturalmente, essas histórias me parecem pouco plausíveis agora. Retrospectivamente, também me dou conta de que ele não era um bom professor.

O professor Ward ensinava História para a sétima e a oitava séries e, com a lógica irrefutável da adolescência, decidimos que, já que não gostávamos dele, era perfeitamente lícito "colar" nas suas provas. O método escolhido era muito simples: levaríamos tranqüilamente nossas anotações para a lanchonete onde a prova seria realizada, e as consultaríamos sempre que necessário. Esse método pressupõe que, de qualquer maneira, o aluno tenha que estudar muito a matéria, para que possa ter muitas colas à sua disposição, mas essa não é a questão. A questão é que, independentemente de precisarmos colar ou não, íamos colar. Se você acha que eu seria a única garota que se oporia à decisão coletiva é porque não devo ter me explicado muito bem para você.

Meti a cara nos livros, preparei uma batelada de colas, que coloquei no bloco de papéis que nos era permitido levar para o local da prova. Consultei-as à vontade no decorrer de toda a prova, e me saí impunemente da tramóia. Dois dias depois, entretanto, a sétima série nos entregou. A notícia correu pela escola e soubemos que estávamos em maus lençóis horas antes de a bomba estourar. O sr. Mason, nosso diretor, o professor que me tinha ensinado Aritmética, que me dera uma caixa embrulhada em papel de presente, com um jogo de pecinhas coloridas para eu me lembrar da divisão decimal, que era amigo pessoal de meu pai, e por quem tinha a maior estima, apareceu subitamente na nossa sala. Ele pediu delicadamente – mas em tom solene – ao nosso professor para se retirar por um momento, sentou-se numa cadeira na frente da sala e nos encarou. Eu estava sentada na última fila, mas, quando a turma conta apenas com nove alunas, isso não chega a ser uma camuflagem confiável. Ele nos disse que, ao ser confrontada com a acusação de procedimento fraudulento, a sétima série admitira a procedência da acusação e também implicara a turma do 1º ano. Ele estava ali para ouvir o que tínhamos a dizer a propósito da lamentável ocorrência. Ninguém disse uma palavra. À medida que o silêncio perdurava, lágrimas começaram a escorrer pelas minhas faces. O sr. Mason podia me ver, mas pelo menos minhas colegas estavam todas voltadas para a frente e não perceberam que eu estava chorando. Antes que uma fungada me denunciasse, levantei-me, e, mantendo as costas viradas para as colegas, retirei-me da sala. O sr. Mason me deixou sair sem fazer qualquer comentário. Depois de olhar desesperadamente para um lado e para outro do corredor, refugiei-me no banheiro das meninas, trancando-me num dos gabinetes. Finalmente, pude parar e raciocinar. Dei-me conta do bom lugar que escolhera: dispunha de água, um vaso sanitário e uma pequena janela no alto da parede, dando para o mundo exterior, por onde poderia sair assim que escurecesse. Até lá, o sr. Mason não poderia invadir o local do meu esconderijo por ser homem.

Toda vez que uma garota entrava no banheiro, eu subia no assento do vaso e mantinha o mais absoluto silêncio. Estava começando a relaxar, quando uma garotinha entrou e me chamou pelo nome. Naturalmente, respondi. Provavelmente lhe terá parecido estranho ouvir uma resposta vindo de um gabinete onde não se viam pés pelo vão inferior da porta, mas estava metida numa enrascada tão grande que, francamente, pouco ligava para o que ela pudesse pensar. – O sr. Mason quer falar com você – ela disse. – Não tinha escapatória, estava encurralada. Desci do vaso e acompanhei a garota a um pequeno escritório no fundo do corredor, onde o sr. Mason me aguardava.

Éramos só nos dois, e recomeçamos a conversa que eu havia evitado.

– Você colou? – ele perguntou serenamente.

– Sim, colei – respondi em pânico.

– Por quê?

– Porque tudo mundo colou.

– Compreende que, diante da gravidade deste fato, serei obrigado a reprová-la em História Antiga?

– Creio que sim.

O sr. Mason foi calmo e gentil, mas de uma clareza a toda prova. Eu me metera numa grande confusão, mas embora não fosse fácil sair dela, não era de todo impossível. Ele me disse que o primeiro passo a ser dado era ir para casa e contar à minha mãe o que havia feito, e ele entraria em contato com a Concord Academy onde eu já estava matriculada, dependendo apenas de minha aprovação no primeiro ano, e tentaria explicar que o R, de reprovação, que aparecia no meu boletim escolar não deveria ser impedimento para minha admissão, uma vez que fora mais uma medida disciplinar do que de avaliação do meu desempenho na matéria. Tive vontade de me atirar aos prantos nos braços do sr. Mason, mas algo me disse que ele estava me ensinando uma coisa que precisava urgentemente aprender: como lidar com meus problemas. Estávamos tratando de um assunto sério, e eu devia agir comedidamente.

Eddie Dugan, o zelador e amigo de todas as horas da garotada, me levou para casa num silêncio que não lhe era peculiar. Encontrei minha mãe sentada à sua escrivaninha. Esperei que ela terminasse sua ligação telefônica para poder lhe explicar por que estava em casa àquela hora da tarde e o que andara fazendo.

Não sei o que o sr. Mason disse à Academia Concord, mas eles decidiram permitir meu ingresso no segundo ano no outono. Cheguei ao colégio, perdida e com saudade de casa, e percebi, quando examinei a lista de matérias do meu curso, que tinha sido inscrita novamente em História Antiga, e que até o livro didático com que eu estudara seria o adotado. Compreendi, então, que, tendo em vista o R que tivera na matéria no ano anterior, fazia sentido que quisessem que eu repetisse a disciplina, mas eu tivera um bom aproveitamento e não estava a fim de repeti-la. Invoquei tudo que o sr. Mason me ensinara sobre responsabilidade e nobreza de caráter, aprumei as costas, ouvi as primeiras e tênues batidas do meu tambor, e solicitei uma entrevista com a sra. Hall, a diretora.

Foi uma conversa estranha a que tivemos naquele dia de setembro há quarenta anos. De pé, diante de sua escrivaninha, tendo na mão a lista de minhas matérias e explicando meu dilema em relação a História Antiga, exime-a de qualquer responsabilidade no episódio. Lembro-me de lhe ter dito que compreendia perfeitamente seu equívoco, que qualquer pessoa poderia ser induzida ao erro, pensar que uma garota reprovada em História Antiga no primeiro ano deveria repetir a disciplina na série seguinte. Mas o que ela talvez não soubesse era que eu tinha sido reprovada não porque não tivesse tido bom aproveitamento na matéria, mas sim porque havia colado na prova. E, respeitosamente, solicitei ser inscrita em qualquer outro curso de História constante do currículo letivo.

Como a sra. Hall era uma professora muito parecida com o sr. Mason, e compreendia que o arrependimento pelo erro cometido é a redenção de muito adolescente que tenha prevaricado, ela me olhou, fez um aceno positivo com a cabeça, e me transferiu para o curso de História Americana.

Minha miss Mackey

Muitas pessoas nunca recebem o crédito que merecem em vida. Na minha opinião, as professoras encabeçam a lista. As mestras de nossas primeiras letras são grande benfeitoras anônimas da humanidade. Claro, há as exceções à regra: algumas podem ser péssimas. Mas, santo Deus, as boas são tão boas – e tão pouco reconhecidas!

Esta é uma história sobre duas professoras que constituem a exceção a um anjo. Este depoimento foi escrito por Paul Hostetler, pastor protestante aposentado, da Pensilvânia.

– E.H.

O renomado educador, já falecido, dr. Ernest Boyer, enfatizava a importância de uma orientação pedagógica esclarecida, humana, desde os primeiros contatos da criança com a escola. Ele declarou que as professoras dedicadas, compreensivas, deviam ser os educadores mais bem pagos porque estabelecem a maior diferença positiva na vida de seus alunos.

Concordo plenamente. Mas também entendo que professores ríspidos, intolerantes, no nível didático elementar, também podem causar graves – e muitas vezes irreparáveis – distúrbios aos seus pequeninos e frágeis alunos. Permitam-me ilustrar.

Quando ingressei na escola primária em Canal Fulton, Ohio, em 1931, minha primeira língua era o holandês que predominava na Pensilvânia. Por isso, meus colegas de turma tornavam minha vida insuportável. E minha professora agravava o meu tormento divertindo-se obviamente com meus modismos holandeses e os erros de gramática que eu cometia, chamando minha atenção na frente de toda a classe. Não é de admirar que eu não me lembre do nome dela.

Ela e a professora da segunda série eram amigas. Um dia, surpreendi-as conversando. Discutindo minha situação e rindo-se dela. Até hoje sinto uma profunda mágoa.

Considerando que a professora da segunda série era tão amiga de sua colega da primeira série, quando passei para o segundo ano, sofri novamente muitas das indignidades de que fora vítima no primeiro ano do curso primário. E, acreditem, tampouco consigo me lembrar do nome da professora da segunda série.

Durante aquele ano, jurei que superaria todas as minhas deficiências com a gramática inglesa, me tornaria professor e também ridicularizaria os meus alunos. Que ironia. Bem, superei minhas dificuldades gramaticais mas abri mão da segunda parte do juramento, devido, em grande parte, ao que aconteceu no segundo ano letivo.

Nossa família mudou-se para uma cidade vizinha no verão de 1933. Naquele outono, comecei a terceira série numa escola rural a pouco mais de um quilômetro a oeste de North Lawrence. O prédio tinha uma única sala, e a professora se chamava srta. Mackey. Ela obviamente amava cada menino e cada menina a quem ensinava. Passei a amá-la com toda a ternura do meu coração infantil.

Srta. Mackey me ensinou a gostar da escola, especialmente de ler. Todas as manhãs, ela se sentava de frente para os alunos e lia em voz alta para eles. Nós todos embarcávamos com ela no seu "tapete mágico" e voávamos para lugares distantes para descobrirmos Alice no País das Maravilhas, As mil e uma noites, Abraham Lincoln, Ebenezer Scrooge, Oliver Twist, O rei David, Tom Sawyer e muitos outros.

Quando eu reagia ansiosamente, mostrando-me curioso durante as aulas de leitura, ela me emprestava livros adicionais para eu ler por minha conta. Vim a saber anos mais tarde, por um de seus vizinhos, que a srta. Mackey "implorava, tomava emprestado, roubava" de todas as fontes imagináveis para que seus alunos continuassem lendo. Dessa maneira, ela deu a cada um de nós seu próprio tapete mágico.

Depois que concluí o terceiro ano, minha família mudou-se novamente para a North Lawrence. Alguns anos mais tarde, quando estava na sexta série, a escola rural foi fechada, e a srta. Mackey foi transferida para a escola primária de North Lawrence, onde lecionava nas três primeiras séries.

Só soube disso quando a vi no pátio de recreio da escola, pouco depois do reinício das aulas, no outono. Estava cercada de crianças, que brincavam felizes. Assim que me viu, ela correu ao meu encontro e me deu um grande abraço e um beijo.

Educado numa família muito contida (nunca vi meu pai beijar minha mãe, embora não tivesse dúvidas de que os dois se amavam muito), seu gesto muito me agradou e ao mesmo tempo deixou profundamente alarmado o garoto tímido de onze anos. Os garotos da minha turma, incomodados com a cena, riam e assobiavam.

Tenho mantido meu tapete mágico através dos anos, e ele tem me proporcionado grandes aventuras. Tenho acreditado em muitas coisas e questionado outras tantas. Tenho me regozijado e lastimado. Tenho alargado meus horizontes e me sentido esmagado. Com o tempo, ingressei na fileiras dos que ajudam a "fabricar" os tapetes.

Há muitos anos, voltei a Ohio para visitar essa extraordinária professora. Encontrei uma versão mais idosa da minha querida srta. Mackey, mas seus olhos brilhavam com o mesmo amor e mesma sinceridade que eu conhecia tão bem. Estava casada havia muitos anos e agora era a sra. Amstatz. Meu amor infantil por ela me fez sentir, mesmo àquela altura, ciúmes do seu marido.

Disse-lhe finalmente que tinha imensa satisfação de poder agradecer-lhe a grande influência positiva que ela exercera em minha vida. Relembrei seu zelo, seu carinho, suas incomparáveis virtudes de mestra, e a paixão pela leitura que ela incutira em mim havia mais de cinqüenta anos. Evocamos juntos o passado distante enquanto o tempo permanecia parado.

Quando me levantei, prestes a me despedir, lembrei-lhe a

ocasião em que ela me deixara embaraçado no pátio da escola. Disse-lhe que era chegada a minha vez de deixá-la "embaraçada" na frente do marido. Dei-lhe um forte abraço e um beijo. Debulhamo-nos em lágrimas. Seu marido sorriu, emocionado.

Mais recentemente, liguei para o diretor da Tuslaw High School, Robert Horner. Por minha sugestão, planejamos prestar uma homenagem à srta. Mackey, então com oitenta e um anos. A solenidade seria um jantar, durante o qual diversos prêmios e bolsas de estudo seriam distribuídos aos alunos. Aguardava ansiosamente essa noite.

Cerca de uma semana antes do jantar, minha querida srta. Mackey me decepcionou pela primeira vez. Depois de muito refletir, decidira não participar do grande acontecimento. Insisti para que ela reconsiderasse sua decisão, mas, ao que parece, cabe aos professores a última palavra.

Alguns dias depois, recebi uma fotografia que ela tirara ao meu lado na porta da escola seis décadas antes. Somente uma mãe e uma professora dedicada poderiam ter amado aquele garoto triste, mal-ajambrado.

Desejo tudo de bom para a srta. Mackey e todas as outras generosas, adoráveis professoras. Que Deus as ajude a compreender que muitos de nós, seus ex-alunos, continuamos viajando em tapetes mágicos, eternamente gratos pelo investimento que fizeram em nossas vidas.

Lamentavelmente, muitos de nós não souberam exprimir devidamente sua gratidão. Talvez esta minha história inspire outros a agradecerem, à sua maneira, às suas srtas. Mackeys. Embora nem sempre seja fácil agradecer às professoras, geralmente arredias a homenagens públicas, sei que, no íntimo, essas manifestações de afeto e reconhecimento deixam-nas sensibilizadas. Sinto-me feliz por ter podido agradecer antes que fosse demasiado tarde.

Irmã Agnes Louise

Quem não teve um professor ou professora que o deixava apavorado, de cabelo em pé? A maioria de nós, entretanto, não teve a chance de vislumbrar para além da face do terror, como a autora deste relato teve a oportunidade de fazê-lo.

– E.H.

Irmã Agnes Louise. A simples menção do seu nome bastava para que as adolescentes do meu pequeno colégio católico se pusessem a tremer de medo. Essa irmã tirânica era nossa professora de Literatura Inglesa. Seu rosto lembrava o de um buldogue, e seu temperamento combinava perfeitamente com a aparência feroz. Ela parecia ter um prazer sádico em humilhar as alunas, o que era particularmente traumático para típicas adolescentes complexadas. Nas aulas, elegia ao acaso qualquer uma para "torturar" naquele dia. A pobre infeliz "premiada" era intimada a ficar de pé na frente da classe e recitar um trecho que ela tivesse selecionado aleatoriamente, esperando que a aluna o soubesse na ponta da língua. Infeliz da aluna que não o tivesse decorado à perfeição – e não o dissesse em inglês arcaico! Se o desempenho não satisfizesse às exigências da irmã, ela repreendia e insultava a menina até quase levá-la às lágrimas. Para dizer a verdade, algumas de fato caíam em pranto! Não é preciso dizer que jamais cometi a imprudência de não estar devidamente preparada para sua aula. Felizmente, ela sabia que eu era uma boa aluna e não julgava necessário me argüir freqüentemente.

Por esse motivo é que fui apanhada totalmente de surpresa uma tarde em que estava mexendo no armário em que guardava minhas coisas. Estava separando os livros de que precisaria para a próxima aula, quando subitamente ouvi uma voz atrás de mim dizer:

– Susan, gostaria de ter uma conversa com você.

Meu coração disparou. Era capaz de reconhecer aquela voz em qualquer lugar! Era a irmã Agnes Louise. O que é que eu teria feito? Por que tinha sido escalada? Rezei para que não tentasse me humilhar na frente de todos, no corredor.

– Eu-eu-eu? – gaguejei. – Quer falar comigo?

Teria sido um sorriso de satisfação o que divisei-lhe no rosto, diante do pavor estampado nos meus olhos?

– Sim – ela respondeu. – Quero falar com você. Ouvi dizer que você foi ao Japão no verão passado e gostaria de ouvir suas impressões sobre a viagem. Também estive no Japão, sabia?

Japão! Então era sobre o Japão que ela queria conversar comigo. Respirei aliviada.

Depois de alguns segundos para me recuperar, algo me surpreendeu. Compreendi que a vida de irmã Agnes Louise não se restringia a nos infernizar. Ela era uma pessoa que cultivava outros interesses, que talvez gostasse de uma boa conversa de vez em quando. Foi uma revelação para mim, uma grata surpresa, ver minha intransigente professora sob uma luz nova, totalmente diferente.

Mais tarde, tivemos uma agradável troca de impressões sobre o Japão. Nunca cheguei a saber por que a irmã Agnes Louise tinha prazer em aterrorizar suas pobres alunas. Talvez achasse que agindo com bastante rigor estivesse nos preparando para enfrentarmos as dificuldades do mundo. Ou, possivelmente, aquela era a única maneira pela qual julgava poder impor respeito. Mas, ainda que nenhuma de nós tenha aprendido a falar inglês antigo, ela me ensinou que sempre há mais profundidade nas pessoas do que elas exteriorizam. E se você se dispuser a conhecê-las melhor, com o tempo verificará que aprecia o que vê – nem que seja um pouquinho.

A escada vazia

Quando participo de workshops e faço palestras, freqüentemente digo aos participantes que os professores não só mudam vidas, eles salvam vidas. Às vezes, vejo pessoas no auditório entreolhando-se com incredulidade ao ouvirem essa afirmação, como se eu estivesse exagerando. Mas sei que não estou exagerando quando digo que os professores salvam vidas. Não só minha própria vida foi salva por professores dedicados, como ouço a toda hora histórias como a que segue. Professores realmente salvam vidas.

– E. H.

P raticamente ninguém usava escada. Por isso, aquela era a escada onde eu poderia dispor de uma certa privacidade quando me matasse. Adquirira o hábito de estudar naquela escada durante meu último ano do curso secundário. Podia me sentar num degrau e usar o degrau de cima como uma mesa de estudo. A escada tinha um corrimão firme no topo de sua espiral de três lances. Provavelmente, calculava, suficientemente resistente para suportar o peso do meu corpo quando me enforcasse.

Estudava ali porque era um lugar sossegado, o que minha vida estava longe de ser. Integrava a equipe de natação da universidade, desempenhava papéis de ator principal em peças teatrais, era prefeito sênior, pertencia a sociedades honoríficas, presidia o grêmio de oratória e debates, era colunista do jornal acadêmico e um feliz guia turístico. Mas, como disse, ninguém jamais utilizava aquela escada... quase nunca durante o dia, e jamais à noite.

Pois ali estava eu, outro, auto-execrado gay enrustido, estudando Biologia e pensando qual seria o melhor tipo de corda.

Hollywood teria feito um pouco mais de suspense para esticar o final desta história, mas acontece que, certa noite, o sr. Crawford desceu a escada quando eu estava estudando e perguntou como eu ia passando. – Otimamente – respondi, procurando soar o mais convincente possível. Ele me disse que queria falar comigo – ou, melhor, me intimou a comparecer ao seu gabinete no dia seguinte, acrescentando que eu já estudara o suficiente e fosse para o meu quarto (já era muito tarde). Disse-me que me receberia no dia seguinte e que estava muito preocupado comigo.

Fui procurá-lo, tal como ordenara, e ele me comunicou que poderia ir vê-lo quantas vezes quisesse.

Hoje sou professor, mas não disse a ele o que fez por mim. Preciso fazer isso.

"Por que você disse?"

Como os professores sabem quando é necessário quebrar um sigilo? Acho que de vez em quando se enganam – às vezes com resultados desastrosos, sem dúvida – mas geralmente acertam. Pelo menos, essa tem sido a minha experiência. Os professores protegem seus alunos. Como a professora desta história.

– E. H.

— **P**or que fez isso? – perguntei a Ellen no estacionamento. – Por que teve que contar a eles? Eu sabia que isso ia acontecer. – Eu estava furiosa. Ellen era a professora de Inglês no meu internato particular, e eu lhe confiara alguns problemas que vinha tendo naquele ano letivo. Eu tinha dezessete anos, raramente confiava nos adultos, criada numa família que não acreditava em terapia. Não obstante, tinha consciência de que as dificuldades por que vinha passando excediam minha capacidade de resolvê-las sozinha. Escolhi Ellen, uma professora que conhecia apenas por ser uma conselheira das alunas, para ser minha confidente.

Ellen contou à decana das alunas, que queria contar aos meus pais. Como uma adolescente de dezessete anos, considerei essa atitude uma traição imperdoável. Para mim, essa deslealdade se revestia de um caráter vingativo, levando em conta tão-somente o "regulamento do colégio" e o aspecto da responsabilidade. Deixei intempestivamente o escritório que a decana das alunas compartilhava com Ellen. Ellen me seguiu. Quando chegamos ao estacionamento, ela tocou no meu braço. Senti meu rosto pegar fogo. Virei-me bruscamente e comecei a gritar com ela. Disse-lhe que ela pusera tudo a perder e que nunca mais confiaria nela. Ela não disse uma palavra. Deixou-me gritar. Comecei a chorar. Ela me deixou chorar. Respeitou os limites que estava impondo e nunca tentou justificar suas ações. Ao me retirar com um sarcástico "Obrigada, Ellen. Muito obrigada", rezei para que ela não me seguisse. Quando cheguei ao meu quarto, lamentei a perda da professora e da amiga em quem confiara.

Naquela noite, me atrasei para o jantar. Minhas amigas já estavam sentadas à mesa, e no lugar vazio havia um envelope azul endereçado a Leslie. Abri-o e li o bilhete que Ellen havia escrito: "Sinto muito tê-la magoado. Preocupo-me com você e foi por isso que contei. Algum dia você compreenderá. Como disse antes, meu apartamento estará sempre aberto e você poderá contar com meu ombro para chorar, com minha mão para segurar e ajudá-la a enfrentar o que quer que seja... até mesmo isso."

Naquela noite, chorei no apartamento dela horas a fio.

Hoje, compreendo.

A *bengala florida*

Assim como a professora pode intervir estratégica e secretamente, como na vinheta anterior, um pai, naturalmente, pode fazer o mesmo. Aqui, vemos uma mãe ajudando sua filha a atravessar um dos momentos mais penosos da infância: o momento em que a criança é discriminada e humilhada.

— E. H.

Todos os anos, eu aguardava ansiosamente o desfile à fantasia do Dia de Halloween de minha escola fundamental – exceto no ano em que completei oito anos. Ainda estava me recuperando das seqüelas de um acidente grave que sofrera anos antes. Tinha que andar com o auxílio de uma bengala. Uma turminha de seis garotas de minha classe vivia me atormentando com suas zombarias desde que eu voltara para a escola depois do acidente, presa a uma cadeira de rodas e com a perna direita engessada do peito do pé até a coxa. Mais recentemente, a Gangue da Mindy, como o resto da classe chamava o grupelho em deferência à sua líder, adotara como seu passatempo favorito caçoar de mim, imitando a maneira como eu andava apoiada na bengala. Por causa da bengala, passei a ter pavor não só de ir à escola, como também de uma de minhas atividades extracurriculares prediletas.

Minha mãe, que sabia como eu adorava me fantasiar e participar do desfile da escola, começou a ficar preocupada com a minha falta de entusiasmo pelos festejos de Halloween. Eu me tornara cada vez mais reticente sobre meu suplício diário,

mas, mesmo assim, minha mãe sabia que havia alguma coisa errada. Numa tarde de outono, ela me perguntou casualmente:
– Você já escolheu sua fantasia para o Halloween? Daqui a pouco, vamos ter que começar a confeccioná-la.
– Mamãe, você sabe muito bem que não vou poder participar do desfile por causa desta bengala – respondi, pronunciando a palavra "bengala" como se fosse um sinônimo de "lepra".
– Hummm – resmungou minha mãe. – Não me lembro de o médico ter dito que o desfile estava fora de cogitação este ano. No ano passado, quando você ainda estava na cadeira de rodas, ele disse, é claro, que o desfile não era uma boa idéia.
– Sei que o médico não disse que eu não podia – argumentei evasivamente, hesitando se devia revelar ou não detalhes das atividades terroristas da Gangue da Mingy. Diariamente, aturava silenciosamente as provocações impiedosas, rezando para que no dia seguinte me deixassem em paz, mas isso nunca acontecia. Sabia que, se contasse à minha mãe, ela acabaria com aquela situação vexatória, mas seria uma vitória irreal. – É outra coisa – concluí, esperando que minha voz tivesse a entonação certa de desinteresse, apatia, para que minha mãe parasse de me pressionar.
– Hummm – minha mãe murmurou. Subitamente, pela inflexão de sua voz, percebi que ela já estava sabendo das maldades da Gangue da Mindy. (Sua onisciência é lendária na família até hoje.)
– Minha colegas zombam de mim por causa da minha bengala, mamãe. O que é que acha que serão capazes de fazer se eu me atrever a participar do desfile com ela?
– Todas as suas colegas?
– Não, só a Gangue da Mindy – respondi um pouco irritada, por saber antecipadamente qual seria a resposta.
– Bem, se você vai deixar que a privem de uma coisa que lhe dá prazer, então não a obrigarei a ir. Cabe a você decidir. Espero que elas façam jus à importância que você lhes atribui – minha mãe disse propositalmente. Depois, acrescentou casualmente: – Se quer saber, a bengala até poderia fazer parte de sua fantasia. É apenas uma idéia.

– Isso tudo é realmente uma bobagem, mamãe. Definitivamente, não vou participar de desfile algum. – Mas minha mãe não era tola. A idéia de a bengala poder ser incorporada à fantasia mexeu com a minha imaginação, embora não quisesse admitir. Mamãe viu o brilho voltar aos meus olhos.

Sem que eu soubesse, ela se entregou ao trabalho resolutamente. Concebeu uma fantasia de dançarina de flamenco, utilizando uma de suas velhas saias armadas e alguns de seus xales coloridos. Na manhã do Halloween, ela me mostrou a fantasia, que contava até com um par de castanholas e pentes à espanhola para meus cabelos, que ela prendera com rosas de papel crepom vermelho. Fiquei tão empolgada com a deslumbrante fantasia que esqueci momentaneamente minhas mágoas e dei um passo à frente para abraçá-la.

– Oh, quase ia me esquecendo da melhor parte! – minha mãe exclamou.

Não contive um grito de surpresa e entusiasmo quando ela me entregou a bengala completamente modificada. No cabo, ela amarrara uma versão maior de rosas de crepom vermelho que fizera para os pentes.

Minha mãe depositou cautelosamente a bengala no chão e me abraçou. – Sei como tem sido difícil para você desde o acidente, minha filha. Ter que aprender a andar novamente, e ser motivo de chacota o tempo todo na escola, mas lembre-se de que você tem tanto direito de participar do desfile quanto qualquer uma de suas colegas.

– Até mesmo as garotas da Gangue da Mindy?

– Especialmente a Gangue da Mindy – minha mãe respondeu firmemente. – Às vezes as pessoas agem de forma mesquinha. Isso, porém, não deve fazer com que você se sinta mal consigo mesma.

– É muito fácil falar – repliquei. – Queria ver se ficassem zombando de você o tempo todo. – Olhei fundo nos olhos de minha mãe e me dei conta, pela primeira vez, de que ela não hesitaria um segundo sequer em trocar de lugar comigo.

– Você não pode fazer com que parem de azucriná-la de um momento para outro, mas pode decidir se vai permitir ou não que isso a deixe perturbada. A decisão cabe exclusivamente a você, e – ela acrescentou com firmeza – se você não quiser participar do desfile, a decisão também é somente sua.

Honestamente, não tinha certeza de que minha mãe tivesse razão, mas nada – nem mesmo a nojenta Gangue da Mindy – ia me impedir de vestir a fantasia e exibir a fabulosa bengala transformada num condão mágico.

Chegando à minha sala de aula, descobri, para minha grande alegria e surpresa, que minha fantasia era um sucesso – a mais admirada e elogiada. Até a arrogante e debochada Mindy não se furtou ao prazer de experimentar minhas castanholas.

Naturalmente, como era previsível, a provação insultosa começou assim que o desfile se pôs em marcha.

– Não quero uma aleijada no meu desfile – Mindy protestou fora de si.

– Aleijadas não andam, tenho o mesmo direito que você ou qualquer outra de desfilar – rebati com altivez. Olhei firmemente para ela por alguns segundos, avancei mancando orgulhosamente, não acreditando no que estava vendo: Mindy não tivera coragem de dizer uma só palavra e muito menos de me imitar, como costumava fazer de forma acintosa.

Voltei para casa naquela tarde, triunfante, exultante, regalando minha mãe com minúcia de detalhes e confessando solenemente no final:

– Sabe de uma coisa, mamãe, foi a bengala florida que impôs respeito.

– Não, minha querida – ela disse, sorrindo. – Foi você.

CRIANDO CONEXÕES...

Convite à reflexão: Quais foram as professoras que mais ajudaram você? Haverá uma ou outra com quem você gostaria de restabelecer contato?

Eis um exemplo de um homem que atualmente exerce função executiva na alta administração da rede de ensino público de Scarsdale, Nova York, relembrando uma de suas professoras.

Recentemente, numa palestra sobre educação, fiquei pensando em todas as professoras que foram muito importantes para minha formação escolar em Boston. Filho de uma família destruída pelo alcoolismo, que vivia se mudando de casa e de bairro porque não pagávamos os aluguéis, a influência de minhas professoras primárias foi fundamental para a minha sobrevivência.

Lembrei-me particularmente da sra. Powers, diretora da C.C. Perkins School de Boston (agora é um condomínio, perto do Prudential Center). Ela foi minha professora na sexta série, função que acumulava com o cargo de diretora. Antes de entrarmos em nossa sala de aula, víamos a sra. Powers dirigindo o tráfego no prédio da escola — uma mulher imponente, até mesmo um pouco assustadora, com o rosto vermelho e os cabelos presos num coque. Recordo-me vagamente de um ano maravilhoso, de um episódio específico inesquecível.

Certa vez, na primavera, ela me chamou discretamente no corredor central da escola e me disse que eu havia ganho o prêmio de polidez no valor de cinco dólares. Eu deveria manter a mais absoluta discrição, não dizer nada a ninguém para não parecer que estava me gabando, ir imediatamente para casa, e entregar o dinheiro à minha mãe para que ela o guardasse em lugar seguro, e voltar para a escola. Não cabia em mim de orgulho e felicidade.

Levei provavelmente vinte anos ou mais para descobrir que nunca houvera nenhum prêmio de polidez, apenas uma professora maravilhosa que se preocupava comigo.

Obstáculos à conexão: Para muita gente, a escola não representou um período de calorosa convivência e crescimento, e sim de humilhação e dor. Devido a dificuldades sociais (quem não foi tratado com desdém por um grupo pretensiosamente elitista?) ou a problemas não diagnosticados de assimilação (sofrendo pessoalmente de DDA e dislexia e sendo atualmente um especialista nessas disfunções, posso asseverar que milhões sofreram, e ainda sofrem, desses distúrbios sem saber), ou a problemas familiares graves (rara é a família que não tenha atravessado pelo menos um ou dois anos difíceis), os anos passados na escola podem ter sido anos que preferimos esquecer.

Possíveis passos a serem dados: Você poderá aproveitar esta oportunidade para mudar sua perspectiva daqueles anos. Poderá olhar para trás, agora com olhos de adulto, e dizer a você mesmo: "Não preciso mais me sentir como naquela época." Por exemplo, não faz muito tempo, conversei com meu amigo Jon Galassi sobre os anos que passamos juntos na escola secundária. Confessei-lhe que ainda me sentia intimidado só de pensar em ter que participar de uma reunião com eles por causa da lembrança que guardo de alguns dos garotos daquele tempo, sempre parecendo mais confiantes e seguros de si mesmos do que eu.

– Ned – Jon me disse –, isso foi naquele tempo, agora é diferente. Sei como se sente. Às vezes, também me sentia assim. Mas tudo isso mudou. Posso lhe garantir que eles teriam muita satisfação em revê-lo, assim como estou certo de que você também ficaria muito contente. – Ali estava eu, um homem com mais de cinqüenta anos, sendo incentivado por um amigo, como se ainda fosse um adolescente de dezesseis anos. Essas vulnerabilidades persistem.

– Até o...? – perguntei, referindo-me a um dos bambambãs daquela época.

– Ele? – Jon perguntou, rindo. – Principalmente ele! Acabei de vê-lo. Está muito mudado, é um bom sujeito. E não se preocupe, o que não lhe faltam são problemas. Ninguém é perfeito, não como pensávamos que era antigamente.

Adorei o que Jon disse: "Ninguém é perfeito." É bom nos lembrarmos disso quando olharmos para trás.

Capítulo cinco

AMIZADES

Fato: estaria perdido
sem meus amigos

Até hoje, como minha mulher pode atestar, sinto-me inibido, quando danço. Todo mundo parece tão mais à vontade, tão mais descontraído do que eu, que dançar me dá a justa medida da distância abissal que me separa, digamos, de um George Clooney.

Mas, embora ainda esteja longe de me sentir "maneiro", aos cinqüenta anos isso já não me incomoda tanto. Creio que essa é uma das compensações de se ficar mais velho. Tenho que admitir, entretanto, que gostaria de ter sido um ídolo do futebol. Oh, como teria sido maravilhoso ter tido uma atuação brilhante num jogo decisivo em Exeter e ser aclamado no The Grill na segunda-feira seguinte, depois de ter beijado uma das deusas inatingíveis no baile da noite de sábado. Mas isso só aconteceu nos meus sonhos.

Minha vida não foi um conto de fadas de sonhos tornados realidade. Foi, isso sim, uma vida realista em que tive a sorte de encontrar criaturas bondosas quando delas precisei, a cada passo do caminho, uma vida de leais amizades e calorosas conexões. Esse privilégio é mais fabuloso do que um conto de fadas, porque é real. Ironicamente, para um cara que freqüentemente se sentiu excluído na fase de crescimento –, e ainda se sente deslocado, não aceito, em certas rodas pretensamente sofisticadas – foram minhas conexões que tornaram minha vida mais rica, mais maravilhosa do que o mais otimista dos meus sonhos. Por causa de Sue e de meus filhos; de amigos como Peter, Jon, Michael e John; de parentes como Lyn e Jamie; de pessoas com quem trabalho no meu escritório, como Christine, Ellen, Debbie, Judy e Theresa; e Jill, minha agente;

e Paul, meu sócio; e por causa de meu relacionamento com meus pacientes e meus leitores e com o Ser que chamo de Deus, minha vida desabrochou esplendidamente, de uma maneira mais fascinante do que eu jamais poderia imaginar.

Quando criança, eu não tinha o dom natural de fazer amizades, sempre sufocado pelas loucuras de minha família, desconhecendo os preceitos de uma vida "normal". Tive que aprender a fazer amigos, assim como tive que aprender o que era ser normal. Não suportava ser marginalizado, mas às vezes preferia esconder-me no meu quarto para ler um livro ou ver televisão, para não ter que conviver com o sentimento corrosivo de rejeição de que era freqüentemente acometido. Descobri alguns prazeres – a vida da imaginação pode ser rica – mas não raro era vencido pela tristeza e pelo desânimo, minha imaginação voltava-se contra mim e me dizia com todo seu poder de convicção que eu era um incurável perdedor. Mas eu sabia que não podia viver saudavelmente refugiando-me no meu quarto o tempo todo. Sabia que tinha que compartilhar minha vida com outras pessoas para ser feliz. Não era uma coisa que pudesse fazer naturalmente, mas decidi que precisava fazê-lo.

Para dizer a verdade, nunca dominei esses temores inteiramente. Talvez devido à minha herança genética, talvez por causa de minha infância instável, ou simplesmente porque não tinha que ser, o fato é que jamais superei meu medo de que aonde quer que vá sempre haja alguém me julgando e me achando carente de predicados, ou que o grupo dominante não me aceite, ou que não esteja à altura das pessoas com as quais pretendo lidar de igual para igual.

Faço essas revelações porque não quero dar a impressão de que a vida agora é um mar de rosas para mim. A insegurança ainda me atormenta quando menos espero. Mas ao mesmo tempo a vida é tão melhor do que há vinte anos! Aqueles que, como eu, se debatem a vida inteira com o medo do julgamento e a eventual desaprovação dos outros precisam de algumas dicas sobre o que fazer para enfrentar isso. Achar bons amigos está no topo da lista.

Os amigos melhoram a qualidade de nossa vida; quanto a isso não há a menor dúvida.

Um de meus amigos mais importantes é um homem de quem eu não gostava a princípio. Mas ele acabou me mostrando como sair do caminho que eu vinha trilhando. Mostrou-me como agir em vez de me lamentar. Os pais geralmente fazem isso por seus filhos. Meu pai, não por sua culpa, nunca esteve muito presente para poder fazê-lo, e meu padrasto só tornou as coisas piores. Meu amigo Tom Bliss foi quem preencheu essa lacuna para mim.

Ele não era meu pai; era apenas meu amigo. Mas não há muitas pessoas que tenham me ajudado tanto quanto ele.

Ele vai tremer nas bases quando ler isto, porque é um homem que não suporta que seus méritos sejam publicamente reconhecidos, que lhe dêem crédito, e sente-se profundamente constrangido com a troca direta de emoções. É muito sensível, sente as coisas intensamente, mas detesta falar de si mesmo.

Quando precisei de um amigo que me mostrasse se não o caminho da vida, pelo menos um caminho, Tom o fez.

Ele surgiu na minha vida quando eu estava terminando o curso em Exeter. Casou-se com minha prima Lyn. Quando o conheci, achei que ele era muito apático, muito formal, e tinha um nariz enorme. Apesar de minhas reservas, ele se mostrou muito cordial. Fui pajem de honra do casamento. Quando, no meu brinde no jantar da véspera, disse que estava muito feliz por ganhar um novo amigo na pessoa de Tom, achei que estava sendo apenas educado. Mal sabia o amigo fundamental que ele viria a ser.

Enquanto cursava a universidade, eu não sabia o que fazer para ganhar a vida. Não havia um caminho claro para mim, como, por exemplo, ingressar num negócio de família ou realizar um sonho há muito acalentado. O que fizera de mais notável até então fora escrever um romance em Exeter, e por isso achava que queria ser escritor, mas como poderia transformar essa vaga aspiração num meio de vida?

O problema, porém, era mais profundo do que uma questão econômica ou profissional. Eu nem sabia como me posicionar no mundo. Era um bom aluno, sem dúvida, tinha amigos no colégio e na universidade, sentia-me forte em política e religião, e meus hormônios clamavam pelo sexo oposto, mas não sabia o que fazer.

Não sabia o que fazer da minha vida.

Não sabia que calças vestir, que palavras dizer, como me apresentar às garotas, ou beber sem me arrepender depois do que pudesse ter feito ou dito. Não sabia como falar, não tinha noção do momento certo de me retirar ou de me aproximar, não sabia o que pensar ou aonde ir. Era de se supor que um jovem universitário conhecesse pelo menos alguns rudimentos da vida social. A verdade, porém, é que eu estava completamente por fora dessas sutilezas. Não as aprendera durante meus anos de formação e crescimento.

Nessa altura, Tom entrou em campo. Sem que eu soubesse que o estava fazendo, ou fazendo-o tão subliminarmente que nem me dava conta de que o estivesse fazendo, ele começou a me mostrar como as coisas deviam ser feitas. Tom era um atleta, um ídolo colegial, e era tão "boa-pinta" quanto George Clooney. Minha crítica ao tamanho do seu nariz, no fundo, era apenas minha maneira infantil de achar alguma coisa para criticar em tanta perfeição. Pensei, naturalmente, que ele fosse muito maneiro para poder gostar de mim. Foi aí que me enganei redondamente.

Sempre que ia visitar Lyn e Tom depois que eles se casaram, Tom conversava comigo de igual para igual. Embora ele já estivesse adiantado na faculdade de Medicina, e eu fosse mero calouro na universidade, ele me tratava como um amigo do mesmo nível que ele. Comecei a prestar atenção na maneira como ele se vestia e falava, e, quando me dei conta, tinha absorvido alguns de seus maneirismos, como, por exemplo, intercalar um "como sabe" entre uma frase e outra, enquanto procurava a palavra seguinte, inclinar-me ligeiramente para a frente para ouvir quem estivesse falando, ou me erguer sutilmente nas pontas dos pés, uma vez ou outra, quando conversava segurando um copo na mão.

Tom era jogador de rugby. De vez em quando, usava um

cinto em que se lia a seguinte frase: "Os jogadores de Rugby têm testículos de couro." Eu não era atleta, nem imaginava que tivesse o que quer que fosse de couro, mesmo remotamente, em qualquer parte de minha anatomia. Mas um dia, quando Tom e eu estávamos batendo bola na praia (eu costumava fazer isso com ele, tentando aprender), ele me disse que eu corria bem. Ele não percebeu, mas esse elogio me promoveu a um novo patamar. Ali estava um atleta consagrado, um ídolo, me dizendo que eu tinha características de um bom jogador. Era quase como se eu tivesse acabado de ser admitido no time.

Esse foi apenas um momento isolado. Houve outros.

Optara por língua inglesa como graduação, e muito me orgulhava de minha escolha. Mas Tom sugeriu gentilmente que eu talvez devesse tentar a Medicina, admitindo a hipótese de que minha carreira como escritor não deslanchasse tão rapidamente quanto eu esperava.

Cursar a faculdade de Medicina? *Impossível*, pensei. Não tinha vocação para carreiras científicas. Não sou capaz de me levantar cedo todas as manhãs e ficar acordado a noite toda no dia seguinte. Minha dedicação não chegava a tanto. Na verdade, sou um artista, e não um profissional disciplinado, abnegado.

– Você pode perfeitamente dar conta do recado – me disse Tom. E depois me contou que, apesar de ter tirado uma nota baixa em Química Orgânica, conseguira entrar para a Faculdade de Medicina de Georgetown.

– Levantar cedo também não é nenhum drama. Você acaba se acostumando. – Anos mais tarde, ele me confessaria que esse fora o único argumento encorajador sobre o qual tivera suas dúvidas.

– As faculdades de medicina pintam uma imagem de dedicação à carreira um tanto exagerada. Na realidade não é bem assim, a carreira médica não exige nenhum sacrifício sobre-humano – ele disse. Ouvir isso foi um grande alívio para mim.

Não ousei revelar a ele o fato de me considerar um artista e não um profissional de formação rígida. Isso porque estava começando a aprender o que ele estava inadvertidamente me ensinando: a não ser defensivamente pomposo e pretensioso, a enfrentar a vida racionalmente.

Por isso, comecei a freqüentar cursos pré-médicos. Tom se formou pela Faculdade de Medicina de Washington e iniciou sua residência em Ortopedia no Rhode Hospital, em Providence. Como eu estava morando em Cambridge, podia ir a Providence visitar Lyn e Tom amiúde. Sempre mais de uma vez por semana.

Às vezes, Tom me levava ao hospital. Acompanhava-o, sentindo-me nervoso, inseguro, como se fosse um intruso naquele meio frio, hostil, de profissionais cheios de si, mas Tom me fez ver que eles eram pessoas como outras quaisquer, com defeitos e qualidades. Tom sempre me dispensou toda a consideração, tratando-me como uma pessoa de bem. Aos poucos, comecei a me sentir realmente um bom sujeito, e provavelmente estivesse até me tornando um cara legal.

Tom me contou que ele também se sentira inseguro com as garotas. Disse-me que, quando conheceu Lyn, não conseguia acreditar na sua sorte ao sentir que seu amor por minha prima era correspondido. "Foi o melhor dia de minha vida, o dia em que nos conhecemos", ele me confidenciou. "Não se preocupe, você é um cara boa-pinta, também acabará encontrando alguém." Um cara boa-pinta? Um jogador de rugby potencial? Tom não fazia idéia do que essas observações fortuitas significavam para o meu ego.

Saíamos de vez em quando para tomarmos umas cervejas. Não muitas, mas o suficiente para nos descontrairmos e soltarmos as línguas. Lyn era muito compreensiva, e permitia que Tom saísse à vontade. Com isso, batíamos longos papos sobre os mais variados assuntos.

O que ele realmente fez por mim foi me mostrar como me comportar, sendo autêntico.

Ele me ensinou como enfrentar a vida de uma maneira normal. Ninguém jamais tivera capacidade ou se dera ao trabalho de fazer isso por mim. Tom me mostrou que a vida não tinha que ser necessariamente tortuosa, estranha, incerta, cheia de preocupações. Mostrou-me que a vida podia ser divertida, produtiva e boa.

Não houve um momento isolado, único, em que Tom tenha

mudado minha vida; houve uma série deles. Ele estava sempre presente, distribuindo os presentes na noite de Natal, grelhando a carne na churrasqueira, oferecendo apoio e confiança em todos os acidentes do percurso.

Tom é meu parente por afinidade, por ter se casado com minha prima, mas é meu amigo por opção. Somos amigos há trinta e cinco anos. Eu nunca teria me tornado médico se não fosse por ele; nem, ouso dizer, jamais teria aprendido a fazer as muitas outras coisas que têm a ver com viver uma vida razoavelmente feliz e responsável. Como psiquiatra e pai, gostaria de poder prescrever um Tom Bliss para muita gente. Infelizmente, não há muitos como ele.

Éramos, e somos, diferentes um do outro. Ele é cirurgião ortopédico. Eu sou psiquiatra. Ele é forte e reservado. Eu sou inseguro e falastrão. Ele é um atleta completo. Eu serei, quando muito, um projeto de atleta.

Mas, hoje, temos uma amizade sólida, verdadeira e recíproca, não apenas um relacionamento de aluno e professor, baseado no que aprendo com ele.

Acho que o que dou a ele é exatamente o que ele me dá: gosto dele. Ele gosta de mim. Respeitamos um ao outro. Quando nos conhecemos, éramos muito diferentes, mas nos demos, reciprocamente, uma chance, e, sem que percebêssemos, tornamo-nos amigos. Reunidos por Lyn, descobrimos, para nossa surpresa mútua, que tínhamos muita coisa boa para oferecer um ao outro.

Eu precisava dele mais do que ele precisava de mim, mas isso agora é irrelevante. Agora, seremos amigos para sempre. É assim que a amizade às vezes acontece.

A grande esperança que acalento para meus filhos não é que eles obtenham boas notas na escola ou se destaquem de outras maneiras, mas sim que encontrem amigos como Tom, e também que se tornem amigos com as virtudes de Tom para os outros.

Homens nus

Quero lhe contar o que aconteceu quando um homem nu, apenas com uma touca de banho na cabeça, avançou em minha direção e me insultou. Mas, primeiro, você precisa conhecer as circunstâncias precedentes que originaram o episódio que passo a relatar.

Meu amigo Peter Metz é psiquiatra de crianças e adultos, assim como eu. Ele é padrinho de minha filha, Lucy, e eu sou padrinho da filha dele, Sarah. Fomos colegas de turma na faculdade e fizemos residência de psiquiatria juntos.

Desde 1981, jogamos *squash* todas as terças-feiras à tarde. Esses jogos semanais começaram de uma maneira insólita. Poder-se-ia dizer que foi uma questão de vida ou morte.

Peter e eu não nos conhecemos na faculdade. Embora pertencêssemos à mesma turma, ela comportava mil e duzentos alunos, e nem todos se conheciam. Mas, durante o período de residência, tendo em vista que só havia doze residentes na turma, todos nós nos conhecíamos.

Certo dia, vi o dr. Metz expor o caso de um paciente sob sua responsabilidade clínica. Em psiquiatria, onde o objetivo primordial da terapia é compreender o indivíduo, a maneira de apresentar o caso a outros profissionais durante as rondas hospitalares é uma boa indicação da competência do analista e de sua compreensão dos males que afligem seu paciente. Peter fez uma exposição brilhante. Diria mesmo que foi mais do que brilhante.

Ele se saiu tão bem que tive ganas de matá-lo. Ele me fez sentir tão competitivo que minha vontade foi expulsá-lo do programa e do planeta. Sabia que eu era bom, mas fui forçado a reconhecer que ele era muito melhor.

Contudo, não ousei matá-lo, nem mesmo mutilá-lo ou comprometer sua reputação, valendo-me dos mais torpes expedientes que me ocorressem. O problema era que, por mais que o odiasse, também gostava dele. A explanação do caso do seu paciente tinha sido tão magistral que transcendia o conceito de brilhantismo; fora simplesmente empolgante, arrebatadora. Fez com que eu gostasse tanto do paciente quanto do apresentador. Da mesma forma que me despertou ciúme, ela me deu vontade de ficar amigo daquele homem.

Depois da excepcional exposição, disse a ele: – Peter, você foi impressionante, assombroso. Confesso que tive vontade de matá-lo de tão bom que você foi, mas como matá-lo não é uma boa idéia, nem para você nem para mim, o que me diz de nos tornarmos amigos?

Ele deve ter gostado de ver sua vida poupada, porque concordou prontamente.

A pergunta que se impunha era: como nos tornarmos amigos? A prática da medicina é extremamente absorvente, mesmo na psiquiatria. Como encontraríamos tempo para construirmos uma amizade verdadeira, sincera? Propus, então, que jogássemos *squash*. Peter concordou entusiasticamente, uma vez que gostava de exercício e tinha jogado um pouco de *squash* na universidade. Eu detesto exercício, mas sabia que estava precisando desenferrujar os músculos, e também havia praticado um pouco de *squash* na universidade.

Por outro lado, o jogo também se caracterizava por sua extrema competitividade. Já que não convinha matar Peter, talvez pudesse derrotá-lo no *squash*. Ocorre que nosso jogo era muito equilibrado, e nos revezávamos nas vitórias e nas derrotas. Depois das partidas, adquirimos o hábito de irmos a uma taberna próxima para tomarmos umas cervejas e jogarmos conversa fora. Era nesses momentos que realmente nos conectávamos. Era uma espécie de ritual guerreiro: primeiro o confronto, depois a confraternização, a conexão.

Mantivemos os jogos, as cervejas e a conexão durante todos esses anos. Tornamo-nos tão bons amigos que podemos até nos considerar irmãos.

O que me traz de volta ao tema deste relato: homens nus. Há um homem que freqüenta o Mt. Auburn Club em Cambridge, onde Peter e eu disputamos nossas partidas de *squash* às terças-feiras, que conheço apenas superficialmente. Para efeito desta história, o chamarei de Malcolm. Durante todo esse tempo, trocamos muito poucas palavras, rápidos comentários sobre banalidades ao nos encontrarmos no vestiário.

Malcolm é farmacêutico. Por esse motivo, julga-se autoridade no assunto, e tem opiniões radicais sobre o uso de certos medicamentos. Eventualmente, receito remédios, entre eles, Ritalina, um produto usado no tratamento do distúrbio que gera deficiência de atenção, de que sou portador, e com que venho tratando crianças e adultos há mais de vinte anos.

Tem sido particularmente gratificante para mim tratar de pessoas com DDD (Distúrbio de Déficit de Atenção), porque, em primeiro lugar, entendo a fundo do distúrbio, e, em segundo lugar, porque é comum ver as vidas das pessoas melhorar dramaticamente a partir do momento em que iniciam o tratamento.

Acontece que Malcolm, como vim a saber, não vê com bons olhos o que eu faço. Fiquei sabendo disso no dia em que ele se dirigiu a mim, quando ambos estávamos completamente nus.

Estava saindo do chuveiro, enxugando os cabelos com minha toalha, quando vi Malcolm se encaminhar em minha direção. Ele estava pelado, apenas com uma touca de banho na cabeça, o que lhe conferia, para dizer o mínimo, uma aparência bizarra. Malcolm era um homem de certa idade, mas ostentava excelente forma física: era esguio, elegante, a própria imagem da saúde e do bem-estar. Dentro em pouco, eu ficaria conhecendo o seu avesso, a verdadeira imagem que se ocultava por baixo de sua pele.

– Ora, vejam só quem vem lá – ele disse ao se aproximar de mim –, o famoso dr. Ritalina!

Isso não me pareceu, é claro, um cumprimento cordial, amistoso. Na verdade, a maneira sarcástica e desrespeitosa com que se dirigiu a mim teve o efeito de uma bofetada. Naquele exato momento, me dei conta da maneira como as pessoas devem

198

se sentir ao se confrontarem com o preconceito, qualquer que seja a sua forma. As palavras abusivas de Malcolm me ensinaram mais sobre preconceito do que qualquer curso que me dispusesse a fazer. Não se tratava de preconceito racial, uma das manifestações mais odiosas – era preconceito pura e simplesmente. Malcolm assumira uma posição de intransigente radicalismo sem conhecer os fatos.

Numa frase seca ele insultara o que eu fazia havia muitos anos: proporcionar assistência especializada a crianças e adultos com problemas de aprendizagem. Ele me nivelara aos médicos que receitam medicamentos de forma irresponsável, e o fizera com uma frase que pronunciara com ironia, mas que eu senti como se fora uma punhalada.

Quis revidar à altura, mas procurei me conter e limitei-me a responder: – Apreciaria que não me chamasse dessa maneira.

– Por que não? – Ele prosseguiu. – Nega, por acaso, que é um entusiástico propagador do Ritalina?

– Isso não é verdade, Malcolm. Sou a favor do uso do Ritalina quando ele é indicado e apropriado, e me recuso terminantemente a receitá-lo quando não é.

– Oh, isso soa profundo – Malcolm disse num tom de escárnio.

Tento construir pontes, não queimá-las. Mas aquele sujeito estava me provocando ostensivamente, e ofendendo minha dignidade. Até então, não tinha uma opinião formada sobre Malcolm; na verdade, como disse, mal o conhecia. Não fazia idéia de que pudesse ser tão gratuitamente insultuoso. Disse-lhe incisivamente: – Malcolm, gostaria que não falasse comigo dessa maneira.

Ele fez uma pausa. Creio que percebeu que eu estava falando a sério. Seu tom tornou-se menos agressivo, e ele disse mais conciliatoriamente: – É que esse Ritalina é usado tão indiscriminadamente por tanta gente!

– Pelo fato de algumas pessoas o usarem indevidamente não quer dizer que tenhamos que bani-lo, não é mesmo? E muito menos isso lhe dá o direito de me chamar de dr. Ritalina, sem ter a menor noção da minha conduta profissional.

Não pretendo debater aqui os méritos relativos do Ritalina. Meu propósito é mostrar como a vida pode facilmente nos levar a águas turbulentas, freqüentemente quando menos esperamos, surpreendendo-nos até inteiramente nus no vestiário de um clube. Somos sempre vulneráveis a iras secretas, preconceitos e mal-entendidos de pessoas desinformadas ou de má-fé. Num momento casual, uma pessoa pode destruir outra; basta um olhar ou apenas algumas palavras.

Ao sair do vestiário, disse a Peter: – Você ouviu o que esse sujeito me disse?

– Ouvi – disse Peter. – Acho que você se portou muito bem.

– Mas por que ele disse isso?

– Porque ele não o conhece. Não sabe como você defende escrupulosamente os princípios éticos da profissão. Deixe isso para lá – ponderou Peter.

– Mas é difícil deixar para lá – protestei. – Esse cara está totalmente equivocado. Minha vontade é ir atrás dele e dizer-lhe poucas e boas.

– Ned, ouça – Peter disse, mostrando-se ligeiramente impaciente. – Você tem que esquecer isso. O que importa é a opinião das pessoas que o conhecem. Sempre haverá indivíduos como esse sujeito, que criticam os outros leviana e agressivamente. Você não pode permitir que isso o incomode.

– Mas incomoda – insisti.

– Trate de esquecer o que esse idiota disse – Peter respondeu com um sorriso superior. – Vamos tomar uma cerveja.

Sentamo-nos, conversamos, e acabei esquecendo os disparates de Malcolm. Estou me lembrando dele agora, ao narrar o incidente, é claro, mas o vejo através das lentes que Peter me deu.

Os amigos são para essas coisas. Todos nós temos Malcolms em nossas vidas. Há momentos em que somos insultados, injustamente, quando menos esperamos, até mesmo quando estamos nus e indefesos. A diferença entre sermos capazes de controlar a situação e partirmos para o revide freqüentemente é estabelecida por um amigo.

Na verdade, a vida reserva muitos Malcolms para a maioria de nós e, com eles, uma tonelada de insultos e ofensas. Quanto mais tentamos realizar, construir, maior é a probabilidade de toparmos com pessoas que pensam que o que fizemos é destituído de qualquer valor, é perigoso ou até imoral. A vida não vem equipada com uma rede de proteção. Temos que construir a nossa. Para mim, amigos como Peter são a base de sustentação da rede.

Ainda me sinto vulnerável. Os Malcolms da vida ainda me incomodam, e sempre hão de me incomodar. Duvido muito de que, na minha idade, seja capaz de me modificar a esse respeito. Indivíduos como Malcolm, porém, me fariam ferver muito mais se não fossem amigos como Peter e minha mulher, Sue. Até mesmo minha filha, Lucy, aprendeu a perceber quando estou deprimido, na fossa, e a me tirar dela. Ainda outro dia ela me disse, quando eu estava preocupado, ruminando algum problema tipo Malcolm: – Papai, por que você não escreve um livro sobre preocupação? Quem sabe, assim não se preocuparia tanto?

Aprendi que não posso fazer nada para impedir que os Malcolms me abordem, mesmo quando estou nu num vestiário. Mas também aprendi que não preciso viver com medo deles. Tenho amigos.

ECOS...

Charlie

Os relacionamentos que mantemos com animais podem ser tão intensos quanto qualquer amizade com um ser humano, e tão importantes quanto. Minha sobrinha, Molly, praticou hipismo da adolescência aos primeiros anos da idade adulta, sendo uma amazona de classe mundial. Treinava incansavelmente, muitas vezes levantando-se às quatro da manhã, dirigindo centenas de quilômetros para participar de torneios, limpando cocheiras, arriscando o pescoço quando ela e seu cavalo saltavam obstáculos que ninguém em seu juízo perfeito se atreveria a tentar – freqüentando ao mesmo tempo o colégio e levando um vida "normal". A história que segue é um relato da visita que fez ao seu cavalo, Charlie, depois de ter se afastado das competições hípicas para seguir a carreira médica. Quando escreveu este texto, cursava o quarto ano da faculdade de Brown, preparando-se para uma residência de Medicina de Emergência. Ela é uma das jovens mais corajosas que já conheci.

– E.H.

Q uando saltei de meu pequeno carro alugado para o sol abrasador da Carolina do Norte, fiquei um bom momento admirando a beleza idílica da extensa pradaria do haras. Era ali que meu amigo e parceiro de muitas temporadas de hipismo estava recolhido, no gozo de merecida aposentadoria. Não via Charlie desde que ele deixara a estrebaria da propriedade de minha família em Massachusetts, havia muitos anos, e fora levado a um trailer que o conduzia à sua nova vida.

Durante a viagem para o sul, pensara muito no importante papel que aquele monumental cavalo de pêlo marrom desempenhara na minha vida. Tínhamos comprado o belo animal, ainda chucro, por um preço irrisório quando eu tinha dezesseis anos e estava ingressando no cenário de competições eqüestres. Charlie e eu passamos os cinco anos seguintes consolidando uma parceria que só acontece uma vez na vida, que acabou nos alçando ao topo do esporte e nos levou a dar a volta ao mundo representando a equipe eqüestre dos Estados Unidos.

Durante esses tumultuosos anos de minha adolescência, Charlie foi uma rocha de estabilidade em minha vida. Eu podia sempre contar com ele. Também compartilhava com ele momentos mais intensos do que com qualquer pessoa. Ele era meu protetor nos saltos mais arriscados, erguendo-me a alturas impossíveis, torcendo seu corpo vigoroso para que eu pudesse transpor com segurança os mais desafiadores obstáculos. Era ele quem estava presente nos dias em que eu continha as lágrimas depois de acaloradas discussões com o meu difícil treinador. Ele parecia intuir meu estado de espírito e diminuía seu trote quando nos dirigíamos de volta às cavalariças, me dando tempo para me recompor. Charlie era o filho que podia me deixar doente de preocupação, como quando ele teve uma ruptura de tendão numa das patas dianteiras e meus pais e eu passamos a noite na sua cocheira, esfregando gelo na perna inchada, ou durante as muitas e longas noites que passei acampada na estrebaria, vigiando-o quando ele tinha cólicas. Embora a visão de sangue não me perturbasse normalmente, ver uma gota de sangue de Charlie era o bastante para me provocar vertigens.

Quando galopávamos pelas pistas de corrida, era como se lêssemos o pensamento um do outro. Podia me comunicar com ele com um leve puxão das rédeas ou deslocando o peso do meu corpo na sela. Bastava eu roçar-lhe o pescoço com meu dedo mindinho para ele saber que me orgulhava dele, e ele repuxava a orelha para trás e balançava o rabo uma vez para me dizer que concordava. Tolerávamos as pequenas manias um do outro como ocorre entre os membros de uma família: ele se conformava com minhas excessivas tentativas de querer controlar tudo com as rédeas, e eu, com seu inexplicável medo de toalhas brancas. Charlie me erguia no ar e sempre fazia o melhor que podia para evitar que eu caísse da sela. Podia sempre esperar que ele desse o melhor de si, simplesmente porque eu pedira. Era alguém em que se podia confiar incondicionalmente. É por isso que jamais me perdoarei por ter traído a sua confiança em mim.

Traí a confiança de Charlie quando o mandei embora. Por várias razões. Decidira não participar mais de competições e exibições hípicas. Fizera um acordo com meu treinador para que Charlie participasse de alguns eventos com ele e depois fosse removido para a Carolina do Norte, onde seria entregue aos cuidados de uma mulher maravilhosa que o submeteria a exercícios leves de adestramento e o acolheria na sua fazenda. Competir sob o comando de meu exigente treinador seria duro para ele física e mentalmente, mas, no fim, ele teria a melhor vida que eu poderia lhe proporcionar. Os invernos na Nova Inglaterra sempre foram severos para seu delicado metabolismo e, com a idade, a tendência era piorar. Racionalmente, sabia que tinha sorte por poder assegurar-lhe semelhante situação, mas refugiei-me no meu quarto e caí em prantos ao ouvir o barulho familiar dos cascos de Charlie quando ele passou embaixo de minha janela, encaminhando-se inocentemente para o trailer que o aguardava para levá-lo a outro destino.

Charlie e meu treinador nunca se saíram bem nos torneios de que participaram, e, para meu alívio, ele se retirou do circuito hípico no primeiro ano. Não quis visitá-lo antes porque achava que seria muito doloroso, e provavelmente também por causa do meu sentimento de culpa. Finalmente, meus pais me convenceram a ir vê-lo.

Ali estava eu, cinco anos depois, indo visitar Charlie pela primeira vez. Entrei na estrebaria impecavelmente mantida, custando a acostumar os olhos à penumbra do ambiente. Será que ele me reconheceria? Tinha sérias dúvidas. E como estaria ele? Teríamos envelhecido muito durante todos aqueles anos? Vistoriei rapidamente cada cabeça saindo das portas das cocheiras.

Já tinha percorrido a metade da alameda central quando o avistei. Uma onda de emoção tomou conta de todo o meu corpo, como uma estranha força. As lágrimas imediatamente umedeceram meus olhos e um grito surdo, abafado, que parecia vir do fundo de minhas entranhas, irrompeu de minha boca. Charlie portou-se com muito mais dignidade. Como fizera milhões de vezes no passado, lançou-me um de seus habituais olhares de avaliação, com seus lânguidos, úmidos olhos castanhos, e me deu um alô de boas-vindas com um suave aceno de cabeça. Ao abraçar-lhe o pescoço quente, ele virou a cabeça e apoiou-a gentilmente no meu ombro. A nova dona de Charlie afastou-se taticamente até que eu finalmente consegui parar de chorar.

Passei as duas horas seguintes agarrada a Charlie enquanto ele pastava ao sol. Mais tarde, quando me acomodei na minha poltrona no avião para voltar para casa, senti-me emocionalmente exaurida, mas, ao mesmo tempo, reconciliada comigo mesma. Charlie estava feliz e em muito boas mãos e, embora tivesse me desligado dele, forçada pelas circunstâncias, cheguei à conclusão de que fizera a coisa certa. Ao vê-lo novamente, lembrei-me de que, apesar de nossa parceria eqüestre ter terminado, compartilhávamos uma conexão e uma afeição que duraria para sempre.

Herbie

Esta história (que, fique prevenido, contém algumas palavras pouco refinadas) é uma de minhas favoritas neste livro porque capta com perfeição a mescla de hostilidade e afeto que caracteriza a maioria dos relacionamentos íntimos, especialmente entre homens.

— E.H.

Tive um amigo que foi diagnosticado com câncer aos cinqüenta anos. Sean, assim se chamava, tinha deixado todos os seus negócios em ordem e estava se preparando para empreender a longa viagem de volta à sua Irlanda natal, para morrer.

Ele me perguntou se poderia levá-lo ao aeroporto, mas me pediu que não dissesse nada a ninguém sobre estar indo embora para sempre, pois era avesso a despedidas e fanfarras. No dia marcado, ao chegar ao seu edifício, encontrei Sean sentado numa mala na calçada, trajando um terno condizente com a modéstia de seu físico e de sua personalidade, o queixo encostado no cabo de uma bengala, e olhando seu relógio. Cheguei com meia hora de antecedência, mas, aparentemente, Sean estava com pressa de deixar sua moradia. Por isso, comecei a ajudá-lo a entrar no carro sem maiores delongas. Quando dei a volta no veículo para me instalar no assento do motorista, vi Herbie parado no meio-fio da calçada, uns três metros à nossa frente.

Herbie e Sean eram amigos inseparáveis de longa data até terem tido uma briga e rompido relações. Desde então, não tinham mais se falado.

— Sean, o Herbie está ali adiante — eu disse. Herbie não podia saber que seu ex-amigo estava de partida, e nunca estava em casa àquela hora do dia.

– Quero mais que o Herbie se foda. Ele é um pé no saco!

– Acho que ele está querendo falar com você, Sean.

– Toca essa joça, meu chapa.

– Sean, acho que devíamos parar – eu disse, e encostei o carro no meio-fio da calçada onde Herbie estava.

– Ah, pelo amor de Deus – Sean murmurou. Herbie debruçou-se na janela aberta do carro e apertou a mão de Sean, com lágrimas nos olhos.

– Sean, olharei pelos garotos. Você foi um bom homem e um bom amigo. Foi um irmão para mim, e sempre será um personagem inesquecível da minha história.

Mal podia enxergar, de tanto que chorava. Herbie também chorava copiosamente, sem soltar a mão de Sean.

– Você também, Herbie. Você também. Obrigado por tudo, e os garotos estão sabendo que podem contar com você. – Herbie se inclinou, e os dois homens se abraçaram calorosamente. Depois, Herbie virou as costas e foi embora.

Arranquei o carro abruptamente. Depois de recuperar o autocontrole, disse: – Sean, foi maravilhoso o que acabei de presenciar. Estava sentindo falta de ver vocês dois juntos, e foi uma honra para mim ter tido a oportunidade de ver você se despedir de Herbie.

– Ah, o Herbie que se foda. Herbie é um pé no saco!

O assunto foi encerrado. Ainda rio quando me lembro daquele dia doloroso, a despeito de sua aparente comicidade. Sean sabia do que Herbie precisava naquele dia, e deu a ele. Creio que fiz o mesmo.

Linguagem cifrada

Durante meu estágio rotativo de cirurgia na faculdade de medicina, acabei vivendo fortes emoções ao me despedir do residente-chefe, fumante inveterado – desses que acendem um cigarro no outro –, chamado McCormick, que só se referia a mim como "calouro inútil" durante os três meses do meu estágio. Por que gostava dele? Por que foi tão difícil dizer adeus a uma pessoa que me insultara e debochara de mim o tempo todo? Porque sabia que ele não dizia aquilo para valer. Porque, no fundo, sabia que era sua maneira de dizer que gostava de mim. "Calouro inútil" quer dizer "gosto de você"? Às vezes, sim. Especialmente na linguagem cifrada dos homens.

Há certas pessoas, particularmente os homens – e especialmente os que atuam em campos tidos pelo consenso como de sua, se não exclusiva, predominante competência, tais como cirurgia, negócios, altas finanças ou esporte – que simplesmente são incapazes de dizer com naturalidade "gosto de você". Quando conseguem cuspir as palavras e não chegam a vomitar ao pronunciá-las, elas soam falsas na melhor das hipóteses, e com segundas intenções na pior.

Alguns homens acabam aprendendo a dizer "gosto de você" ou até "eu te amo" sem sentirem náuseas. A maioria de nós, entretanto, ainda não aprendeu. Por isso, empregamos palavras-códigos. "Como é que vai, seu gordo sem-vergonha?" pode significar apenas "prazer em te ver, meu caro". "Vá `a merda" pode querer dizer "eu te amo". "Cara, você é um tremendo pilantra", por sua vez, pode

208

significar *"você é meu amigo do peito"*. *Muito estranho, sem dúvida, mas verdadeiro.*

Os homens alimentam sentimentos profundos, tão profundos quanto os das mulheres e também querem construir sólidos relacionamentos íntimos. Mas a intimidade entre os homens pode ser difícil, principalmente devido à competição. Às vezes, preferimos o confronto à união, à confraternização. Mesmo assim, podemos atuar maravilhosamente em equipe. No exemplo a seguir, vemos um homem que era muito entrosado com seu companheiro no campo de futebol.

Já que é muito pouco provável que nos modifiquemos fundamentalmente no futuro próximo, talvez o melhor que venhamos a fazer seja nos empenharmos em cultivar nossas amizades – dedicar mais tempo aos amigos – mesmo que tenhamos que recorrer a códigos para expressar nossos sentimentos latentes. A grande lição que nós, homens, precisamos aprender é que não podemos esperar indefinidamente para tornar nossos sentimentos conhecidos, mesmo que por meio de códigos.

O protagonista da história seguinte fala por milhões de pessoas, ao escrever com simplicidade e coração aberto sobre seu arrependimento por não ter sabido manter contato com seu velho companheiro de longa data.

Qualquer coisa no estilo despojado, quase puro deste texto me lembra a genialidade de Ésquilo. Diga-se de passagem, não se trata aqui de uma tragédia grega. Mas, na sua honestidade e extrema simplicidade, este relato retrata fielmente o destino trágico de muitas amizades, grandes oportunidades perdidas.

Esta história, entretanto, tem um final feliz. Depois de escrever este depoimento sincero, sentido, Hank entrou em contato com seu colega de colégio, Butch. Após algumas tentativas frustradas, eles finalmente se reencontraram, e agora são bons amigos.

– E.H.

Tenho cinqüenta e sete anos, conheço muita gente, mas tenho muito poucos amigos íntimos com os quais mantenho contato permanente.

Durante o último ano do curso secundário, no time de futebol, Butch e eu éramos um show à parte. Eu era atacante e ele jogava na retranca. Nosso entrosamento em campo era perfeito, e muitas vezes aumentei o escore graças aos seus passes precisos, na medida. Fora de campo, entretanto, não nos entendíamos tão bem.

Mudei-me logo depois da formatura.

Só retornei ao colégio para a festa de vinte e cinco anos da formatura de nossa turma.

A mulher de Butch disse que, antes de irem à reunião, Butch não cansava de repetir "espero que Hank esteja lá".

Não fazia idéia de que essa fosse sua reação, embora pensasse freqüentemente naqueles dias e no que tínhamos feito tantas vezes em partidas memoráveis. Quando tomei conhecimento de sua reação, fiquei realmente comovido. Jurei a mim mesmo que entraria em contato com ele. Mas não o fiz.

Quando penso em nossa conexão, atinjo os dois extremos da escala emocional: alegria, júbilo, pesar e depressão. Alegria pelos momentos que compartilhamos, pesar pelos que deixamos de compartilhar.

Pôquer de terça-feira à noite

Na vinheta que segue, um homem narra a maneira que um grupo de amigos encontrou para permanecer unido. Um ritual simples – um jogo de pôquer toda terça-feira à noite. Momentos humanos importantes não implicam necessariamente conversas explicitamente "profundas". O fato é que nós, homens, buscamos o calor do contato íntimo, nossa maneira de procurá-lo é que é diferente. Para um homem, um jogo de pôquer ou um bate-bola silencioso no fundo do quintal pode ser um momento humano tão rico quanto uma conversa profunda poderá ser para outras pessoas.

– E.H.

Durante os últimos vinte anos, tenho jogado pôquer todas as terças-feiras à noite. Alguns parceiros entraram e saíram da roda ao longo desses anos, mas todos nós, sem uma declaração expressa, assumimos um compromisso de honra com essa reunião semanal.

Deixei de comparecer a alguns jogos por estar fora da cidade, em viagens de negócios ou de férias com minha família, mas, de um modo geral, meus amigos e eu estruturamos nossas vidas de maneira a estarmos disponíveis todas as noites de terça-feira. Quando deixamos de bancar um jogo, o que acontece ocasionalmente, minha semana fica prejudicada. Se fico em casa numa terça à noite, sinto-me angustiado, deslocado. Não acho graça nas piadas, sinto-me desenturmado, ausente.

Deixei de participar de atividades com minha mulher ou

com meu filho para não perder um jogo. Mas ambos sabem como minhas saídas semanais são importantes para mim, e não ficam ressentidos quando eventualmente os relego a um segundo plano porque, no fundo, são os maiores beneficiados. Fico emocionalmente mais feliz.

Meu filho é capaz de encontrar uma nota de dez dólares na mesa da cozinha na manhã seguinte caso eu tenha ganho no jogo da noite anterior. Quando tenho sorte com as cartas, é com o maior prazer que gasto os dólares ganhos, indo jantar fora ou ao cinema no fim de semana. Quando perco, fico ansioso para voltar na semana seguinte e ir à forra. Mas, no que me diz respeito, nunca saio perdendo do meu carteado.

O papo do nosso grupo é um reflexo de nossas vidas. No princípio, a conversa girava em torno dos primeiros dias de nossos filhos na escola, ou da mulher de um de nós que estivesse grávida. Depois, a conversa evoluiu para bar/bat mitzvahs, e quem ia dar um carro ao filho. Agora, é sobre formaturas, casamentos e resultados de nossos exames de colesterol.

A noite de terça-feira constitui uma higiene mental para mim, uma oportunidade para esquecer as atribulações de minha vida durante quatro horas, de me refrescar para a outra semana.

Sei que muito em breve esse jogo mudará. Todos nós iremos mudar de residência à medida que formos nos aposentando, iremos terminar nossas vidas e nossas carreiras em outros lugares. Só espero que, para onde quer que vá, encontre um joguinho de cartas às terças-feiras à noite.

CRIANDO CONEXÕES...

Convite à reflexão: Você tem algum amigo em sua vida, passada ou presente, que o tenha influenciado tanto quanto Tom Bliss ou Peter Metz me influenciaram? Quais são os amigos que lhe vêm à mente quando pensa nas pessoas que gostaria de convidar para um jantar perfeito? Você tem um pôquer às terças-feiras à noite ou algo equivalente?

Obstáculos comuns à conexão: Tempo e competição: esses são os dois maiores obstáculos à amizade entre os adultos. O tempo nos dias de hoje está cada vez mais escasso para todo o mundo. O tempo é tão curto que é quase inevitável que a amizade seja relegada a um segundo plano, a menos que você assuma deliberadamente uma atitude para impedir que isso aconteça. Por outro lado, a competição, particularmente entre homens, pode dificultar uma abertura, tendo em vista que ninguém quer se mostrar vulnerável.

Possíveis passos a serem tomados: Além dos meus jogos de *squash* com meu amigo Peter Metz, tenho outros jogos programados com outros amigos nas manhãs de domingo e nas noites de sexta-feira. Promovo esses jogos há mais de dez anos. Essa é a melhor maneira que conheço de superar o obstáculo do tempo. Quando você reserva tempo para seus amigos, está se aliando a ele.

Quanto à competição, os jogos de *squash* se incumbem de introduzir competição no processo. Tenho para mim que, entre os homens especialmente, a competição é um elemento que não pode ser evitado, o melhor é admiti-la em vez de tentar evitá-la ou fingir que ela não existe.

Ademais, se a competição se tornar alienante, ou, se devido aos seus sentimentos competitivos, você achar que não está querendo ver um amigo ou começar a evitar essa pessoa, então deverá considerar a possibilidade de que está se negando algo bom – uma amizade – por nenhuma boa razão.

Quase sempre, quando sentimentos competitivos fogem ao nosso controle, é porque estamos permitindo que a competição assuma proporções desmesuradamente exageradas em nossas mentes. Vemos as vitórias ou sucessos de outras pessoas como uma desvalorização de nossos méritos, em vez de serem meramente o que são: vitórias ou sucessos alheios. Se permitirmos que as vitórias ou sucessos dos outros determinem o fim de uma amizade, então estaremos exagerando a importância dessas vitórias ou sucessos, e subestimando a importância de uma amizade.

Capítulo seis

APAIXONANDO-SE

Primeiro amor

Você se lembra do seu primeiro amor? Naturalmente, a pessoa em quem pensa depende de como você define "primeiro amor". Creio que nossas mães foram o primeiro amor de nossas vidas para a maioria de nós. Mas qual foi o seu primeiro amor romântico? Bem, no meu caso, foi uma menina que se chamava Lauralee, no primeiro ano do ensino fundamental em Chatham. Não acredito que ela tomasse conhecimento de minha existência, mas, para mim, sua presença era muito real. Eu era, obviamente, um pirralho para que pudesse haver qualquer conotação erótica na minha admiração platônica, só sei dizer que eu achava a Lauralee muito especial.

E o que você tem a dizer de sua paixão mais madura? No que me diz respeito, infelizmente, foi uma paixonite pela namorada de um amigo meu quando estávamos cursando o ensino fundamental. Nunca deixei que eles percebessem a paixão secreta que me consumia, fazia malabarismo para mantê-la em fogo brando, sonhando silenciosamente com o que nunca aconteceu.

E o primeiro romance para valer? Sabe como é, aquela primeira pessoa que retribui o nosso amor, quando um beijo é suficiente para que o coração pareça que vai explodir. Para mim, vejamos, mudemos primeiramente o nome dela para não comprometê-la. Digamos que se chamava Annie. Annie, não faço idéia do que nos levou a terminar. Nem me lembro de como foi o rompimento. Será que chegamos a romper solenemente?

Já estava na universidade, Annie também. Ambos calouros. Fred Tremallo foi quem nos apresentou quando Annie freqüentava o curso de verão de literatura de Exeter, e eu fui visitar o professor. Fred achou que gostaríamos de nos conhecer. Sábia intuição.

Annie era bonita e elegante. Também era um pouco insegura, assim como eu. Era talentosa e sensível, e eu me apaixonei por ela com toda a energia que vinha acumulando havia anos, desde que descobria o amor, o que acredito deva ter acontecido quando me empolguei pela Lauralee. Mas ganhou realmente ímpeto quando comecei a ler romances e o nível dos meus hormônios começou a subir.

Annie, sei que devemos ter rompido de fato, porque estou aqui e você está aí, mas gostaria realmente de saber o que aconteceu. Quisera que você pudesse me telefonar e me dissesse a razão.

Espero que suas recordações de mim sejam tão agradáveis quanto as minhas são de você. Espero que, ao olhar para trás, não me veja como um chato. Talvez tenha sido um pouco, com minhas pretensões literárias e meus tenebrosos silêncios.

Você, porém, era tão macia, parecia uma seda. Acredite quando lhe digo que achava que você tinha saído de um conto de fadas, envolvida numa aura de beleza, sofisticação e imprevisibilidade nova-iorquinas. Você me ensinou muito sobre o amor. Não me refiro ao amor no grande e trágico sentido da palavra. Refiro-me a um sentimento avassalador por uma garota que não se consegue tirar do pensamento. Você me revelou esse sentimento, a emoção de ficar aguardando um telefonema, imaginar como você estaria vestida, perguntar-me se você me amava tanto quanto eu a amava, ansiando para lhe dizer apaixonadamente "eu te amo".

Escrevi para você minhas primeiras cartas de amor, meus primeiros poemas de amor. A poesia podia ser pobre, mas posso lhe garantir que os sentimentos eram ricos. Você foi a primeira garota que beijei e cujo corpo acariciei voluptuosamente (não, não se preocupe, não vou entrar em detalhes), e sempre lhe serei grato por não ter me repelido, sentindo-se ultrajada.

Seu sorriso era cativante, mas seu recato podia ser impenetrável. Lembra-se de como costumava virar a cabeça repentinamente, ocultando seu rosto com seus longos cabelos louros, impedindo-me de ver sua expressão? Esse seu gesto ao mesmo tempo imprevisível e sedutor me enlouquecia.

Logo, contudo, mudava de atitude e olhava para mim e sorria, e o mundo entrava novamente em órbita. Naqueles momentos, eu sabia exatamente o que era felicidade. Não há entorpecente mais poderoso do que o amor romântico, e a primeira vez que você o sente por alguém – e, milagre dos milagres, esse alguém o corresponde – a vida muda para melhor. Só é possível sentir emoção tão forte e arrebatadora quando seus filhos nascem.

Sentia que éramos um só, que nos compreendíamos mutuamente, que me amava e eu a amava, que se sentia atraída por mim – e só Deus sabe como eu me sentia atraído por você – , que o resto do mundo não existia, só você e eu no vasto oceano, protegidos das intempéries pelo amor.

Naturalmente, nem tudo "deu certo", na medida em que não estamos juntos, mas, por Deus, tudo deu maravilhosamente certo enquanto durou. Como tudo na vida, nosso amor pode não ter sido perfeito, ou digamos que foi perfeito, mas a dor fez parte da perfeição. Você me magoou quando não compareceu a um encontro, e em outra ocasião quando não gostou de alguns presentes que lhe dera com tanto gosto e sacrifício. De minha parte, também a decepcionei quando lhe "dei um bolo", e quando não gostei de uma amiga sua que me apresentou. Magoamo-nos reciprocamente, mas isso faz parte das penas do primeiro amor, não é mesmo?

Tivemos momentos tão gratificantes. Como foi possível termos rompido a magia? Será que simplesmente nos volatizamos? Chegamos a nos dizer adeus? Trocamos um último beijo? Ao que me lembre, não houve despedidas lacrimosas na estação de trem, caminhadas sob a chuva em direções opostas numa calçada de Cambridge, num fim de tarde de domingo.

Creio que nunca dissemos adeus um ao outro. Agora é tarde, nunca o faremos. Você viverá comigo para sempre, meu primeiro amor. Agradeço a Fred Tremallo por nos ter apresentado. Agradeço a você por ser como é, e pelo tempo que passou comigo.

Espero que esteja feliz. Espero sinceramente que esteja.

Obrigado, Annie, por ter sido meu primeiro amor.

Nunca a esquecerei.

ECOS...
Um homem que conheci

O amor penetra sorrateiramente em nossas vidas quando menos esperamos. Às vezes, quando se está à procura do amor, é possível não encontrá-lo, mas, quando não se está correndo atrás dele, ele pode acontecer. Neste relato, vemos um amor brotar do nada. Num ano, eram amigos, nada mais do que isso. No ano seguinte – sem nenhuma razão aparente –, tornaram-se algo mais.

Na minha maneira de ver, há quase tantas maneiras de se amar quanto há pessoas para se conhecerem. Prestamos um desserviço a nós mesmos quando racionamos nossa cota de afeto a ponto de extinguirmos por completo sentimentos inesperados. É o que nos conta esta mulher cuja vida foi enriquecida por tais sentimentos.

– E.H.

Kevin e eu nos conhecemos na universidade. Ele era casado, eu tinha um namorado firme havia dois anos. Kevin e eu éramos apenas amigos. Trabalhávamos juntos no jornal do campus, freqüentemente até altas horas da noite. Nenhuma centelha, só transpiração. Mas, quando voltamos ao campus para nosso último ano, alguma coisa aconteceu. Ele me pareceu diferente. E ele também me olhou de uma maneira diferente. Disse-me que tinha se separado da mulher. Eles "tiveram" que se casar quando ainda cursavam o ensino médio. A filha deles estava com quatro anos. Continuavam bons amigos por causa da menina, mas nem ele nem ela achavam que podiam continuar vivendo como marido e mulher.

Continuamos a trabalhar juntos no jornal. Uma noite, quando nos aprontávamos para ir embora, éramos as duas únicas pessoas na redação. Era tarde, e estávamos cansados. Estava com o cabelo sujo, de jeans e camiseta. Ele tinha olheiras fundas. Além de cursar a universidade, ele trabalhava para ganhar dinheiro e sustentar a filha. Mesmo assim, ficamos conversando até quase o sol raiar. Meu namorado começou a se queixar de que eu passava mais tempo com Kevin do que com ele. Era verdade. Nosso relacionamento estava começando a ficar desgastado. Não me surpreendi quando meu namorado resolveu rompê-lo pouco antes do Natal. E, para dizer a verdade, não fiquei nem um pouco desapontada.

Viajei no Natal para ir visitar minha família, mas fiquei ansiosa para voltar, para rever Kevin. Tinha ficado ausente três semanas e, quando nos encontramos no jornal, caímos nos braços um do outro num abraço interminável. A partir de então, tornamo-nos inseparáveis. Sabia que não estava agindo de forma carente. Sabia que, embora separado, ele tinha mulher e uma filha. Sabia que ainda era muito jovem e imatura, despreparada para manter um relacionamento problemático. Mas também sabia que estava apaixonada por aquele rapaz, e sabia que meus sentimentos eram plenamente correspondidos. Com uma química daquelas, qualquer coisa era possível.

Mantivemos nosso romance durante todo o segundo semestre do nosso último ano na universidade. Simplesmente não nos cansávamos um do outro. Nos seminários com os professores, ficávamos encostando os pés e as pernas por baixo da mesa, com a maior desfaçatez. Fazíamos reportagens juntos, diagramávamos as matérias. Embora continuássemos suando a camisa pelo jornal, a exaustão era mais dos embates amorosos do que propriamente de excesso de trabalho. Toda vez que ele me beijava, era como se nunca tivesse me beijado antes. Foram tempos impulsivos, românticos, tempestuosos. E o fato de termos sido antes simplesmente amigos parecia dar-lhes mais força e consistência. Não havia subterfúgios, fingimentos. Era o relacionamento mais intenso, mais vibrante que eu já tivera. Tinha vinte anos e achava que tínhamos todo o tempo do mundo.

O que eu não sabia era que, quando a universidade acaba, acaba a vidinha de estudante. Os rapazes trocam os jeans por ternos e gravatas e nós por vestidos recatados, nossos dormitórios bagunçados por apartamentos, e, não raro, também trocamos os velhos amigos por outros. Pagamos nossas contas, agendamos nossos compromissos. As taxas de desemprego eram particularmente altas no ano em que me formei, e Kevin e eu tivemos que seguir caminhos separados, indo trabalhar em estados diferentes. Ele queria e precisava ficar perto da filha, o que eu compreendia perfeitamente. Mas isso também significava que ele ia ficar perto da mulher. O divórcio ainda não fora homologado, e isso me deixava nervosa.

Era pular antes de ser empurrada, ou pelo menos era assim que eu pensava. Rompi com Kevin e, ao fazê-lo despedacei meu coração. Ambos choramos copiosamente. Uma vez, ele chegou sem avisar à minha cidade. Eu não estava. Ele deixou um bilhete pregado na minha porta com band-aid. "Um amor como o nosso só acontece num ano-luz geofísico", ele escreveu. Chorei quando o li. Ainda o tenho guardado vinte e cinco anos depois.

Soube mais tarde que Kevin reatara com a mulher, mas, dez anos depois, eles se divorciaram. Ele me telefonou uma vez, quando passou pela cidade onde eu estava morando. Pareceu bem disposto. Sua filha já estava na universidade, e ele estava namorando sério. Disse-me que tinha ficado ressentido comigo durante muito tempo. Expliquei-lhe que tinha ficado amedrontada com a intensidade do nosso relacionamento, e com o fato de ele ser um homem casado, com uma filha. Aos vinte anos, não me senti emocionalmente preparada para assumir a responsabilidade de uma situação tão complexa.

Quando conheci meu marido, cinco anos depois da universidade, ele me lembrou um pouco Kevin. Bonitão, moreno, de pouco falar, mas de temperamento igualmente apaixonado. Não tinha a bagagem de Kevin, na verdade, eu era sua primeira namorada firme, privilégio que levei muito a sério. Casamo-nos dois anos mais tarde, e eu mandei um convite para Kevin. Ele me respondeu de volta: "Estou com ciúmes. Deveria ser eu. Com o amor de sempre."

Ainda tenho esse bilhete e, às vezes, quando mexo nas minhas caixas de guardados, releio-o e, confesso, aperto-o carinhosamente contra o rosto. Tenho, agora, uma filha adolescente e espero que seu primeiro amor seja doce e duradouro como foi o meu, pois um pequeno pedaço do meu coração sempre estará reservado com o nome "Kevin".

Mudança de maré

O autor deste texto é hoje um psicólogo. Ele também é meu amigo. Ama a vida como nenhum outro homem que conheço. Você poderá sentir essa positividade nesta história.

— E.H.

Devia ter muitas lembranças de infância da "angra" (The Cove) porque nadei nas suas águas todas as tardes de verão de minha meninice. Entretanto, todas as minhas primeiras imagens foram ofuscadas pelos momentos que vivi um certo dia — a rigor, provavelmente só duas ou três horas — quando tinha catorze anos. O dia em que me apaixonei por Jenny Weller.

Agora, aos cinqüenta e três anos, não posso deixar de me lembrar daquela tarde de agosto toda vez que visito a pequena enseada, que dá para um gigantesco penhasco de granito, que se estende ao longo de mais de cinqüenta metros de águas rasas de um pequeno lago em Massachusetts. Naturalmente, a angra, como tantos lugares de minha infância aos quais retornei, parece muito menor do que nas lembranças que guardo daqueles dias. As emoções do primeiro amor, porém, foram grandes, e continuam grandes até hoje, quando as deixo refluir à minha mente.

Descobri minha vocação para o romance naquele dia. De repente, compreendi como o sorriso de uma mulher pode ser belo e quão desejável pode ser o seu corpo. Também descobri uma vontade incontrolável de fazer o tempo parar, para preservar certos momentos. Quando era garoto, sempre quis crescer depressa, ficar logo adulto, para poder partir para as grandes aventuras da vida. Mas, subitamente, naquela tarde, quis deter o tempo tanto quanto quis estreitar Jenny nos meus braços. Porque, embora admitisse, no íntimo, que estava apaixonado por ela, sabia que era um caso perdido, sem esperança. Aquilo não podia dar em nada. Ninguém o levaria a sério, quem acreditaria que eu amava Jenny?

Jenny tinha doze anos. Doze! Que escândalo! Eu tinha catorze, o que já era mais plausível. Catorze anos era uma idade bem mais madura do que doze. Ela ainda era uma menina, ou, pelo menos, todos assim deviam considerá-la. Eu a conhecia desde pequenina. Seus pais eram bons amigos dos meus. Sua mãe era a melhor amiga de minha tia. Jenny era babá de minha irmã mais nova. Nós nos conhecíamos havia anos. Tínhamos praticamente crescido juntos... pelo menos nos verões. Não havia como converter meu amor numa coisa real, que as pessoas fossem capazes de compreender e respeitar. Nem tinha certeza se era lícito ficar apaixonado na minha idade.

Mas, do meu ponto de vista, o pior era que meu irmão de dezesseis anos, Luke, estava perdidamente apaixonado por Nancy, irmã mais velha de Jenny. Luke era mais velho e sofisticado, podendo-se aceitar que estivesse amando. Eu sabia disso, porque as pessoas achavam encantador o romance dos dois. Bisbilhotavam a respeito de Luke e Nancy. Ela era bonita, desabrochada, muito cortejada pelos rapazes da cidade. Não creio que Nancy amasse Luke tanto quanto ele a amava, mas ele lhe era totalmente devotado. Todos podiam ver isso. O que ele sentia era autêntico.

A idéia de que um segundo irmão Johnson se apaixonasse por outra garota Weller (a irmã mais moça de Nancy!) era simplesmente ridícula. Luke e Nancy eram adolescentes. As pessoas levavam a sério o seu namoro. Aos olhos de minha família, os dois tinham inventado o amor para minha geração. Não podia passar pela cabeça de ninguém que eu amasse Jenny. Os adultos me considerariam um fedelho sem juízo se soubessem. Qualquer coisa que eu fizesse seria uma imitação barata da criação original de Luke e Nancy. Sempre fui extremamente consciente do que os adultos pensavam, provavelmente a razão pela qual não admitia a mim mesmo como era forte o que sentia por Jenny. Eu me via através dos olhos dos adultos a maior parte do tempo. Isso me deixava tenso, excessivamente responsável: um bom garoto, em suma.

Na água tépida de fim de verão da angra naquele dia, todas as minhas inibições e receios caíram por terra. Minha mãe estava na praia lendo um livro, como sempre fazia. Jenny estava na beira d'água, brincando com minha irmã, Debbie. Jenny era uma prendada babá, e todos reconheciam seu talento. Ela conseguia concentrar toda sua atenção nas crianças. Mais do que isso, seu otimismo era magnético. Minha irmã a adorava. Não me lembro do que estava fazendo antes de nos encontrarmos na água. Talvez estivesse acanhado, com receio de dar a impressão de viver agarrado na saia de minha mãe aos catorze anos; talvez quisesse ficar com meus amigos. Talvez estivesse apenas admirando Jenny, preparando-me para me jogar aos seus pés, perdido de amor, dentro de alguns minutos. Talvez estivesse estudando o corpo esbelto, atlético de Jenny. Não me lembro.

Tudo de que me recordo é que, a certa altura, Debbie voltou para perto de minha mãe, e Jenny ficou disponível, livre para nadar comigo. Ela mergulhou, nadou até uma certa distância, e nadou de volta por baixo d'água, emergindo subitamente com um grande sorriso. E olhou para mim com a mesma vívida atenção que normalmente dispensava à minha irmã e a outras crianças pequenas.

Jenny tinha olhos azuis e um rosto ensolarado do Meio-Oeste. Acima de tudo, tinha um sorriso extraordinário, um sorriso irresistível, o sorriso de uma otimista convicta. (Vi fotografias dela como esposa e mãe de meia-idade e o sorriso permanece o mesmo.) Quando ela sorria para você, você queria ficar perto dela. Sempre soube disso. De repente, porém, seu sorriso me pareceu diferente. Não era mais o sorriso de uma menina – realmente não era – era o sorriso de uma amante, se assim posso defini-lo. Não era o sorriso de um flerte, não era o tipo de sorriso afetado, sexualmente autoconsciente, que a gente vê nos rostos de tantas garotas da geração MTV. Era o sorriso sincero, amoroso, de uma mulher apaixonada, o que acreditei ter vislumbrado, embora, na ocasião, não fosse capaz de articular o que estava vendo.

O efeito que causou em mim foi devastador, foi como nas histórias em quadrinhos, quando os heróis exclamam bombasticamente WHAM! BLAM! Ela se transformara instantaneamente de delicada menininha numa criatura extraordinariamente bela. Repentinamente, notei seus peitinhos, todos esses atributos clamando sua exuberante condição de mulher, não mais de uma simples ninfeta. Fixei os olhos no seu sorriso. Percorri demoradamente seu corpo com olhos deslumbrados. Nunca tinha visto um corpo feminino "ao vivo", não quando o objeto de minha admiração retribuía minha homenagem com um olhar lânguido, provocante.

Jenny sorriu e depois mergulhou novamente. Não podia fazer outra coisa senão ir atrás dela. Nadadora exímia, ela logo se distanciou da praia. Redobrando a energia de minhas braçadas, finalmente a alcancei, agarrei-a pela cintura com as duas mãos, ergui o seu corpo e a joguei fora d'água. Ela caiu na água e nadou novamente para longe. A brincadeira se repetiu várias vezes. Ficamos nessa folia por muito tempo. Teria sido uma hora?

Esqueci-me de minha mãe e de minha irmã. Fiquei imaginando o que minha mãe estaria pensando. A brincadeira parecia uma luta, um jogo de meninos que eu poderia ter disputado com meu irmão quando ele tinha doze e eu dez anos. Ele poderia ter me erguido no ar e me jogado fora d'água como eu estava fazendo com Jenny. E ali estávamos nós, brincando como dois garotos. Só que ela era uma garota, uma linda garota com um corpo rijo, erótico. Tinha consciência de que estava fazendo parecer uma brincadeira inocente de meras crianças, quando sabia muito bem que não era. Estava amando pela primeira vez. Queria enlaçá-la pela cintura – um jovem e afoito tritão perseguindo a bela sereia. Ela tentou se afastar de mim, mas eu a agarrei pelos tornozelos. Tive vontade de apertá-la nos meus braços. Conformei-me com a brincadeira de pegar. Tive ímpetos de abraçar Jenny porque a amava. Queria que ela retribuísse o meu amor.

Estava tendo devaneios românticos. Imaginava-me indo ao cinema com ela. Imaginávamo-nos como um casal. (Não pensava em nada explicitamente sexual. Estávamos em 1961, os tempos eram outros.) Achava que podíamos até formar um casal melhor do que Luke e Nancy. Nosso amor talvez fosse mais forte. Talvez eu pudesse ser um garoto – um rapaz, melhor dizendo – capaz de ser um amante, isto é, alguém que uma garota pudesse amar. Aquele foi o primeiro dia em que tal pensamento me ocorreu.

Naturalmente, foi um amor impossível. Era agosto, ela só tinha doze anos e eu, catorze. Dentro de algumas semanas, voltaria para o colégio interno. Nunca mais a tive nos meus braços – se é que cheguei a tê-la, exceto na minha mente. O que venho fazendo há quase quarenta anos.

CRIANDO CONEXÕES...

Convite à reflexão: Quem foi seu primeiro amor? Onde essa pessoa se encontra agora? Como se sente quando pensa nele ou nela?

Obstáculos à conexão: Não há obstáculos a um romance do passado. Talvez seja por isso que gostamos tanto de ler sobre eles. Já acabaram, são assuntos encerrados. Podemos fazer deles o que quisermos. Por outro lado, muitas pessoas guardam grande tristeza de amores passados. Ou alimentam até ódio, amargura, culpa ou ressentimento. Esses sentimentos podem se expandir e ocupar muito espaço em nossas mentes. A mente não dispõe de espaço infinito, assim como não contamos com tempo infinito. É uma má idéia desperdiçar espaço ou tempo.

Possíveis passos a serem dados: Aqueça no passado os amores de que você se recorda com carinho. Os outros? Existirá alguma maneira de esquecer a dor de um divórcio litigioso ou de um relacionamento cruel? A maneira como eu tenho lidado com tio Noble, que, naturalmente, não foi um amante, mas sim um padrasto cruel, tem sido falar freqüentemente sobre ele com pessoas de minha intimidade. Com isso, submeto-o a uma espécie de ciclo de conversas sanitárias. Há qualquer coisa no processo de falar sobre dores passadas (lavar roupa suja) que, com o tempo, ajuda a desintoxicar a experiência.

Também voltei a Charlestown, como adulto bem-sucedido, e visitei a casa onde morei com tio Noble e minha mãe. Inspecionei os quartos, demorei-me na sala de estar onde uma vez ele tentou agredir minha mãe com um atiçador de brasas e onde preparava seus martínis, e descobri que tudo isso agora pertence ao passado.

Tive outros relacionamentos que também me feriram. Acredito sinceramente que aliviar minhas mágoas em conversas com pessoas de minha confiança é o melhor remédio que existe. Outras sugestões incluem:

Cada relacionamento malsucedido pode lhe ensinar alguma coisa importante a seu respeito. Pergunte a você mesmo: *Que lição posso tirar disso?*

Lembre-se da velha máxima: *Nenhuma boa ação permanece impune*. A vida é injusta. Muitas vezes, coisas ruins acontecem a pessoas boas. Esse relacionamento infeliz talvez tenha sido a sua vez de penar.

Lembre-se também do igualmente difícil mas verdadeiro ditado: o sofrimento enobrece. Em outras palavras: *O que não mata engorda.*

Se nada disso ajudar, volte à primeira sugestão, e converse com alguém de sua confiança. Essa sempre foi e continua sendo a melhor cura para dores emocionais.

Capítulo sete

CASAMENTO E RELACIONAMENTOS

Aquela com quem
ainda acordo

M inha mulher, Sue, é minha segunda esposa. Casei-me com a primeira, Ellen, quando tínhamos quase trinta anos e nos divorciamos logo depois de completarmos os trinta. Ela, assim como eu, casou-se novamente.

Apaixonamo-nos durante o curso médico. Na universidade, ela se diplomara em Música e eu, em Literatura Inglesa. Compartilhávamos, portanto, uma formação humanística comum no meio de tantas mentes voltadas para a ciência. Mais do que isso, entretanto, compartilhávamos muita afeição e calor humano num mundo que podia ser frio e insensível.

Casamo-nos no último ano da faculdade de Medicina e fomos morar num apartamento na St. Charles Avenue. Adorávamos cozinhar. Apreciávamos muito a culinária típica de Nova Orleans, e, depois das aulas, Ellen e eu íamos freqüentemente ao Lagostino's, um mercado perto de onde morávamos.

Meu pai morreu naquele ano, e nunca me esquecerei da maneira como Ellen se conduziu na ocasião. Recebi a notícia do hospital pelo telefone. Fui para a sala de leitura que dividíamos no nosso pequeno apartamento, tranquei a porta, apaguei a luz, e me deitei no sofá.

Ellen foi até a porta da sala. Ela ouvira o final do telefonema e sabia o que tinha acontecido. Tentou entrar, mas a porta estava fechada a chave.

– Deixe-me ficar sozinho – eu disse.

Ela não disse nada e se afastou.

Mais ou menos meia hora depois, ela voltou e perguntou por trás da porta: – Você está bem?

– Me deixe em paz – esbravejei.

– Ned, estou preocupada com você – ela disse delicadamente.

– Não se preocupe comigo. Estou bem. Só quero ficar sozinho. Deixe-me enfrentar esse golpe como enfrentei tantos outros: sozinho.

Ouvi então Ellen começar a chorar. A porta era fina como uma folha de papel, e por isso ouvia-se tudo nitidamente.

– Não me deixe fora disso – ela disse em meio às lágrimas. – Quero estar ao seu lado neste momento difícil. Você não pode ficar sozinho.

– Vá embora, quero ficar sozinho. Será que é pedir muito?

– Não, não vou embora – ela disse obstinadamente, continuando a chorar. – Nem que tenha que passar a noite toda aqui, não arredarei o pé.

– Que inferno – resmunguei, levantando-me e abrindo a porta.

De pé, lá estava Ellen com seu metro e meio de altura, os braços abertos e as lágrimas escorrendo-lhe pelas faces. Aproximei-me dela e ela me abraçou. Finalmente, também comecei a chorar.

Deitamo-nos no sofá. (Ela era tão pequena que havia espaço de sobra sempre que fazíamos isso.) Contei-lhe histórias de meu pai, e ela ouvia e comentava, chorava e às vezes ria. Devo ter ficado deitado no sofá com ela umas três ou quatro horas, até tarde da noite. Chorei a morte de meu pai junto com Ellen.

Nunca me esquecerei e sempre admirarei sua tenacidade, não permitindo que eu a mantivesse afastada. Aquela mulher pequenina, corajosa, com um coração firme como uma sequóia, impediu que eu me entregasse à apatia, não hesitando em expor-se à minha ira e à minha rejeição, para que eu não deixasse de fazer o que era preciso ser feito.

Deitado no sofá com ela, lembrando-me de meu pai, senti-me mais unido a Ellen do que nunca.

Por que nos separamos então? Depois que chegamos a Boston, para fazermos nossos estágios como internos de hospitais, começamos a nos afastar gradativamente. Fazíamos pernoites três vezes por semana, e geralmente nossos plantões não coincidiam, o que nos levava a passar dias sem nos vermos. Por outro lado, a afeição que sentíamos inicialmente um pelo outro não parecia mais suficiente para sustentar toda uma vida. Chegamos à conclusão, de comum acordo, de que seria melhor nos separarmos antes de termos filhos. E foi o que fizemos.

Se houve algum culpado, esse culpado fui eu.

Divorciamo-nos amigavelmente, sem rancores. Na verdade, procuramos o cartório juntos e comparecemos a audiências juntos, continuando amigos por muito tempo. Ellen era – e estou certo de que continua sendo, embora tenhamos perdido contato – uma mulher e uma médica maravilhosa, brilhante, generosa. Espero, de todo coração, que seja muito feliz. Contudo, por mais triste que tenha sido dizer adeus – e foi um dos momentos mais tristes de minha vida – foi a decisão acertada, como estou seguro de que ela concorda.

Mas, às vezes, a vida nos concede mais de uma chance. Sei que Ellen teve sua segunda chance e se casou novamente. Eu também.

Para mim, essa segunda experiência matrimonial tem sido o que eu poderia esperar de melhor. Sue e eu nos casamos em 1988, sete anos depois de meu divórcio. A história que gostaria de contar é do momento em que decidi pedi-la em casamento.

Vínhamos saindo havia cerca de um ano e meio. Eu me mostrava um tanto refratário à idéia de me casar novamente. Não só porque o divórcio tinha me deixado muito triste, como também porque vira o que um segundo casamento fizera à minha mãe e a muitos de meus conhecidos. Diante de tantos insucessos, encarava um novo casamento com um certo ceticismo. Achava que talvez fosse preferível permanecer solteiro.

Mas havia Sue. E acabei pedindo sua mão em casamento porque, um dia, eu a vi usando um encantador chapeuzinho de palha com um fita vermelha. Naturalmente, não foi só isso que me levou a dar o passo decisivo, mas, honestamente, foi o tal chapeuzinho que me animou a pensar que talvez formássemos um belo par, já que não havia a menor dúvida de que nos entendíamos muito bem.

À medida que o tempo passava, ela mais se convencia de que devia tomar uma decisão a curto prazo. Não queria ficar solteira. Queria ter filhos. Se não pudesse ser comigo, que fosse com alguém que pudesse assumir o compromisso e estivesse disposto a se casar com ela. Disse-me que me amava muito, e que gostaria que fosse eu o eleito, mas que não poderia esperar para sempre. Seis meses, creio, foi o prazo que ela me deu.

Oh, a cruel incerteza! Ia dormir analisando todos os prós e contras e no dia seguinte nada mudara. Aconselhava-me com os amigos e pedia aos colegas mais velhos seus sábios pontos de vista (sabendo de antemão que a metade deles estava no terceiro ou quarto casamento!). Apelei para os parentes mais próximos – meus primos – e olhei para o céu à procura de algum sinal. Nessa questão de sinais divinos, diga-se de passagem, o problema é saber o que é um sinal e o que não é. O pássaro preto cruzando o céu azul seria um presságio, um sinal de Deus de que devia continuar solteiro? Ou seria uma gralha perdida?

O tempo passava e, enquanto isso, meu prazo fatal ia diminuindo, já tendo passado de cinco para quatro meses. Sue ia maneirando como podia, ponderando com palavras sensatas como: "Se não conseguirmos chegar a uma decisão no prazo que estabeleci, será melhor para nós dois seguirmos nossos caminhos independentemente." Era muita bondade de sua parte dizer "nós", mas essa é sua maneira de ser, sempre gentil.

As listas de prós e contras não funcionavam. As orações tampouco.

Os conselhos de meus amigos eram muito claros: Sue é maravilhosa, mas você não deve ouvir apenas a voz do coração. Em outras palavras, nós a amamos, mas é você quem vai se casar com ela, e não queremos que nos culpe se não der certo!

Não sabia o que fazer.

Achava que a decisão tinha que ser clara e intuitiva. A indecisão queria dizer que Sue não era a pessoa certa para mim? Sabia apenas que a amava, sabia que ela seria uma grande mãe, e também sabia que era elegante e graciosa, que passávamos grandes momentos juntos, que eu respeitava sua inteligência e gostava do seu corpo. O que mais poderia querer?

Ainda assim, não sabia o que fazer.

Finalmente, um dia descobri.

Aconteceu de repente, de estalo. Juro. Sei que pode parecer difícil de acreditar, mas resolvi esquecer todos os meus receios e preocupações e pedir a Sue que se casasse comigo... num impulso irresistível.

Foi assim que aconteceu: estava numa escola onde trabalho como consultor, quando Charlotte Dooling, uma das professoras, me procurou para falar de uma determinada aluna. Depois de concluirmos a discussão sobre os problemas da aluna, Charlotte me perguntou casualmente, ao se retirar do meu escritório: – É verdade, quando é que você vai pedir àquela moça maravilhosa que trouxe para nossa festa para se casar com você?

Foi o estalo. Naquele momento, ficou absolutamente claro para mim o que devia fazer.

Você pode não acreditar, mas quando saí da escola naquela tarde fui diretamente à Shreve, Crump & Low, no Chestnut Hill Mall, em Brooklin, Massachusetts, e comprei um anel de noivado de safira e diamantes com o dinheiro que havia economizado do adiantamento que recebi pelo meu primeiro livro. Não havia decorrido duas horas da pergunta casual de Charlotte Doolin quando escolhi o anel.

Mas, afinal, o que houve de tão especial na indagação de Charlotte? Teria sido um sinal divino? Não sei dizer. O fato é que, depois de sua pergunta, não tive mais dúvida.

Como psiquiatra, provavelmente teria que mudar de profissão se não tivesse conselhos melhores para dar do que: "Espere até ouvir as palavras mágicas" ou "Espere até ter certeza." Por isso, elaboro maneiras mais rebuscadas de dizer basicamente a mesma coisa. E analiso o problema, me aliando empaticamente aos pacientes com suas preocupações. (A empatia me vem facilmente nesse contexto.)

Todavia, a despeito da importância da análise e do raciocínio, muitas de nossas decisões mais relevantes resumem-se a momentos de revelação, momentos nos quais, por razões que não compreendemos, torna-se claro o que devemos fazer.

Sue e eu estamos casados desde 1988. Minha vida mudou

radicalmente para melhor desde então, mas Sue e eu não deixamos de ter nossos rompantes de raiva e irritação. Meu objetivo no nosso casamento é deixar espaço para os conflitos e não evitá-los. Tendo em vista particularmente as infâncias turbulentas que vivemos, é bom para que possamos brigar, discordar eventualmente e descobrir mais tarde que os laços que nos prendem permanecem mais fortes do que nunca.

Recordo-me, a propósito, das férias escolares de 2000. Levamos as crianças a Washington, D.C. Divertimo-nos muito, mas a cidade esteve tumultuada com marchas de protesto durante toda a nossa visita. Lembro-me de que, ao deixarmos a cidade de carro de volta para casa, comentei que tinha sido muito ruim termos ido à capital precisamente num momento de tantos protestos (nem me lembro de que protestavam!), o que tornara o trânsito caótico. Sue retrucou que achava que os protestos tinham acrescentado um certo sabor à viagem.

Sabor! Essa não era bem a palavra que eu queria ouvir. De repente, achei que Sue era uma adversária. Senti-me decepcionado e até mesmo agredido com o que ela dissera. Foi, obviamente, uma reação exagerada de minha parte, mas não deixara de ser uma reação forte. Freqüentemente, nos relacionamentos – pelo menos, no nosso relacionamento – um pequeno incidente, uma pequena discordância, provocam, inesperadamente, sentimentos intensos. – Não seria ótimo – disse rispidamente a Sue – se você pudesse concordar comigo de vez em quando e não contestar cada observação que faço? Aqui estou eu há horas penando com esse maldito trânsito, e vem você me dizer que acha que ele dá sabor à viagem? Tenha santa paciência!

– Eu não disse que o trânsito dava sabor, o que disse foi que as marchas de protesto acrescentavam sabor, colorido. E, se você queria uma mulher que dissesse amém a tudo que você diz, não devia ter se casado comigo.

Apertei o volante com força e continuei dirigindo, ofendido, irritado, em silêncio. Sue, que é tão geniosa quanto eu, também se plantou no mais profundo silêncio. As crianças, que, felizmente, pareciam alheias às nossas divergências, começaram a perguntar pelo almoço.

Minha mente fervilhava. Nosso casamento seria um mau casamento? Por que Sue se negava tão obstinadamente a uma simples demonstração de apoio, concordância? Eu estaria errado ao pedir um pouco de compreensão e simpatia? Estaria me revelando muito carente? Por que ela precisava ser uma... uma o quê? Alguém que tem sempre que considerar se está de acordo? Por que não podia simplesmente concordar? Tudo de que eu precisava era um tranqüilizante, não da abalizada opinião de Sue sobre os méritos de visitar Washington quando suas ruas estavam atravancadas de gente empunhando faixas de protesto e bradando slogans exigindo medidas. Minha carametade, porém, não podia admitir isso. Talvez ela tivesse razão, talvez eu tivesse me casado com a pessoa errada. Mas eu não podia extravasar toda minha ira na frente das crianças. Será que elas estariam percebendo o que estava acontecendo? Eu estaria estragando suas férias, em vez de me portar como um bom pai?

Com o tempo, minha raiva – e o trânsito – melhoraram. – Sinto muito – murmurei, dando o gigantesco passo de ser o primeiro a pedir desculpa. Sue estendeu o braço e segurou minha mão. Falamos sobre onde deveríamos parar para almoçar. A harmonia fora restabelecida.

Mas não permanentemente. Não temos um relacionamento permanentemente harmonioso. Amo Sue e amo nossos filhos – eles são mais importantes para mim do que qualquer outra coisa na vida – mas de vez em quando entramos em choque. Creio que isso é verdadeiro em quase todos os relacionamentos íntimos e honestos.

Sue ainda é aquela com quem acordo todas as manhãs. Às vezes, acordo antes ou, se ela pega no sono antes de mim, fico olhando o seu rosto adormecido e pensando com meus botões como tudo é quase arbitrário. Poderia facilmente ter me casado com outra pessoa. Da mesma forma que Sue também. E poderíamos perfeitamente ter sido felizes com essas outras pessoas. Imagino que Sue poderia querer como marido alguém que não se preocupasse tanto com tudo, e poderia ter se casado com alguém que tivesse pais vivos que pudessem ser avós, e quem sabe gostaria de ter se casado com um sujeito rico? Ela também poderia querer ter um marido que participasse mais das tarefas domésticas – e tenho certeza de que sua lista podia continuar indefinidamente. Eu também poderia fazer uma lista dessas, se quisesse.

Mas não é nisso que penso quando a vejo dormindo. O que penso é: "Eis aí o meu bote salva-vidas."

Quando você pensa no assunto, é impressionante como dois seres humanos adultos podem viver juntos alguns dias, quanto mais anos a fio, sem mencionar criar filhos ao mesmo tempo! Quando pesa todos os compromissos e sacrifícios que terá que assumir, uma pessoa sensata poderá se perguntar: "Valerá a pena?"

Para mim, a resposta não é abstrata ou filosófica. Ela é concreta e prática. Sou mais feliz, mais saudável, mais produtivo, e me sinto mais satisfeito com a vida desde que me casei com Sue. Casamento – e filhos – não são para qualquer um. Mas, para mim, nada jamais tornou minha vida melhor.

Obrigado, fita vermelha no chapéu de palha, obrigado, Charlotte Dooling, obrigado, a quem tenha me iluminado com esses sinais.

ECOS...

O grande cartão do Dia dos Namorados

Um dos fatos mais estranhos sobre o amor romântico é que, por mais que o desejemos, ele também pode nos causar embaraços. Às vezes, corremos o mais depressa que podemos para fugir dele. Na verdade, acho que as pessoas têm muito mais medo do amor do que de outros sentimentos, inclusive do ódio e da violência. A razão é que o amor nos fragiliza muito mais do que outros sentimentos. O amor nos torna vulneráveis, ao passo que a violência nos mantém em guarda. No amor, abrimos os braços; no ódio, erguemos os punhos. Um nos deixa expostos, o outro ergue um muro de proteção.

Aprendemos desde cedo o quanto nosso anseio por amor pode nos fazer sentir vulneráveis. E muitas vezes descobrimos, na mais tenra idade, como aconteceu com a autora deste texto, que ao encontrar o amor pelo qual ansiamos nem sempre o aceitamos. Mas, se tivermos sorte, numa dessas vezes paramos e dizemos: tudo bem, façamos uma experiência.

– E. H.

O porão na casa de minha mãe em Denver é cheio de lembranças do passado: meu berço de bebê, meu uniforme de bandeirante e quase todos os esboços artísticos e exercícios de redação que já produzi. Em certas férias que passei lá, resolvi garimpar esse tesouro oculto. Enquanto fazia uma triagem na "tralha", encontrei por acaso algo há muito esquecido: um belo cartão do Dia dos Namorados com o meu nome escrito

241

no envelope com letra infantil. Subitamente, fui transportada para 1970 e para minha pequena carteira na Escola Primária Carson.

A sineta anunciou que o dia escolar tinha começado. Obedientemente, sentei-me no meu lugar na sala da quarta série do professor Riddle. Não era um dia comum: era o Dia dos Namorados. À tarde, haveria uma festa e colocaríamos nossos cartõezinhos declarando nosso amor e amizade nas sacolas de papel enfeitadas com as quais havíamos diligentemente enfeitado a sala no início da semana.

Aos dez anos de idade, estava mais próxima da inocência infantil do que da adolescência indócil sacudida por seus hormônios. Mesmo assim, meu interesse pelos garotos já se manifestara. Eu cultivava um pequeno botão de paixão prestes a desabrochar – seu nome era Jimmy. Um garoto alourado, de olhos verdes brilhantes e um nariz um pouco grande, mas provido de certo charme. Jimmy tinha vindo para a Carson no segundo ano. Achei que Jimmy era muito mais sofisticado do que os outros garotos do meu bairro em East Denver, quando ele exibiu para nossa classe slides da viagem que sua família fizera recentemente à Índia. Embora as chocantes imagens de miséria e das águas imundas do rio Ganges não me animassem a visitá-la, deduzi que quem tivesse viajado por terras tão estranhas e distantes só podia ser alguém muito especial.

Com os anos, meu interesse por Jimmy transformou-se numa paixonite secreta. Acreditava vagamente que as batidas do meu coração ecoavam no coração de Jimmy. Afinal, tinha sido ele quem me indicara para o Prêmio da Cidadania da nossa classe da quinta série, o que provocou muita admiração na garotada fofoqueira.

Quando chegou a hora da festa, remexendo na minha sacola com brindes alusivos à data, descobri uma coisa que ninguém tinha: um grande cartão do Dia dos Namorados igual aos usados pelos adultos. O cartão, de um vermelho brilhante, vinha gravado com as palavras "Para minha namorada". No anverso, a inscrição impressa tipograficamente declarava: "Eu te amo." A ausência de uma assinatura me chamou a atenção. Fiquei corada. O alarido da sala de aula foi ofuscado pelo pulsar do meu coração agitado. Um grupo de garotas logo me rodeou para ver de perto o troféu. Seus risinhos nervosos pontuados apenas pela pergunta que eu também me fazia: "Quem o terá mandado?"

Naquela tarde, saí da escola nas nuvens. Meu admirador secreto seria Jimmy?

No meio da escadaria do lado de fora do prédio, ouvi alguém chamar meu nome. Virei-me e avistei Jimmy no topo dos degraus, seu corpo delineado pelo sol brando da tarde. Aquele lugar costumava ser muito movimentado depois das aulas, mas, naquele momento, éramos as duas únicas pessoas à vista.

– Gostou do cartão que lhe mandei? – ele perguntou com olhar ansioso.

Fui repentinamente tomada de surpresa e constrangimento. Minha língua travou de timidez. Fiquei boquiaberta antes de conseguir gaguejar:

– Uh, oh, não sei!

Jimmy pareceu perplexo, chutando o cimento com a ponta do seu tênis sujo. Não sabendo que outra coisa fazer, virei-me e corri para casa, apertando na mão o saco com as lembranças do Dia dos Namorados. As lágrimas escorriam, abundantes, pelo meu rosto e se evaporavam rapidamente na brisa suave.

Embora Jimmy e eu tenhamos cursado o ensino médio juntos, nunca dissemos uma palavra sobre aquele dia. Mantínhamos relações cordiais – mas não éramos amigos.

O tempo finalmente arrefeceu a dor da constrangedora lembrança, mas, durante anos eu reconstituí a cena nos menores detalhes, vezes sem conta. As imagens da mágoa e da perplexidade de Jimmy e do meu medo e da minha timidez ficaram gravadas a fogo na minha memória. Não houve oportunidade de explicar como realmente me senti. Selara minha sorte e meus sentimentos quando fugi em desabalada corrida – selara-os como o grande cartão do Dia dos Namorados que recebera.

Adulta, continuei a rejeitar bons sujeitos de bons corações e com as melhores das intenções, preferindo me isolar na segurança do amor platônico, a distância. Foram necessários muitos anos para que finalmente me desse conta de que a legítima intimidade só pode acontecer quando reconhecemos nossos sentimentos e abrimos nosso coração para outra pessoa. O risco da rejeição é muito menos doloroso do que a dor crônica do arrependimento.

Revi Jimmy na reunião do décimo aniversário de formatura do colégio. Ele me cumprimentou na porta com um amável beijo no rosto. Estava esbelto, bronzeado, impecavelmente trajado e exibia um nariz cirurgicamente afilado, parecendo muito diferente da foto do álbum de formatura reproduzida no seu crachá. Seu sorriso caloroso, entretanto, ainda era o mesmo. Meu coração pulou quando Jimmy deu um passo atrás para poder me admirar melhor. Conversamos brevemente sobre o que estávamos fazendo no momento – ele havia se formado em Medicina e estava trabalhando como psicoterapeuta em Denver – antes de outros colegas de turma interromperem nossa conversa.

Mais tarde, no decurso das comemorações, Jimmy se reaproximou de mim. – Você sabia, Christine, que fui desesperadamente apaixonado por você quando freqüentávamos o curso primário? Por isso, resolvi mandar para você aquele grande cartão no Dia dos Namorados. Provavelmente nem se lembra – ele arriscou.

– É claro que me lembro – respondi, feliz por ele ter abordado o assunto.

– Você obviamente não sentia a mesma coisa por mim – ele continuou, erguendo as sobrancelhas. – Eu estava gamadão.

Depois de todos aqueles anos, finalmente tinha uma chance de ser honesta, de esclarecer o terrível mal-entendido. – Oh, não – eu lhe assegurei – eu também me amarrava em você, mas era muito tímida e não sabia o que fazer. Por isso, quando você revelou que era meu admirador secreto, a única coisa que me ocorreu fazer foi fugir correndo para casa.

Ficamos calados por alguns instantes. – Está falando sério? – Jimmy perguntou com um brilho intenso no olhar. – Obrigado por compartilhar – ele disse em boa linguagem de psicoterapeuta.

Fiquei exultante por ter reconciliado meus sentimentos de-

244

pois de tanto tempo. Conversamos, rimos, dançamos. Pusemos em dia os últimos anos, mas não passou pela minha cabeça nem pela dele qualquer fantasia de reacender a velha chama. Porque, assim como eu perdera a timidez e tivera muitos namorados, o mesmo acontecera com Jimmy.

Meu coração ainda pára

Este relato, de uma mulher da Virgínia, capta em poucos parágrafos as paixões de uma vida inteira. Casada há vinte e seis anos, essa mulher revela: – Meu coração ainda pára quando o vejo do outro lado da sala. – Já é suficientemente perturbador seu coração parar quando seus olhares se cruzam pela primeira vez, mas que isso ainda aconteça depois de vinte e seis anos de casamento... convenhamos!

Quando liguei para a autora a fim de pedir-lhe permissão para publicar seu depoimento, pude ouvir o sorriso na sua voz quando me reafirmou que ainda amava profundamente o marido, e percebi nitidamente a eletricidade que ela sentiu quando me revelou o quanto os dois continuavam apaixonados até os dias de hoje.

Naturalmente, nem todos os casamentos mantêm a intensidade dessa paixão, o que é muito compreensível. Não pense que pelo fato de seu coração não bater mais descompassado quando você vê, a distância, numa festa seu/sua marido/mulher, que isso significa que o amor acabou. Todos nós expressamos e sentimos amor de maneiras distintas. Alguns de nós são mais parecidos com o oceano do que com o sol. Mas, desde o início, o amor desse casal revelou-se impetuoso e ardente. Nunca esfriou.

É interessante observar, como mostra a autora, que uma paixão como a deles freqüentemente anda de mãos dadas com o confronto, o conflito. Ter alguém com quem discutir e brigar pode revitalizar um relacionamento como um elixir da juventude.

– E.H.

M eu mais profundo amor tem sido invariavelmente o mesmo há mais de vinte e seis anos. Sinto-me indissoluvelmente ligada física, emocional e espiritualmente ao parceiro que elegi para compartilhar minha vida: meu marido, Jerry.

Nosso primeiro encontro foi marcado por emoções fortes e contraditórias. Ele era um jovem, seguro de si, bem-vestido, membro de uma fraternidade elitista da Universidade Estadual da Flórida, filho de uma família de classe média alta. Eu era uma liberal, sempre de jeans e camiseta, contestadora exaltada do sistema, filha de um combativo operário de uma cidadezinha do interior. A eletricidade entre nós foi instantânea, fulminante. Sentimo-nos atraídos e repelidos um pelo outro simultaneamente. Isso foi em 1975.

Casamo-nos em 1978 e continuamos nosso estranho porém maravilhoso relacionamento. Ensinamos muita coisa um ao outro. Ele me ensinou a me vestir bem, a fortalecer minha confiança. Eu o ensinei a ser tolerante e a se tornar mais vulnerável ao amor e a outros sentimentos. Ele passou a ser minha alma gêmea.

Ele estava ao meu lado no parto de nossas três filhas e permaneceu forte como uma rocha quando soubemos dos graves problemas com que uma delas nascera: paralisia cerebral e autismo. Eu estava ao lado dele, solitária, quando um negócio que ele construíra desmoronou. Ele me amparou quando minha mãe morreu de câncer, e choramos juntos sua perda. Ele tem me ajudado a ser capaz de rir de mim mesma e a reconhecer meus méritos.

Temos acompanhado, orgulhosos, o desabrochar de nossas filhas em dois seres humanos excepcionalmente equilibrados, em parte porque ele e eu somos tão diferentes e trouxemos pontos de vista diferentes para nossa vida familiar. Com ele, posso enfrentar cada dia com a certeza de que nunca estarei só. Tenho sempre ao meu lado um amigo e um confidente e também um oponente. Tenho alguém a quem amar, odiar, abraçar e com quem discutir.

Atualmente, trabalhamos juntos no ramo de seguros. Quando comparecemos a reuniões, convenções ou festas, mesmo quando não estou perto, estou com ele.

Meu coração ainda pára quando o vejo do outro lado da sala. O seu olhar continua sedutor, excitante. Sempre foi e sempre será.

Antes tarde...

Você conhece alguém que tenha se casado com a pessoa errada, depois de ter deixado escapar aquela com quem deveria ter se casado? Conheço diversas pessoas. Às vezes, quando somos muito jovens, o tipo de amor duradouro nos entedia, cansa. É comum sermos atraídos pelos relacionamentos tempestuosos, e nos apaixonarmos por pessoas que não correspondem aos nossos sentimentos. A pessoa que nos trata com carinho, reciprocidade, nos faz bocejar, ao passo que nos consumimos pela que nos rejeita, despreza.

Às vezes, embora o relacionamento não vá adiante, não chega a entediar, simplesmente não estava destinado a durar, por razões que não compreendemos. Para a autora desta vinheta, surpreendentemente, aquele amor juvenil, imaturo, voltou mais tarde.

— E.H.

Estou vivendo um novo, jubiloso, revigorante relacionamento em minha vida. Na verdade, é uma reedição de um antigo relacionamento. É a minha segunda chance.

Quando tinha dezesseis anos, um rapaz maravilhoso me pediu em casamento. Já nos conhecíamos havia muitos anos, tínhamos interesses comuns e respeitávamos nossos talentos individuais. Gostávamos de filmes estrangeiros, jazz, balé e rock. Ele admirava meu currículo acadêmico e eu, seu talento para a poesia e a ficção, especialmente os contos curtos.

Acabamos não nos casando na ocasião. Em vez disso, ambos nos deixamos enredar em relacionamentos malsucedidos e, em última análise, infelizes e destrutivos. Só os filhos impediram nossas separações. Depois, quando eles já estavam crescidos, tanto eu quanto ele nos divorciamos. Permaneci solteira durante vinte anos; ele, oito.

A mãe dele, entretanto, estava decidida a nos ver juntos. As pessoas que acham que não devemos nos meter na vida alheia deviam aprender uma lição com essa mulher. Ela sabia que tínhamos perdido uma oportunidade de sermos felizes ao nos afastarmos quando ainda muito jovens. Ela não se limitou a ficar na janela vendo o tempo passar, imaginando como as coisas poderiam ter sido. Esse não era o seu feitio.

Há cerca de um ano, ela me procurou e me reaproximou do filho.

Finalmente, nos casamos – quarenta anos depois do rompimento original – no Dia dos Namorados, em 1999.

Esse homem enriqueceu e transformou completamente minha vida. Antes desse casamento, raramente me permiti chegar perto de outro homem, e não tive nenhum relacionamento durante dez anos. Trabalhava sem parar, doze a catorze horas diárias, e nunca fazia refeições em casa. Estava sempre correndo atrás de alguma coisa. Não encontrava tempo para me divertir, ou ter uma vida social, a não ser muito superficialmente.

Agora, encontro tempo para conexões humanas de todos os tipos. Meu marido está me ensinando como me conectar comigo mesma e com os outros.

Nunca é tarde para encontrarmos o amor. Nunca é tarde para aprender a apreciar a companhia de outras pessoas. Eu estou aprendendo. Esse relacionamento é o mais raro dos tesouros e, no entanto, só me custa a vontade de me abrir a ele. Ele está transformando todos os aspectos de minha vida – e, devo acrescentar, comento esses sentimentos com meu marido todos os dias.

E viveram felizes para sempre

Quando crianças, vemos nossos avós sob uma luz que praticamente os exclui de um contexto amorosamente romântico. Você é capaz de imaginar sua avó perdidamente apaixonada pelo seu avô? Eu não sou. A autora desta história nos dá a rara oportunidade de presenciarmos uma bisavó explicando à sua bisneta como se enamorou do marido há muitos e muitos anos.

– E. H.

Minhas mais caras lembranças de infância são as tardes de verão que passei na casa de meus avós no Brooklin.

Um sábado, quando tinha uns cinco anos, estava sentada à sombra da grande figueira lendo *Cinderela* com minha avó. As risadas de meu avô e de seus amigos ecoavam no quintal, onde jogavam cartas animadamente, e minha avó sorriu, olhando enternecidamente para meu avô, ao terminar a leitura do conto de fadas proferindo as palavras: "E eles viveram felizes para sempre."

– O vovô era o meu Príncipe Encantado. Ele ainda é – ela me assegurou.

– Eu sei. Desde que você tinha onze anos – lhe informei, como se ela não soubesse.

– É verdade – seus olhos brilharam como sempre, quando pensava no meu avô, o grande amor de sua vida.

Com cinco anos, eu ainda ficava imaginando como ele teria conseguido arranjar o sapatinho de vidro, certamente muito caro, como um humilde imigrante que vivia na pobreza dos cortiços miseráveis do Lower East Side de Manhattan. Concluí, porém, que meu avô devia ter achado um meio, da mesma forma que o garoto de sete anos que aceitava as tarefas mais desprezíveis para ganhar uns trocados, se tornara um milionário aos sessenta graças unicamente ao seu esforço e perseverança. E minha avó não deixara de amá-lo com devoção durante todos aqueles anos em que ele fizera duas fortunas e perdera uma, como me contara tantas vezes. Eu me perguntava se era isso que "viveram felizes para sempre" realmente significava.

– Você e o vovô ainda continuam felizes para sempre? – perguntei, achando que isso era muito importante para ser relegado ao terreno das dúvidas.

– Sim, minha querida, creio que somos – minha avó respondeu com um sorriso nos lábios, mas num tom de voz sério para que eu não pensasse que a pergunta era tola.

– Que conversa fiada é essa de viveram felizes para sempre? – minha bisavó, a matriarca da família, perguntou com seu sotaque carregado enquanto aparava suas peônias um pouco mais adiante.

Minha avó e eu trocamos um olhar preocupado. Não seria fácil explicar a trama romântica da história da carochinha à figura de um metro e meio de altura por um metro e vinte de largura de minha bisavó, que ainda atiçava as brasas do carvão na caldeira do porão, removia as cinzas, e jogava a dinheiro com os homens da vizinhança.

Minha avó explicou sucintamente o que queria dizer, enquanto eu observava de olhos arregalados o rosto de traços severos de minha bisavó se distender visivelmente. Será que ela teria conhecido algum Príncipe Encantado? Muito pouco provavelmente. Minha avó, de uma beleza angelical, sim, mas o Terror da East Second Street? Não acreditava.

Minha bisavó pousou sua tesoura de jardinagem ao lado de suas caras peônias, e veio se sentar ao nosso lado no banco debaixo da árvore. – Sei do que vocês estão falando. – Olhei para minha bisavó completamente fascinada, antecipando a história que ela contaria. Ela passou a mão pela minha cabeça, num gesto carinhoso que não lhe era característico.

A brisa soprava suavemente, espargindo a fragrância das peônias permeada com a das rosas, lilases e hortênsias mais distantes. Minha bisavó pareceu momentaneamente perdida nas suas lembranças. Seu rosto, que tinha se suavizado alguns minutos antes, agora me parecia jovem e bonito, possuído de uma doçura que eu jamais suspeitara de que pudesse se ocultar por trás de sua figura austera. Quando ela finalmente falou, não pude nem discernir seu sotaque. Foi como se suas recordações a tivessem feito regredir no tempo, e a transformado, novamente, na jovem que ela fora quando se apaixonara.

Ouvi atentamente suas palavras, enquanto ela contava a mais bela história de amor que já ouvira.

– Quando tinha quinze anos, fui trabalhar como garçonete na taberna de nossa aldeia. Uma noite, enquanto enchia uma jarra com vinho para servir os homens numa das mesas, ouvi baterem na porta dos fundos. Fiquei surpresa por ser muito tarde. Por isso, apenas entreabri a porta, o suficiente para saber quem era. Do lado de fora, à luz do luar, estava um rapaz muito bonito. Nunca vi um homem mais bonito em toda minha vida.

– Abri a porta e perguntei-lhe o que queria, e ele disse que cultivava uvas e produzia vinho. Por acaso, não estaríamos interessados em adquirir algum? Ele falava ídiche, mas não o mesmo que nós falávamos. Eu compreendi o que ele disse, mas sua maneira de falar me soou estranha. Contudo, foi uma sensação estranha agradável, que me fez sorrir. E ele não se parecia com os homens da aldeia, ou mesmo da grande cidade de Cracóvia, onde eu tinha estado uma vez. Era alto e forte, com ombros largos e braços musculosos, e belos cabelos pretos, abundantes e crespos.

Cabelos como os de mamãe e de vovô? – imaginei, encantada com os gestos largos e entusiasmados de minha bisavó, descrevendo o físico privilegiado do belo desconhecido.

– Ele pegou minha mão e me puxou delicadamente para o luar. Não sei por quanto tempo ficamos parados, simplesmente olhando um para o outro. Soube naquele momento que seria sua mulher ou nunca me casaria. Ele também soube. Ele estava comprometido com outra moça – um casamento arranjado pela casamenteira da aldeia e pelos pais, como era então costume. Mas ele disse que não se casaria com ninguém a não ser comigo. Eu era a garota mais bonita que ele já conhecera – ela disse orgulhosamente. Projetei minha imaginação para além de suas formas rotundas, parecendo um barril, e de seus cabelos brancos, vendo-a como deveria ser na época: uma menina-moça corada, risonha, gorduchinha, de cabelos pretos ondulados. Seus olhos brilhavam com tamanha intensidade que não era preciso um grande esforço de imaginação para visualizá-la contemplando seu grande amor.

– O que foi que aconteceu? – perguntei, interrompendo seu devaneio.

– Nos casamos. Você conhece o resto da história. – Ela passou a mão na minha cabeça novamente.

Eu pertencia, de fato, a uma família de contadores de histórias. Na tenra idade de cinco anos, eram poucas as histórias que eu tivesse ouvido e não tivesse memorizado, embora os detalhes de algumas me tivessem sido omitidos.

– O homem mais bonito que você já tinha conhecido era o vovô Yidah? – pensei em voz alta, lembrando-me das histórias que minha mãe contava sobre o alfaiate debilitado pela doença que ela adorava por sua bondade. Meu bisavô Yidah decerto não teria sido um irresistível sedutor caído do céu que deslumbrara uma garçonete da taberna local. Naturalmente, até poucos minutos antes minha bisavó tampouco teria sido uma garçonete de beleza estonteante.

– Quando foi que vocês começaram a viver felizes para sempre? – perguntei, lembrando-me da epopéia de que ouvira falar: a perigosa travessia transatlântica, a morte de uma filha pequena, a pobreza e a doença nos cortiços imundos, e um rosário de outras adversidades.

– Logo depois disso – ela sorriu, recuperando naturalmente o sotaque carregado, o momento mágico voltando-lhe à memória, ainda reverenciado, tantos anos passados. Minha avó também estava sorrindo, acenando para meu avô no fundo do quintal.

Permaneci sentada em respeitoso silêncio, meditando sobre o profundo significado que descobrira da expressão "e viveram felizes para sempre". Não há sapatinhos de vidro, carruagens de abóbora, fadas-madrinhas – só existe amor, sempre novo, sempre lindo.

CRIANDO CONEXÕES...

Convite à reflexão: Pense em alguém que você ama. Imagine estar com essa pessoa agora. Conserve a pessoa na sua mente por alguns momentos. Devaneie e ria com ela mentalmente.

Obstáculos comuns à conexão: Um dos maiores obstáculos ao amor é também um de seus maiores catalisadores: a familiaridade. Por outro lado, sentir-se à vontade é essencial para baixar sua guarda e permitir que o amor flua entre você e outra pessoa. Mas, à medida que a pessoa se torna cada vez mais familiar, mais íntima, e você se sente mais à vontade em sua companhia, a primeira coisa que acontece, se você não se precaver, é passar a ver essa pessoa como uma coisa natural, tratá-la, ele ou ela, como se fizesse parte da paisagem, e não como um ser humano vivo e mutante.

Passos possíveis a serem dados: Antes de tudo, não pense que está livre de que isso lhe aconteça, ou que é tão sabido que já fez tudo que poderia fazer, ou que nada funciona. Deixe de lado seu cinismo por um minuto. Tente lembrar da primeira vez em que viu a pessoa que ama. Recorde-se da maneira como o relacionamento cresceu, evoluiu. Remonte às origens da paixão e do desejo, da novidade e da excitação que você sentiu.

Em seguida, incentivado por essas imagens e lembranças, promova uma comemoração íntima, só para vocês dois. Por exemplo, você poderá simular um primeiro encontro. Utilizem carros separados. Cheguem ao local marcado sozinhos, como poderiam ter feito no passado. Sentem-se, quem sabe, de frente um para o outro no bar e comecem a flertar. Participem do jogo. Depois, um de vocês dá o primeiro lance. Acabem jantando juntos. Façam perguntas um ao outro como se não soubessem as respostas. Por exemplo: "Qual é sua música favorita?" ou "Onde gostaria mais de passar as férias?" ou "O que foi que ainda não fez e realmente gostaria de fazer?"

Essencialmente, vocês estão brincando um com o outro, criando condições que estimulam um novo olhar para a pessoa que você conhece e ama.

Capítulo oito

NOSSOS FILHOS

Não há maior
responsabilidade
nem há maior alegria

E ra o meio da noite – ou deveria dizer da madrugada, dependendo do que considere 3 horas da manhã – do dia 16 de julho de 1989. Sue estava deitada numa mesa cirúrgica, eu, de bata cirúrgica, estava sentado à sua cabeceira, enquanto o dr. Campbell conduzia os trabalhos de parto com as mãos enfiadas no ventre de minha mulher. De repente, ouvi-o anunciar: – É uma menina!

Sue, que estava acordada, embora zonza, proferiu um débil, mas, considerando-se seu estado de semi-inconsciência, audível "Oba!".

Eu fiz coro, com um oba muito mais vigoroso, quando o médico ergueu nossa filha e pude vê-la. – Ela é uma gracinha – disse a Sue, que, deitada, não conseguia enxergar muita coisa. – Vou vê-la mais de perto – disse-lhe, dirigindo-me para a mesa térmica, onde aquele aturdido membro de nossa família tossia e fungava, desobstruindo suas vias respiratórias, e esperneava, saudando seu novo lar – o mundo.

– Vamos lhe dar o nome de Lucretia Mott Hallowell – disse à enfermeira, que parecia estar aspirando todo o corpinho da menina. A enfermeira olhou para mim intrigada. – Mas vamos chamá-la de Lucy – apressei-me a esclarecer, como que lhe assegurando que não iríamos sobrecarregar a criança com um primeiro nome estranho. – É um nome bonito – ela disse e recomeçou seu trabalho, dizendo: – Ela pesa três quilos e setecentos gramas. Toda rosadinha e saudável.

Há alguns anos, meu amigo Peter Matz, que foi pai muito antes de mim, me disse: – Ned, quando nasce nosso primeiro filho a gente passa por uma profunda transformação. Não acreditamos que possa ser uma coisa tão maravilhosa, sublime. Ouça a voz da experiência.

Quando ele me disse isso, imaginei exatamente a sensação a que estava se referindo. Ter filhos era mais ou menos como ficar sob o efeito de uma droga. Naquela madrugada de 16 de julho de 1989, comecei a descobrir. Era, de fato, como consumir um poderoso entorpecente. Só que o efeito era provocado por certas drogas que se processam naturalmente nos nossos organismos. Os hormônios vasopressina[1] e ocitocina[2] contribuem para que sejamos tomados por um surto de sentimentos carinhosos, amorosos, que a maioria de nós acalenta na presença de um bebê.

Mas, quando o bebê é nosso, sentimentos que suplantam qualquer estado induzido pelo consumo de drogas começam a nos refazer. Uma espécie de devoção logo passa a dominar nossas almas.

O processo é como uma revelação milagrosa. Subitamente, o mundo não é mais o mesmo. Subitamente, sua vida interior se modifica para melhor. Você se torna altruísta de maneiras inusitadas, de que nunca se julgou capaz. Subitamente, sua vida passa a valer mais do que jamais pensou que pudesse valer. Subitamente, você vê a vida de uma maneira como nunca pensou que pudesse ser.

Depois que Lucy foi devidamente cuidada e arrumada, Sue, ainda atordoada, foi submetida a uma terapia de recuperação. Aparentemente, Lucy estava tendo um pequeno problema respiratório, mas o médico assegurou que não era nada alarmante e me disse para ir para casa. Primeiro, telefonei para vários de nossos parentes e começamos a soltar foguetes.

Por volta das cinco horas da manhã, cheguei ao nosso condomínio em Cambridge. A luz suave das primeiras horas da manhã banhava os cômodos como se nada tivesse mudado. Mas eu sabia que as coisas não eram mais as mesmas. Fui até a ge-

---

[1] Vasopressinas: hormônio que contrai os vasos sangüíneos e eleva a pressão sangüínea. (N. do T.)

[2] Ocitocina: hormônio que tem ações contráteis do útero e liberadores de leite. (N. do T.)

ladeira e abri uma garrafa de cerveja. Levei-a para o quarto e sentei-me na cama em que Sue e eu dormíamos, e bebi minha cerveja comemorativa. Tínhamos tido um bebê! Quis voltar para o hospital, mas estava exausto. Deitei-me na cama sem me despir, chutei longe os sapatos e olhei para o teto. – Agora sou pai – disse em voz alta e bati na cama, no lado de Sue. – Parabéns para nós, Suzie. – Aos poucos, meus olhos foram fechando. – Deus as abençoe, Sue e Lucy – murmurei. E mergulhei no mais profundo sono.

No dia seguinte, soube que Lucy talvez não estivesse bem. Fora detectada uma anomalia cardíaca chamada *situs inversus*, por conta da qual seu coração se alojava do lado direito do tórax em vez do esquerdo. Às vezes, essa inversão não significava nada a não ser uma variante anatômica. Mas, outras vezes, é associada a problemas cardíacos que podem provocar a morte. Lucy teria que ser submetida a uma ultra-sonografia para se determinar qual era o tipo de *situs inversus*. Sue, graças a Deus, continuava entorpecida e inconsciente.

Dirigi-me ao lugar onde faziam o exame cardiológico e aguardei. Levaram horas para transportar Lucy, fazê-la esperar sua vez, e localizar o técnico para fazer o exame. Fiquei sentado numa sala de espera durante o que me pareceu uma eternidade.

Quando estava a ponto de sucumbir de preocupação, meu amigo Alan Brown irrompeu na sala. Até hoje, não faço idéia de como ele soube que eu estava ali. Ele simplesmente apareceu, sentou-se ao meu lado e me disse que soubera que Lucy estava sendo submetida a uma ultra-sonografia. Expliquei-lhe a razão do exame, e ele me fez companhia enquanto eu aguardava.

Depois de algum tempo, o cardiologista surgiu na sala de espera e perguntou: – O sr. Hallowell se encontra presente? – Dei um pulo da cadeira como se tivesse sido ejetado do assento do piloto de um avião.

– Sou eu – gritei.

– Seu bebê está bem – disse o cardiologista.

Nunca em toda minha vida, ouvi palavras que mais me emocionassem. Impulsivamente, abracei o médico, abaixei-me e beijei os pés do pobre homem, que deve ter pensado que eu era maluco. Alan Brown me puxou gentilmente, e nos abraçamos.

A provação terminara mas, naturalmente, como todos os pais sabem, a preocupação apenas começara.

Lucy é a minha primogênita e única filha. Se alguém me tivesse dito, antes de ela nascer, o quanto iria amá-la, eu teria respondido que essas coisas só acontecem em contos de fadas. Na vida real, os seres humanos não têm tanto amor para dar. Mas Lucy me provou o contrário. Esse é um dos grandes presentes que os filhos nos dão: eles inspiram mais amor do que os pais suspeitavam possuir.

Lucy e eu tivemos momentos juntos que me fazem reluzir por dentro quando penso neles. Mas também há outros que me dão calafrios de culpa, como aquele quando eu gritei com a menininha de três anos por ter deixado cair uma garrafa de suco de uva no chão da cozinha. Não tinha sido de propósito. Por que gritei com ela? Ainda vejo seu rostinho assustado enquanto ela recuava amedrontada, procurando distanciar-se do pai truculento. Como me dói lembrar isso!

Em compensação, há outros momentos – tantos – como quando ela aprendeu a andar de bicicleta. Estávamos descendo a rua, depois do jantar, caminhando em direção à grande área de estacionamento ao lado da igreja católica, onde ela estava tentando aprender. Nas primeiras vezes, Lucy andou valendo-se de rodinhas auxiliares. Então, uma noite, perguntei-lhe: Lucy, não quer experimentar sem as rodinhas?

Ela parou e me olhou assustada por um momento. Mas o medo não a deteve, e logo respondeu: – Claro, papai. – Ela é tão decidida e obstinada quanto a mãe.

Desaparafusei as rodinhas com a chave de fenda que tinha levado. Depois, segurei a bicicleta enquanto Lucy subia. Ficamos parados, eu segurando a bicicleta, e ela tentando se equilibrar. Em seguida, comecei a empurrar, e Lucy começou a pedalar. Quando nos pusemos em movimento, perguntei: – Posso largar a bicicleta? – Lucy estava tão concentrada que nem acredito que tenha ouvido. Soltei primeiro uma e depois a outra mão. Lucy cambaleou como um bêbado, deu meia-volta e caiu.

– Vamos tentar novamente – ela disse. Tentamos. O mesmo resultado. – Outra vez. – E tentamos muitas vezes, sempre com o mesmo resultado. – Mais uma vez – ela disse com determinação. Caiu novamente. Estava com as pernas todas machucadas dos tombos. Mas, a cada tentativa, ia um pouquinho mais longe.

Mais uma vez, ela montou na bicicleta, eu dei um empurrão, e ela começou a oscilar. Então aconteceu algo surpreendente. Isso deve acontecer todos os dias com bicicletas no mundo inteiro. Mas, para mim, pareceu um milagre. Lucy começou a oscilar mas logo se equilibrou. Cambaleou mais uma e mais uma vez e novamente se aprumou. De repente, dos primeiros 20 metros, passou a percorrer 50, 100, 150, 200. Ela parecia que ia cair mas recuperava o equilíbrio de novo. Trezentos metros. Lucy estava andando de bicicleta; olhei para a igreja ao lado e concluí que aquilo só podia ser obra de Deus. Mal conseguia acreditar no que estava vendo.

Mas, afinal, o que há de tão assombroso no fato de uma criança aprender a andar de bicicleta? Nada, a não ser que essa criança seja seu primeiro filho, o amor de sua vida, e a prova de que tudo o que você sonha pode se tornar realidade. Então, uma criança aprender a andar de bicicleta assume proporções épicas equivalentes à travessia a pé do Mar Vermelho.

Não foi só o fato de ela ter aprendido a andar de bicicleta naquela noite, foi também o fato de eu ter sido capaz de ensinar-lhe a andar. Não foi apenas o fato de termos conseguido dominar algo que não tínhamos dominado antes, mas a constatação de que andaríamos juntos para sempre, e que poderíamos andar bem.

Poucos anos mais tarde, Lucy escreveu um poema que conservo emoldurado na parede do meu escritório em casa. Como o seu domínio da bicicleta, ele pode não ter maior importância para os outros. Para mim, entretanto, é shakespeariano. Eis o poema:

Sonhos

Ao olhar para as estrelas à noite
Sinto algo tão luminoso
Minhas pálpebras vão ficando pesadas
Meus pensamentos, tempestuosos.
Súbito adormeço com minha cabeça preguiçosa
Com os pensamentos, ainda em alvoroço nos travesseiros,
Sonho com gatos, sonho com cachorros,
Sonho com minha casa, que bem poderia ser feita de toras
   de madeira.
Oh as coisas maravilhosas que você pode fazer em seus
   sonhos,
Oh as coisas maravilhosas que você pode fazer em seus
   sonhos.

Tudo que Lucy faz, seja andar de bicicleta, escrever um poema, ou simplesmente ficar sentada esperando o jantar, tem um sabor, uma significação especial para mim. Quando lhe digo isso, ela retruca, entediada: – Eu sei, papai. – Tudo que é magia para mim, para ela é uma coisa banal.

Mas as coisas maravilhosas que ela faz não se restringem ao mundo de seus sonhos, nem ao de minhas fantasias. Elas fazem parte da vida real de cada dia.

Três anos após Lucy ter vindo ao mundo, Jack entrou no meu coração pela porta aberta por Lucy; três anos depois, Tucker veio juntar-se a nós. Jack ficou dez dias na unidade de terapia intensiva, porque havia aspirado mecônio e teve que tomar antibióticos. Ele era grande – quatro quilos e quase quatrocentos gramas – mas Sue não precisou fazer cesariana. Tucker também nasceu grande e inspirou cuidados especiais, porque as batidas do seu coração ainda no ventre da mãe pareciam cada vez mais fracas, exigindo de Sue um esforço muito grande para que pudesse dar à luz naturalmente.

O que não quer dizer que ele não tenha necessitado de tratamento intensivo posteriormente. Com a graça de Deus, meus filhos são bem dotados em todos os sentidos. A vitalidade deles tem sido um estímulo para que eu me conserve jovem, e a firmeza do seu caráter foi uma confirmação para mim de que uma infância sadia pode criar filhos seguros de si, autoconfiantes e determinados.

Para dar uma idéia do que quero dizer, numa manhã do verão de 2000, Lucy entrou na cozinha, vindo do banheiro, com uma toalha enrolada na cabeça. Usava uma camiseta estampada com o desenho de uma personagem de história em quadrinhos fazendo um discurso e a legenda no balão: "Primeira mulher presidente." Olhei para a camiseta, que não havia visto antes, e li a legenda em voz alta "Primeira mulher presidente!" Quando passou por mim, Lucy me disse em voz baixa: – É isso mesmo. E é a sua filha aqui quem vai ser!

Ela não nasceu tão segura de si mesma, adquiriu confiança com a experiência. Geneticamente, herdou meu problema de déficit de atenção, o que a prejudicou um pouco nos primeiros anos na escola, mas, assim que o distúrbio foi diagnosticado e tratado, ela melhorou muito e adquiriu mais confiança do que Sue e eu porventura tivemos.

Sue e eu exultamos com isso, sentimo-nos mais do que recompensados dos infortúnios pelos quais cada um de nós passou.

Assim como Lucy me deu vida e amor de maneira que eu jamais conhecera antes de 16 de julho de 1989, Jack e Tucker também chegaram a mim como mensageiros da Terra da Positividade.

Não faz muito tempo, Tucker, com cinco anos, e eu estávamos brincando no cais de um lago. Ele deslizou numa pequena rampa em direção à água e disse: – Que legal, papai! – acrescentando – quer dizer, é legal para uma criança. Será que você também acharia legal quando era criança? *Oh, Tucker, acho que sim, no duro, mas não tanto quanto a sensação de admirá-lo e ouvi-lo dizer o que acaba de dizer.* – Sim, Tuckie, acho que seria tão divertido como quando eu era criança. Para dizer a verdade, acho que é divertido mesmo agora! – Dizendo isso, também tentei deslizar pela rampa, mas, sem a agilidade de Tucker, escorreguei e caí dentro d'água, o que muito nos fez rir e jogar água um no outro.

Não há um dia em que um de meus filhos não me proporcione um momento humano, um desses momentos em que nos sentimos ligados com o que há de melhor na vida.

Quando Jack tinha uns cinco anos, eu havia viajado e telefonei para casa. Jack atendeu.

– Alô, Jack.

Jack deu uma resposta que nunca esquecerei. – Alô-ooo – ele começou, fez uma pequena pausa e acrescentou, ritmadamente: – Meu bom amigo! – Desde então, um dos meus apelidos para Jack é "meu bom amigo".

Alguns anos mais tarde, Sue, as crianças e eu fomos de carro a Washington, D.C., aproveitando um feriadão na primavera. Partimos depois da hora programada – como de hábito, era difícil organizar tudo a tempo para sair bem cedo – por causa disso, tivemos que rodar até tarde da noite. Por volta de meianoite, paramos num hotel de beira de estrada da rede Best Western, no pedágio de Nova Jersey. Empilhamo-nos, os cinco, num único quarto e caímos no mais profundo sono assim que encostamos as cabeças nos travesseiros.

Às seis horas da manhã, Jack se levantou. Veio até minha cama e bateu no meu ombro. – Papai – sussurrou – estou acordado.

– Dá para perceber, Jack – respondi, com os olhos semiabertos.

– Papai, posso ligar a TV?

– Não. Os outros ainda estão dormindo. Por que não tenta dormir mais um pouco?

– Não consigo – Jack respondeu.

– Nesse caso, por que não lê um de seus livros ou fica brincando sem fazer barulho?

Jack se afastou e eu voltei a dormir imediatamente.

Uma hora depois, ele bateu no meu ombro novamente.

– Papai, posso lhe mostrar uma coisa?

– O quê, Jack – perguntei, meio amuado por ter sido acordado novamente.

– Veja o que eu fiz – ele anunciou.

Olhei ansiosamente por cima das cobertas. Para meu alívio,

não notei nada obviamente desastroso. – O que foi que você fez?

– Olhe! – disse Jack, apontando para a porta.

Na nebulosa luz matutina, notei que alguma coisa estava amarrada na maçaneta da porta. Seguindo-a com os olhos, percebi que ela atravessava toda a extensão do quarto e terminava presa no trinco da janela do lado oposto da porta.

– É uma corda de secar roupa – Jack anunciou orgulhosamente. Olhando mais de perto, pude ver que a corda tinha sido feita com as roupas que estavam espalhadas pelo quarto. Jack amarrara uma peça de roupa na outra, formando uma espécie de varal, ou como ele dissera, uma "corda de secar roupa".

Ele olhou para mim, esperando uma resposta, visivelmente ansioso, em dúvida quanto à minha reação. – Uau! – exclamei – realmente bem bolado. – Naturalmente, poderia ter me mostrado aborrecido, achando que ele talvez tivesse estragado alguma peça de roupa. Mas, na verdade, o que senti, e o que Sue sentiu quando a acordei e mostrei a ela a "instalação" do nosso filho, foi orgulho pelo que Jack fizera para preencher aquela hora vazia de sua vida entre as seis e as sete da manhã, num hotel da Best Western, no pedágio da Nova Jersey.

Não me derramei em elogios, limitando-me a dizer que achava seu projeto muito criativo. Afinal, não queria "cordas de secar roupa" estendidas pela casa toda. Porém me parece que o que se passou na cabeça de Jack entre as seis e as sete daquela manhã foi o que torna a vida extraordinária. Seja qual for a força que impulsiona a civilização, ela estava guiando a construção da "corda de roupa" de Jack. Como quer que o chamemos – jogo, concepção criativa, estudo independente ou simplesmente passatempo, o processo mental que levou à produção da "corda de secar" é o mesmo que resulta no nascimento de qualquer idéia nova.

Como mantê-la viva, não só em nossos filhos como em nós mesmos? Para mim, como pai, fomentar essa curiosidade sem fronteiras é um dos mais importantes objetivos de minha vida. A melhor maneira que conheço é ajudar a fazer com que eles se sintam seguros e ter certeza de que sabem que são amados incondicionalmente.

Mas ter certeza disso nem sempre é fácil.

Lucy, agora com onze anos, revira os olhos, mostra-se contrariada quando digo que a amo, o que faço centenas de vezes por mês, e cruza os braços, irritada, e fica zangada quando tento refrear sua febre consumista. Mas não desiste e volta atacar, perguntando-me de cabeça empinada: – Quando vamos voltar ao shopping?

Mas eles sabem que os amamos, haja o que houver. É o grande presente que Sue e eu damos a eles: esse amor incondicional. Não sei exatamente como transmitimos esse sentimento, mas sei que eles o sentem. Não são os presentes que lhes damos nem as idas mais ou menos freqüentes ao shopping (embora Lucy possa discordar). Não são as repetidas declarações de amor que lhes faço o tempo todo. Não é o dinheiro que gastamos nem as palavras que dizemos. Não é nem mesmo o tempo que investimos nem são nossos atos concretos (embora eles contem muito).

Eles sabem que os amamos porque o amor está em nossos corações e eles podem senti-lo, a despeito de qualquer coisa. Sempre soube que minha mãe me amava, mesmo quando dedicava pouco tempo a mim, gastava pouco dinheiro comigo e às vezes até esquecia onde eu estava. Muitos eram os problemas que a impediam de demonstrar seu amor, por mais que quisesse. Mas sempre soube que ela me amava, e de forma incondicional. Como sabia disso? Porque estava no seu coração. Quando o amor está no coração de um pai, o filho percebe, por maiores que possam ser os obstáculos. E, se o amor não estiver lá, a criança também perceberá, por mais que seja mimada ou por mais que isso seja negado.

Se acaso algum dia duvidar da existência de Deus, tudo o que terei que fazer será pensar em Lucy, Jack ou Tucker. Eles são a maior prova de que Deus existe.

Quando Sue e eu fomos abençoados com nossos filhos, minha vida começou a mudar – e continua a mudar desde então – no rumo de sua fase mais feliz. Quem pode prever os problemas que se ocultam ao longo do percurso que ainda me resta? Mas posso assegurar, desde que Lucy, Jack e Tucker chegaram, nunca tive que me perguntar para que vivo.

História de uma
família de pingüins

Quando tinha sete anos, meu filho Jack escreveu o que segue sobre uma família de pingüins. Acrescento a este capítulo sobre crianças uma história da autoria de uma criança. Vi a história pela primeira vez quando ela foi afixada na parede da sala de aulas da segunda série que Jack cursava, ao lado de outras histórias escritas por seus colegas. Ao ler a história, quase não acreditei nos meus olhos. Ali estava uma história maravilhosa, com enredo, moral e notável dose de humor, tudo concebido por Jack, inteiramente por sua conta. Senti-me tão orgulhoso, tão admirado, tão encantado, que fiquei parado um tempão contemplando o texto, com as ilustrações que o acompanhavam, como se fosse uma obra-prima num museu. Pensando bem, as paredes das salas de aulas de meus filhos e a porta de nossa geladeira constituem meus museus prediletos.

Os momentos em que contemplamos o que nossos filhos são capazes de criar nos encantam e comovem a cada dia, tal como um jardim mágico, um jardim onde todas as manhãs desabrocham flores que nunca tínhamos visto, espécies raras que nos surpreendem e nos mostram o quanto a Mãe Natureza é talentosa e imprevisível. Se você possuísse um jardim como esse, acordaria todas as manhãs imaginando o que teria desabrochado nos seus canteiros durante a noite. É assim que me sinto todos os dias em relação a meus filhos. O que será que eles farão? O que irão me mostrar hoje? Como farão minha alma sorrir?

Antes de ler a história de Jack, imagine que acabou de ter um dia realmente longo e difícil, durante o qual as pessoas agiram da pior maneira possível, provocando seus sentimentos mais cínicos e pessimistas. E então se pergunte: *Haverá melhor antídoto para sentimentos tão sombrios do que uma história escrita por uma criança?*

Transcrevo a história tal como Jack a escreveu, com todos os seus erros peculiares, de ortografia e sintaxe. Permiti-me apenas acrescentar alguns pontos e vírgulas. Infelizmente, não posso reproduzir a caligrafia de Jack, com seus ocasionais rs e js escritos ao contrário, letras repetidas e palavras de tamanhos diferentes. Tampouco posso reproduzir, o que é uma pena, o pingüim colorido de verde com que Jack ilustrou sua história. Mas o que posso reproduzir é suficiente para mostrar o que esse garoto de sete anos aprendera sobre amizade e diferenças. É uma história proveitosa, especialmente se você conhecer algum pingüim verde vivendo num mundo roxo.

Era uma vez um mundo de pingüins roxos e uma boa família de pingüins, mas o pingüim mais moço era verde. Todos os dias ele ia para a escola e mexiam com ele. Então um dia ele foi para casa e seus pais esperavam ele com um grande balde de tinta roxa. E ele perguntou: pra que é esse balde de tinta?

Vamos pintar você de roxo. E assim fizeram. No dia seguinte ele chegou em casa e tomou um banho. Quando saiu do banho estava verde novamente. Que é que vamos fazer? No dia seguinte ele voltou para casa e seus pais tinham um marcador roxo e ele perguntou para que era o marcador roxo? Para colorir você de roxo, e fizeram isso. Mas no dia seguinte ele foi nadar e o colorido do marcador sumiu. E agora? O que é que vamos fazer?

No dia seguinte era seu aniversário. Fizeram uma festa de peixe com bolo de peixe. Ele e os amigos dele foram nadar e pegaram alguns peixes e evitaram as focas. Depois eles saíram da água e brincaram um pouco e aí chegou a hora de irem jogar golfe. Estavam todos cansados mas correram para tomar sorvete. Todos pediram de creme com chocolate. E depois foram todos embora.

No dia seguinte ele foi para a escola e voltou para ca-

sa para abrir os presentes e essas são algumas das coisas que ele ganhou: uma vara de pescar; uma bola de beisebol; uma bola de futebol; uma raquete; bichos de pelúcia como peixe, sapo, urso, foca, lagarto, quati e outros. Livros e muito mais.

No dia seguinte ele disse não importa eu ser verde. Foi assim que nasci. E nunca mais ligou quando mexiam com ele.

FIM

Empréstimos

Nada é capaz de nos modificar mais do que a existência de nossos filhos. Subitamente, passamos a servir – e como os pais servem! – a um propósito maior do que simplesmente satisfazer nossos prazeres.

Mas a recompensa é infinitamente maior do que qualquer coisa que pudéssemos imaginar que nos seria oferecida.

Penso numa ocasião em que estava passando alguns dias em Nova York, pouco antes do Natal, com Sue e nossos três filhos. Era uma viagem especial, uma espécie de prêmio. Fomos ver a árvore e as bandeiras no Rockefeller Center com seus patinadores, subimos até o terraço do Empire State Building; fomos ver as Rockettes no Radio City Music Hall; andamos pelas calçadas apinhadas de gente, parando para admirar as espetaculares decorações de Natal das vitrines de lojas como a Lord & Taylor e a Sacks. Comemos salmão defumado numa pequena delicatessen e o famoso cachorro quente do Nathan. Observamos os transeuntes. Andamos em elevadores e escadas rolantes e tomamos alguns táxis. Passamos por muitos edifícios altíssimos e olhamos para cima, boquiabertos.

Mas também houve momentos em que ficamos mal-humorados devido ao cansaço de nossa maratona. Tucker aprontou poucas e boas, e mamãe e papai tiveram suas rusgas de casal. Gastamos muito dinheiro e comemos muita comida. Mas nada disso teve maior importância. A neve de Nova York era uma poeira mágica, e as luzes iluminavam não somente as ruas, mas também uma peça teatral de que todos nós participávamos. Toda a viagem foi uma grande produção. Gentileza da Big Apple e de nossa imaginação, foi um espetáculo que durou três dias, um show à altura do esplendor da Broadway de que nunca nos esqueceríamos quando voltássemos para a rotina de nossas vidas.

Na última noite que passamos lá, comemos no restaurante do hotel. Enquanto esperávamos o jantar (o intervalo entre o pedido e a chegada dos pratos pode dar ensejo a grandes batebocas), tentei elaborar uma pergunta sobre algum assunto que pudesse instigar a imaginação das crianças. Pedi-lhes que descrevessem sua concepção do céu, como achavam que ele devia ser. Lucy respondeu de estalo: – Deve ser como um grande shopping mall com muitas lojas de departamentos.

Sue gemeu. Fiz a mesma pergunta a Jack. Ele disse que imaginava que o céu fosse um grande palácio branco cercado por uma grade dourada.

Depois olhei para Tucker, então com quatro anos, e ele olhou de volta para mim, perplexo. – O céu, Tucker, como é que você acha que o céu deve ser?

Ele sacudiu a cabeça. – Sabe que eu não sei, papai – ele respondeu candidamente. – Será que você não podia me ajudar a sacar essa?

Ajudá-lo a sacar a resposta? Onde é que ele aprendera a falar daquele jeito? É claro que podia ajudá-lo. – Posso sim, Tucker. Vou lhe dar uma colher de chá. Eu sei como o céu se parece, pelo menos para mim. Parece com nós cinco sentados aqui nesta mesa. Nada poderá ser melhor do que isso, para seu governo.

– Nem mesmo aquele lindo shopping que adoro? – Sue perguntou de gozação, piscando os olhos.

– Nem isso – respondi, não cabendo em mim de felicidade. Os filhos nos fazem felizes – imensamente felizes – das maneiras mais singelas.

Essas crianças não são minhas, nem de Sue. Não nos pertencem, nos foram apenas emprestadas pelo céu. Elas nos foram cedidas para que as criemos, para aprendermos com elas, para que as eduquemos e, ao fazermos isso, para que possamos curti-las. Não demora muito e elas cruzam a incrível linha divisória que separa a infância da idade adulta e, então, talvez também sejam contempladas com seus próprios empréstimos.

Mas como somos abençoados por as possuir-mos agora! Quanto amor haverá numa criança? A resposta a essa pergunta me remete a um garotinho chamado Ronnie que estava sob meus cuidados quando eu era estudante de Medicina, estagiário de pediatria, no Charity Hospital de Nova Orleans.

Ronnie tinha sete anos, e estava morrendo de câncer. Ele sabia que estava morrendo, mas procurava manter-se otimista. Sempre me recebia sorrindo quando eu ia examiná-lo. Mostrava-se tão corajoso e conformado que, às vezes, eu chegava a pensar que ele era o médico e eu, o paciente.

Um dia, pouco antes de morrer, ele fez um gesto para que eu me abaixasse para que pudesse sussurrar no meu ouvido: – Você é um médico legal – ele disse. – Será que podia me fazer um favor e dar um jeito para que minha mãe e meu pai não fiquem muito tristes quando eu morrer?

ECOS...

Convocando um recruta

Um dos ritos da infância é aprender a pescar. Esta história capta um pouco da magia de uma viagem, às primeiras horas da manhã, para ir pescar "listrados" e "azuis" – e preservar uma tradição.

– E.H.

Ainda estava escuro quando eu rolei na cama, levantei-me e fui ao quarto ao lado, onde meu sobrinho dormia, e sacudi de leve seu ombro. – Sam, acorde, está na hora de irmos pegar uns peixes grandes.

Instantaneamente, Sam esfregou os olhos, pulou da cama e procurou suas roupas, numa reação pouco provável se fosse um dia comum de escola. Sam é meu sobrinho de nove anos, que estava hospedado em minha casa com a família, aproveitando o fim de semana prolongado do Dia do Trabalho.

Sam tem uma irmã mais velha, que não se interessa por peixes "fedorentos", e um irmão ainda muito novo para enfrentar uma pescaria. Era, portanto, uma oportunidade única para Sam participar sozinho com seu tio de uma aventura de "gente grande". Nós dois descemos a escada nas pontas dos pés em direção à cozinha.

– Vamos, Sam, coma todo o seu cereal – eu disse –, é preciso ter força para poder puxar um peixe grande. – Sam, que é meio esquisito para comer, tratou de engolir rapidamente o cereal e já estava enfiando seu blusão antes que eu tivesse acabado de comer. Saímos de casa assim que os primeiros raios de sol despontaram por trás das dunas ao leste.

Primeiro, tivemos que remar nosso pequeno bote até o barco, que estava ancorado a uns cinqüenta metros da praia. Como de hábito, a noite abrandara os ventos e as águas da baía de Cape Cod estavam paradas como as de uma banheira. – Os peixes ainda não estarão dormindo, tio Frank? – Sam sussurrou. Pergunta sem dúvida pertinente, uma vez que, à exceção de nós dois, todas as demais criaturas deveriam estar debaixo das cobertas de suas camas àquela hora.

– Não, Sam – respondi. – O grande peixe listrado tem uma vista extraordinária e gosta de comer à noite e dormir durante o dia. Sob esse aspecto, se parece muito com seus primos mais velhos, Ned e Jake. E o *bluefish*[4] come de dia e de noite.

Naquele exato momento, um pequeno peixe listrado pulou fora d'água pouco mais adiante de Sam. Ele segurou com firmeza a borda do bote e perguntou, de olhos arregalados: – O que é aquilo, tio Frank?

– Apenas um peixe pequeno perseguindo outro menor do que ele, Sam.

– Vamos pegá-lo! – foi a reação imediata de Sam.

– Não, Sam, nós viemos aqui atrás dos grandes. Afinal, temos que garantir o jantar do pessoal logo mais.

Logo alcançamos nosso barco e, depois de estarmos fora do alcance de escuta do litoral, liguei o motor a meia velocidade e rumamos para Race Point, onde muitos peixes se concentram.

– Aqui, Sam, segure firme o leme e siga em frente na direção daquele farol, mas cuidado com as lagostas.

Ninguém nunca levou mais a sério uma incumbência. Sam segurou o leme com as duas mãos, empinou ligeiramente o queixo e atravessamos a baía voando. Não demorou muito para chegarmos a Race Point, e eu escolhi uma isca especial na minha caixa de apetrechos. – Agora, Sam, preste atenção nestes anzóis grandes. Seu primo Eddie e eu estávamos pescando uma vez, e ele fisgou um belo listrado. Mas, quando ele estava recolhendo o peixe, o danado sacudiu a cabeça e enfiou fundo

---

[4] Peixe comestível de cor azul ou esverdeada encontrado nas Américas do Norte e do Sul. (N. do T.)

o anzol na mão de Eddie. – Sam recuou três passos, mantendo-se distante da isca. – Mas, está vendo estas rebarbas no anzol? Vamos eliminá-las com este alicate. Isso facilitará retirar o anzol do peixe – ou de você! – Novamente, os olhos de Sam ficaram do tamanho de dois pires. – Ok, Sam, vamos pegar alguns peixes.

Começamos a explorar calmamente o litoral de cima para baixo. O sol estava começando a subir, e o céu se transformara num lindo manto avermelhado com manchas purpúreas. – Tio Frank, como é que vou saber quando o peixe fisgar a isca? – Não se preocupe, Sam, você vai saber. O peixe puxará a linha com tanta força que você correrá o risco de cair do barco. – Sam sentou-se um pouco mais fundo na sua cadeira e segurou o caniço com mais força.

Observando Sam esperando o seu peixe, tão excitado e compenetrado, não pude deixar de me lembrar de mim quando tinha a idade dele. Mister Koshibu – ou Mr. K., como o chamávamos – era meu professor de ciências na sétima série. Foi ele quem me iniciou na pesca. Mr. K. ensinava ciências naturais e era um conservador nato. Freqüentemente, prendia nossa atenção durante a aula narrando histórias de aventuras que ele vivera, era um desses tipos que gostam de dizer: "E sobrevivi para lhes contar essa história."

Um dos truques que ele usava para nos obrigar a estudar era prometer aos que se saíssem bem nas provas uma manhã de sábado inteiramente dedicada à pesca de trutas. Só muito mais tarde é que descobri que ele tinha prazer em levar qualquer um de nós para pescar independentemente de como tivéssemos nos saído nas provas. A viagem de carro até o riacho das trutas levava quase duas horas. Por isso, ele ia nos contando uma história atrás da outra de suas incursões na natureza, enquanto rodávamos no escuro, comíamos *doughnuts* e bebíamos café com leite. Aprendi tanta coisa nessas viagens sobre a beleza e a força da natureza que, mesmo agora, quase quarenta e cinco anos depois, procuro maravilhas naturais quando quero me sentir bem comigo mesmo.

Mas Sam estava ali para pescar, não para que eu me deixasse levar por minhas lembranças da infância enquanto nada acontecia. O sol estava bem alto, o céu de um azul profundo e o vento soprava suavemente. Súbito, avistei um bando de gaivotas mergulhando na água um pouco mais à frente. – Solte o molinete, Sam. Estou vendo peixes – gritei. Num segundo, estávamos voando sobre a água e Sam se mantinha firme, com um sorriso nos lábios que ia de uma orelha à outra. Quando chegamos mais perto, vimos o *bluefish* pulando para fora d'água, abrindo caminho no meio de um cardume de peixes miúdos comumente usados como isca. – Sam, vamos rodear o cardume e deixar que a correnteza nos leve para dentro dele para não assustarmos o *bluefish*, – gritei. Quando desliguei o motor, pudemos ouvir o crocitar das gaivotas e o barulho do saltitante peixe azul era quase como o borbulhar de uma cascata. Coloquei rapidamente no anzol uma isca flutuante e arremessei a linha no cardume. – Pegue aqui, Sam, segure este caniço, recolha a linha e faça a isca pular na superfície da água. – As mãos de Sam estavam tremendo, mas ele pegou o caniço e começou a recolher a linha. Mal tinha girado a manivela do molinete uma vez quando seu caniço vergou. Sam berrou: – Peguei um, tio Frank!

Ele tinha realmente pegado um e o seu *bluefish* estava rumando à toda para a Inglaterra. Não creio que haja outro peixe que puxe a linha com mais força do que o *bluefish*. Passei os braços em volta de Sam, e juntos nos inclinamos aos poucos para trás para ganhar linha e, depois, ao nos inclinarmos para a frente, recolheríamos a linha juntos.

Isso funcionou momentaneamente, até o *bluefish* avistar o barco e disparar, dessa vez em direção à Espanha. Toda vez que o peixe arrancava a toda a velocidade, eu gritava e ria ao mesmo tempo, vibrando com o desafio. Com o equipamento leve que estávamos usando, Sam podia sentir cada puxão do peixe, ligado à força do peixe pela linha. Eu estava preocupado com a possibilidade de a linha partir e Sam ficar profundamente decepcionado, mas ele se saiu muito bem.

Finalmente, peguei a linha de fibra transparente diretamente ligada à isca e trouxe o peixe para bordo. Tinha prevenido

Sam sobre os dentes afiados como navalhas do *bluefish* e aquele pesava quase dez quilos. Por isso, não me surpreendi quando vi Sam trepado na cadeira enquanto o peixe se debatia no convés. – Veja, Sam, como vou agarrar o peixe e remover o anzol com este alicate. Que espécime espetacular! Estou muito orgulhoso de você. Agora vamos para casa mostrar a todo o mundo o peixe maravilhoso que você pescou, e comer alguma coisa. – Coloquei o peixe dentro de um balde, liguei o motor, e rumamos para casa.

Sam, que se mostrara tão ansioso para pilotar o barco na ida, agora permaneceu sentado o tempo todo, segurando a alça do balde que continha o peixe.

Ao regressarmos para casa, ouvindo o monótono barulho do motor da embarcação, senti que Mr. K teria se orgulhado de mim por eu ter transmitido seu segredo a outro menino.

Uma decisão acertada

Como pai, acho que uma das decisões mais difíceis que tenho que tomar a cada dia consiste no fato de as contingências me levarem a priorizar o que preciso ou quero fazer em vez do que meus filhos precisam ou querem que eu faça. Na vinheta que segue, uma mulher sensível e mãe zelosa enfrentou o dilema com habilidade e teve uma recompensa surpreendentemente gratificante.

– E.H.

Ontem, por volta das cinco e meia da tarde, estava tentando aparar a grama do jardim – rapidamente – antes de meu marido voltar do trabalho. Sabia que ele ia querer apará-la quando chegasse em casa e pensei em fazer-lhe uma boa surpresa quando ele visse que eu já havia dado conta do recado.

Meu filho, Elliot, estava vendo um filme na televisão da sala. Era uma boa chance para mim. Logo, entretanto, Elliot veio para o jardim – trazendo duas caixas de jogos – e gritou para que eu parasse de aparar o gramado. Pedi-lhe que esperasse alguns minutos enquanto eu passava o aparador mais três vezes em toda a extensão da área gramada. Na verdade, passei mais seis, sabendo que ele não notaria. Mas não demorou muito e ele gritou novamente. Eu disse: – Se me deixar terminar o que estou fazendo, nós todos poderemos jogar quando seu pai chegar.

Um minuto depois, olhei e o vi sentado num banco da mesa de piquenique – olhando fixamente para a frente, com as caixas de jogos empilhadas no chão. Um quadro patético. Ele parecia sem vida.

Desliguei o cortador de grama e gritei para ele do outro lado do jardim: – Ei, Elliot, acabei. Quer jogar uma partida na varanda? Para dizer a verdade, eu ainda não terminara; faltava aparar pelo menos um quarto da grama quando chamei por ele. Elliot se iluminou como uma árvore de Natal. Pegou as caixas de jogos e veio correndo ao meu encontro, com um sorriso que valia um milhão de dólares. Foi simplesmente genial! Parecia mais entusiasmado do que o tinha visto durante toda a semana.

Jogamos um dos jogos e nos divertimos como nunca. Foi um momento da mais legítima conexão humana, gerado por uma decisão simples, intuitiva, que rendeu inestimáveis dividendos. Nunca me esquecerei da alegria estampada em seu rosto, transmitindo a felicidade que lhe ia na alma. Foi o mais comovente agradecimento que já recebi em toda a minha vida.

Hálito de bebê

Quando você traz seu primeiro bebê da maternidade para casa, sua habilidade em cuidar de recém-nascidos deixa muito a desejar e o desafio é grande. Os psicólogos lhe dirão que isso é um sintoma de ansiedade. Contudo, a natureza dotou os bebês e seus pais de uma proteção especial contra essa manifestação de ansiedade, que chamo de reação "Ooooooo". Quando você segura qualquer bebê, e particularmente o seu, você vivencia um tipo especial de momento humano caracterizado por um sentimento de "Ooooooooo". Traduzindo para uma linguagem corrente, "Ooooooooo" significa aproximadamente: "Você é tão lindo, adorável, gracioso e tão divinamente afagável, que gostaria simplesmente de poder embalá-lo nos meus braços para sempre e não tenho palavras para descrever o sentimento que você me inspira."

A autora desta delicada historieta nos dá um excelente exemplo de "Ooooooo".

– E.H.

Há onze anos, fui mãe pela primeira vez. Sempre quisera ter um filho, mas, como a maioria das marinheiras de primeira viagem, fiquei um pouco atordoada com a absorvente missão de manter meu bebê feliz vinte e quatro horas por dia. No cair da tarde de um certo dia, meu filhinho mostrava-se particularmente inquieto, e tanto ele quanto eu estávamos exaustos com seu choro incessante. Finalmente, esgotada, me deixei ficar recostada no sofá com o bebê aninhado em meu colo. Ambos acabamos pegando no sono.

Pouco mais tarde, acordei com os raios de um luar fulgurante penetrando pela janela. Abri os olhos e me deparei com aquela coisinha tão pequena em cima de mim, com suas mãozinhas agarrando minha blusa. Sua boquinha redonda estava ligeiramente aberta e o doce hálito de bebê acariciava meu rosto cada vez que seu peito arfava. Sua pele era translúcida e o rostinho era a imagem da inocência banhada pelo luar. As lágrimas me vieram aos olhos quando percebi que aquela delicada criança aconchegada no meu peito roubara meu coração. Senti-me privilegiadamente abençoada por ter sido premiada com aquele precioso filho.

A partir daquele momento, sempre que me sinto frustrada em minhas tentativas de manter meu pimpolho satisfeito, transporto-me para aquela noite perfeita, para sentir novamente o peso do seu corpo leve sobre o meu e o suave sopro do seu hálito no meu rosto.

Deixá-los partir

Levar meus filhos ao seu primeiro dia de escola não foi uma tarefa fácil. O que esta mulher descreve – deixar seu filho na universidade – parece um rito de passagem quase insuportável. Sei que terei que passar por isso dentro de poucos anos – Lucy está na sexta série e seus dois irmãos não estão muito atrás. Estou começando a me preparar desde já. Sue e eu temos conversado sobre as dificuldades que teremos que enfrentar num futuro não muito distante.

– E.H.

O Rochester Institute of Technology, em Rochester, Nova York, fica a cerca de seiscentos quilômetros de nossa casa em Madison. Isso significa que ainda passaríamos umas seis horas com Curt, antes de lhe dizermos adeus para o que provavelmente seria para sempre – ou, pelo menos, pelos três próximos anos de faculdade e estágios. Seu quarto aqui em casa será transformado em quarto de hóspedes, exceto quando ele vier para as festas de Ação de Graças e de Natal, ou para passar uma semana em março ou agosto. Então, o quarto voltará a ter aquele cheiro de suor característico de adolescente e ficará praticamente intransitável com a montoeira de roupa suja e bagulhos que parecem acompanhá-lo por toda parte. Até Daisy, nossa gata de treze anos, dará uma rápida espiada no quarto dele e irá embora, não encontrando o garotão em quem costumava se aconchegar e dormir.

Curt dormiu durante quase todo o trajeto de seis horas porque, como era típico de sua rotina diária, ficara acordado até tarde na véspera – só que, dessa vez, para fazer as malas –, e tínhamos pegado a estrada às primeiras horas da manhã. Peter dirigiu o carro a maior parte do tempo e eu li um livro sobre família e filhos. Começou a me dar uma sensação de que perdera ou estava prestes a perder o papel com que tenho me identificado nos últimos vinte e quatro anos: o de mãe.

O processo de emancipação dos filhos é, no mínimo, difícil, mas venho questionando ambos os lados de uma série de perguntas que me deixam em pânico. Será que os orientei corretamente? Estimulei-os suficientemente? Eles serão fortes, sensatos, sensíveis? E, mais importante, eles saberão realmente o quanto significaram em minha vida? Lembrar-se-ão de todos os momentos de ternura e ocasiões especiais que compartilhamos? Ou guardarão na lembrança apenas a imagem de uma mãe sempre esbaforida, atarefada, rabugenta, doidona, correndo de um lado para o outro para dar conta de suas múltiplas obrigações domésticas? Ou se lembrarão de que eu sempre, houvesse o que houvesse, preparava seus pratos preferidos em todos os momentos especiais? Recordarão, por acaso, da mãe de olhos fundos que esperava acordada até eles chegarem às altas horas da noite, quase enlouquecendo de preocupação, e ficava irritada com o aparente descaso deles com o meu sofrimento? Todas essas coisas passaram pela minha cabeça enquanto varávamos a via expressa do estado de Nova York.

Quando abracei e beijei Curt, despedindo-me dele naquela noite, não pude evitar a sensação angustiante de que ainda tinha "negócios pendentes". Cori, meu filho de vinte e três anos, vai se mudar para um apartamento o mês que vem. Carly, minha menina de dezessete, irá para a universidade no próximo outono. Acho que minha preocupação e minhas dúvidas, aliadas ao fato de ter que deixá-los sair de baixo de minhas asas, põem em xeque meu desempenho como mãe. Creio que o processo de separação dos filhos é, no meu caso, um sentimento de insegurança quanto à maneira como os preparei para enfrentar a vida no mundo. Deixá-los partir é também um sinal de que uma parte – possivelmente a melhor parte – de minha vida acabou.

Tenho que melhorar minha performance em muitas coisas: respirar corretamente é uma delas; deixar os filhos partirem ao encontro de seus destinos é outra.

A enfermaria infantil

Todo o mundo já ouviu falar de câncer infantil, mas o assunto é tão doloroso que a tendência é evitá-lo. Entretanto, conviver com crianças portadoras desse mal, na maioria das vezes incurável, pode se revelar uma experiência surpreendentemente inspiradora.

Se você já esteve numa enfermaria de tratamento de câncer infantil, sabe a que estou me referindo. Não creio que exista outro lugar no mundo que reúna, em si mesmo, semelhantes extremos de tristeza e de esperança.

Você vê essas crianças e suas famílias, os médicos, as enfermeiras e os auxiliares; vê os balões coloridos e as cabeças raspadas e os animais de pelúcia e os tubos de soro e você não sabe se chora ou se reza ou dá pulos de alegria. Você vê as enfermeiras passando com sucos de frutas e remédios; vê os médicos estudando gráficos ou auscultando uma menininha; você vê uma mãe dormindo numa cama estreita ao lado do leito do filho; um pai jogando uma pequena bola de borracha para o filho, que mal tem forças para devolver a bola, e você então compreende o significado da palavra humildade.

Sentimo-nos humildes diante do exemplo dessas criaturas – cinco crianças, suas famílias e os que cuidam delas. Sentimo-nos humildes confrontados brutalmente com a doença implacável que às vezes ceifa as vidas dessas pobres crianças e sentimo-nos humildes face às curas que não raro – agora mais do que nunca – salvam esses inocentes das garras da morte.

Onde neste planeta existe mais coragem do que numa

enfermaria de câncer infantil? Onde há maior tristeza, pior derrota? Onde há maior alegria, maior triunfo? Tamanha é a intensidade que paira nessas enfermarias, que a maioria dos que lá trabalham tem que se abstrair da sua opressão para poder continuar a pensar crítica e racionalmente. Para muitos, é apenas trabalho. Mas um trabalho de uma natureza muito especial. Um trabalho para o qual nenhum salário é suficiente, nem qualquer compensação se compara à alegria de ver uma criança curada, segurando seu ursinho de pelúcia, deixar a enfermaria para seguir uma vida normal.

Esta é a história de uma heroína, uma mulher que trabalhou numa dessas enfermarias, e de alguns outros heróis que lá conheceu.

– E.H.

Estive intimamente ligada a muitas dessas famílias que chegavam a passar até dois meses em nossa unidade de terapia todos os anos. Aprendi muito dedicando meu tempo e meus talentos – muitas vezes limitando-me a ouvir – às vicissitudes que aquelas famílias atravessavam.

Presenciei a miraculosa rapidez e maturidade com que crianças de três a oito anos encaravam sua mortalidade. Vivi a dor e a desolação de ver uma linda criancinha – destruída pela quimioterapia, pelos medicamentos, pela cirurgia – ainda querendo obstinadamente se submeter a um novo tratamento, num esforço desesperado para preservar a vida – não só pela própria vida, como pelo que ela representava para sua família.

Acredito que amei muitas daquelas crianças como amaria um dia meus próprios filhos. Entretanto, recebi muito mais do que dei, pelo exemplo de honestidade, garra e determinação daquelas incríveis crianças.

Cobriam-me de perguntas de toda sorte, das mais fáceis às mais difíceis, como: "Por que o meu hepatoblastoma (tumor hepático) só dói quando bate em alguma coisa dentro da minha barriga?"

Agradeço a Deus por termos empreendido notáveis avanços no tratamento e na cura de certos tipos de câncer infantil comuns, como leucemia linfocítica aguda, osteossarcoma, hepatoblastoma e tumores neurológicos.

Espero ver um dia cada uma dessa crianças – Joshua, Norton, Christopher e outros – no céu.

Minha maneira de encarar a vida mudou completamente. Agora, vejo a vida como um tempo de dar, amar e aceitar nossa presença na Terra meramente como uma visita.

CRIANDO CONEXÕES...

Convite à reflexão: Pense nos momentos mais agradáveis que passou com uma criança nas últimas semanas ou nos últimos meses. Saboreie-os por alguns instantes.

Obstáculos comuns à conexão: As crianças são os maiores conectores do mundo. Elas também nos proporcionam alguns dos mais memoráveis momentos humanos. O maior obstáculo para que um adulto participe dessa inacreditável celebração da vida é a falta de tempo. Se você não reservar tempo para seus filhos, eles crescerão antes que você se dê conta, e então será muito tarde. Arranje tempo. Seja qual for sua atividade, dê um jeito de arranjar tempo para eles.

Possíveis passos a serem dados: Uma maneira de assegurar tempo para seus filhos é programá-lo. Estabeleça rotinas e rituais que garantirão uma boa parte do seu tempo em companhia deles – de seus filhos e/ou de outras pessoas. Rotinas comuns incluem tomar o café da manhã juntos ou um jantar em família. Irem todos à missa ou a uma outra cerimônia religiosa nos fins de semana, seguida de uma refeição especial num restaurante ou em casa, ou uma ida a um parque de diversões ou a um jogo de beisebol ou qualquer outra coisa que todos gostem de fazer também são boas pedidas. Os judeus ortodoxos observam uma norma maravilhosa que protege o tempo consagrado à família. Do pôr-do-sol de sexta-feira ao pôr-do-sol de sábado eles não podem trabalhar, nem mesmo dirigir. E isso lhes permite ler o Torah (Livro Sagrado) ou passar algumas horas em companhia da família ou de amigos.

Pense no que daria certo na sua vida. Evite cair na armadilha de passar o tempo todo levando os filhos de uma atividade "enriquecedora" para outra, de lições de violino para treinos de futebol ou aulas de caratê. Em vez disso, reserve horas de lazer juntos, tempo para se divertirem, confraternizarem, não fazerem nada. Algumas das melhores coisas da vida acontecem quando você "não está fazendo nada" com seus filhos.

Capítulo nove

TRABALHO, SUCESSO E FRUSTRAÇÃO

A coragem de fazer

No dia em que comecei meu estágio hospitalar, quase desisti.

Quatro anos de faculdade de Medicina me levaram ao meu primeiro dia como residente do West Roxbury V.A. Hospital, um dos hospitais-residência de aprendizado afiliado à Faculdade de Medicina de Harvard e que era então chamado Hospital Peter Bent Brigham.

Comecei a trabalhar numa ensolarada manhã de julho, prenunciando um dia quente de verão. O calor esperado atingiu sua temperatura máxima mais ou menos na hora em que estive a um passo de pedir minha demissão. Depois de deixar o carro no estacionamento e atravessar o vasto gramado em direção ao hospital, ocorreu-me que aquele edifício de tijolos vermelhos parecia inocentemente confortável, como um colégio secundário implantado numa área residencial. Na verdade, era um centro nacional de referência para veteranos com lesões na coluna vertebral e, ao mesmo tempo, uma importante clínica de cardiologia e cirurgia, especialidades que conhecia superficialmente, mas para as quais esperava-se que eu fosse particularmente dotado.

Estivera no hospital na véspera para assinar papéis, receber meu bipe, crachá, jalecos e descobrir a ala para a qual tinha sido designado. Sabia, portanto, para onde estava me dirigindo. Meu pavor era chegar lá, embora tudo que tivesse que fazer fosse me apresentar para ser incorporado às rondas médicas.

E começar a cuidar de pacientes.

Era isso que estava me deixando gelado, a despeito do calor: eu não sabia como cuidar daquele tipo de pacientes! Não era capaz de distinguir um doente com embolia pulmonar de uma pessoa que estivesse simplesmente vomitando. Não saberia o que fazer se alguém caísse no chão, desfalecido, na minha frente. Tremia de medo, pois nunca havia, sequer, introduzido uma sonda no peito de um paciente. É claro que tinha visto colegas atuarem em situações semelhantes na faculdade, e tinha respondido a questões em provas escritas sobre os procedimentos a serem adotados, mas nunca havia feito nada daquilo na prática – muito menos no meio da noite, sem ter a quem recorrer e com a vida de alguém correndo perigo. E se eu metesse os pés pelas mãos?

Ademais, minha especialidade era a psiquiatria, e todos os que iriam trabalhar comigo tinham optado pela medicina residente. O programa de treinamento do Brigham era um dos mais rigorosos do país. Todos os que tinham sido aceitos estavam entre os primeiros colocados de suas turmas e dominavam as técnicas cirúrgicas, pelo menos eu assim imaginava. Estava convencido de que era um intruso naquele meio. Havia sido aceito só para fazer o primeiro ano do estágio, depois seria encaminhado para a psiquiatria. Será que meus colegas me menosprezariam?

Quando estava indo para minha ala, surpreendi um dos residentes seniores olhando fixamente para um homem dormindo num leito a menos de dez metros de distância dele. Súbito, ele correu em direção ao homem, tomou-lhe o pulso, chamou-o pelo nome, deu-lhe umas pancadas no peito, e depois chamou uma enfermeira, que eu não conseguia ver, ordenando-lhe que providenciasse um Código Azul. Numa fração de segundo, o leito do homem estava rodeado de gente com diversos tipos de uniformes brancos e azuis, todos se empenhando para salvar o velho cavalheiro. Tantas pessoas cercavam o paciente que logo se tornou impossível ver qualquer coisa. Fiquei aliviado por não ter sido convocado para prestar assistência. Tinha plena consciência de que aquela não era uma atitude correta; normalmente, deveria ter ficado tão ansioso para participar do meu primeiro Código Azul (socorros de emergência) que teria pulado por cima dos outros para tomar parte na ação.

Achei minha ala, reportei-me ao residente sênior e comecei a fazer a ronda dos pacientes com outros novos residentes. Todos eles me pareceram muito cordiais, mas visivelmente nervosos como eu. O residente sênior era organizado, prestativo e meticuloso. Peguei algumas fichas em branco no bolso do meu jaleco e passei a anotar informações pertinentes sobre cada paciente à medida que fazíamos a ronda, entrando de quarto em quarto. Aprendera a utilizar fichas de arquivo na quinta série do ginásio e continuei a usá-las na faculdade. Senti-me à vontade, ao ver que alguns de meus colegas também faziam uso de fichas. A maioria, entretanto, valia-se de blocos presos em pequenas pranchetas. Enquanto observava tais discrepâncias – rezando ao mesmo tempo para que não topássemos com um paciente que necessitasse de atendimento de emergência, embora acreditando que meus colegas não quisessem outra coisa – comecei a cambalear, como um espantalho torto. Respire fundo, aprume-se, recomponha-se – disse a mim mesmo, procurando me reanimar.

Depois de terminarmos a ronda, devíamos atacar as tarefas rotineiras do dia: levar a cabo os procedimentos que precisavam ser realizados, que podiam variar de levar alguém ao raios X a fazer um toque de coluna; redigir relatórios baseados no que fora dito na ronda e estar pronto para qualquer alarme de emergência, que nos daria a chance de salvar uma vida com presteza e eficiência.

Com o pensamento no Código Azul, fraquejei.

Enquanto os outros residentes tomavam diversas direções para realizar suas tarefas, eu fui direto para o banheiro masculino.

Ainda hoje me lembro do espelho daquele banheiro, vinte e cinco anos depois, como se estivesse olhando para ele neste momento. Apoiei ambas as mãos na pia e me inclinei para a frente. Disse para minha imagem refletida no espelho: *O que é que você está fazendo aqui?* Estava branco como a louça do banheiro – igualmente úmido.

Com os pensamentos voando e as pernas bambas, lutava para recuperar o controle. Ondas de medo percorriam meu corpo como choques elétricos. Minha visão diminuía, como se o ar estivesse rarefeito, e segurei a pia com força para firmar as pernas. Chegara ao limite de minha energia, tentando me tornar um médico, e agora não podia desistir, precisava ir até o fim. Mas não julgava que pudesse.

De repente, tive uma idéia. Estava salvo. Podia me matricular na faculdade de Direito. Ainda havia tempo. Estávamos no começo de julho; não podia deixar de haver uma faculdade de Direito na área de Boston que não aceitasse alunos para o semestre que começaria em setembro. Poderia dizer ao residente sênior que mudara de idéia, que a medicina não era a minha verdadeira vocação. Voltaria para casa e faria a única coisa sensata que me restava: seguir a carreira de advogado. Ao imaginar a faculdade de direito, com seus sólidos tratados, nada de Códigos Azuis, consegui me acalmar um pouco. Era, sem dúvida, uma solução. Vá em frente, forme-se em advocacia – ouvi uma voz me dizer.

Continuava segurando a pia e olhando para minha imagem refletida no espelho, mas não estava vendo meu rosto. Minha mente estava ocupada, planejando meu futuro, num campo que esperava desesperadamente me fosse mais propício.

Se houve momentos decisivos em minha vida, esse foi, sem sombra de dúvida, um deles. Estava pronto para desistir do meu estágio médico. Estava apavorado. Tinha formulado meu plano B e a única coisa que me prendia à medicina era a firmeza com que minhas mãos seguravam a pia.

Costuma-se dizer que muitas pessoas que cometem suicídio não teriam chegado ao gesto extremo se tivessem esperado alguns minutos. Isso porque o suicídio é quase sempre impulsivo. Uma das razões por que internamos pessoas que querem se suicidar se deve ao fato de que a maioria delas muda de idéia em pouco tempo. A hospitalização é uma medida protelatória, visando a ganhar tempo. O tempo, por sua vez, ganha a vida. De pé, diante daquela pia, eu precisava de tempo.

Alguma coisa – sabe-se lá o quê? – a mesma coisa que levara Charlotte Dooling, quem sabe, a me dizer para me casar com Sue, segurou minhas mãos naquela pia, até que a esperança entrasse em meu coração. Graças a Deus ninguém entrou no banheiro enquanto lá permaneci. Tenho certeza de que se isso tivesse acontecido ficaria tão embaraçado que teria me retirado às pressas, provavelmente me desvinculando do hospital e abandonando minha carreira de médico. Mas ninguém entrou no banheiro para interromper meu pânico incontrolável.

Senti-me como se estivesse lá havia muito tempo, o que não fazia sentido, uma vez que pessoas entavam no banheiro e saíam dele com freqüência e, como disse, ninguém entrara. Não sei exatamente quanto tempo fiquei lá, mas deve ter sido o suficiente para que eu mudasse de idéia duas vezes, na verdade: primeiro, para abandonar a medicina, depois, para reconsiderar a decisão precipitada, ditada pelo desespero, e resolver nela permanecer.

O que me impediu de desistir, entretanto, foi mais do que simplesmente medo de dar as costas a tudo que havia feito para chegar até ali. O que me demoveu da idéia insensata foi a esperança. Desviei momentaneamente o olhar do espelho e olhei pela janela entreaberta o sol que brilhava do lado de fora. Vi um residente com seu uniforme branco ajudando um velho veterano a descer os degraus da escadaria da frente. Quis poder estar fazendo aquilo, e não estudando compêndios de direito. Ouvi a voz de meu amigo Tom, agora um cirurgião ortopédico, me dizendo que eu tiraria a residência hospitalar de letra. Lembrei-me de ter aplicado inúmeras injeções intravenosas quando ainda era estudante, de ter participado de atendimentos de emergência sem dar vexame, e lembrei-me dos bebês que ajudara a trazer ao mundo. Imaginei-me com meus amigos na cantina do hospital às três da manhã de um plantão, e não me senti mais sozinho. Lembrei-me do velho conselho aos residentes: "Quando não souber o que fazer, pergunte a uma das enfermeiras – elas têm experiência, elas sabem." Aos poucos, as ondas de medo foram se dissipando, e soltei a pia. Passei um pouco d'água no rosto e abri mais a janela para absorver o sol, que me enchia de esperança. O dia não estava quente.

Quando saí do banheiro para ir apanhar os resultados de exames laboratoriais – e continuar sendo médico até hoje –, imaginei se um anjo da guarda não teria esfregado as mãos e exclamado: "Puxa, essa foi por pouco!"

Olhando para trás agora, tremo ao pensar que, por pouco, não abandonei o hospital e mudei minha vida para sempre. Certos momentos de perícia e sucesso no meu passado fizeram com que eu segurasse firmemente a pia até encontrar a força para continuar.

Lembro-me de um dia em particular em que superei até mesmo as expectativas que a medicina me reservaria. Jogava futebol, mas estava longe de ser um bom jogador. Queria poder jogar bem, mas me faltava a aptidão atlética de meus parceiros. Uma insegurança semelhante à que senti ao iniciar minha residência médica me dominava. Entrei para o time juvenil (a escola só ia até a oitava série) por sorte, principalmente porque topava fazer qualquer coisa que precisasse ser feita, como carregar bola, chuteiras e uniformes (não contávamos com o luxo de um roupeiro que se encarregasse ao mesmo tempo do material, nada dessas coisas) a caixa de isopor com água fresca ou qualquer outra coisa.

O treinador do primeiro time, que por alguma razão estava de olho em mim, era uma lenda no colégio. Chamava-se Harry Boyadjian, tinha vindo de Jerusalém. Havia oito anos que os times sob seu comando não sofriam uma derrota. Isso foi na década de 1960, quando o futebol estava sendo introduzido nos Estados Unidos, e ainda era novidade para a maioria dos garotos americanos que não se devia chutar a bola com o bico do pé, mas sim com o peito do pé. Boyadjian era o tipo de treinador que observava o desempenho dos garotos, mesmo o dos que não pertenciam ao seu time, atento às possíveis revelações do time juvenil.

Freqüentemente, quando voltava de um treino e por acaso passava por mim, sempre tinha uma palavra de incentivo. Dizia coisas como: "Oi, Hallowell, continue dando duro que ainda acabará jogando no meu time." Até hoje, não sei por que ele fazia isso. Eu era um perna de pau no futebol do colégio, não passava de um tampinha do juvenil. Mas, todas as semanas, eu recebia um aceno, um olhar ou uma palavra do lendário treinador. Aguardava ansiosamente aqueles breves instantes todos os dias.

Seu estímulo não me subiu à cabeça. Como poderia? Eu mal conseguia chutar com o peito do pé, quanto mais pensar que estava a caminho do primeiro time. Entretanto, esses momentos mágicos em que era notado pelo Grande Homem afagavam a auto-estima do garoto de treze anos como se fossem uma bênção do próprio Pelé.

Um belo dia, meu treinador, Fitts, me comunicou que eu passaria a jogar na posição de centroavante. Era a posição-chave da linha de ataque. O titular estava contundido, e eu iria substituí-lo, mesmo nunca tendo jogado na posição, embora nem soubesse chutar direito a bola. Não importando o espanto dos companheiros de equipe, que me olhavam e diziam com os olhos arregalados: "Quem é que vai jogar no centro???????"

Algo significativo aconteceu na minha vida durante aquele jogo; ele me mudou para sempre.

Há quem sustente que não existem momentos de revelação da verdade na vida, momentos nos quais a vida tende para um lado ou para outro, momentos que fazem toda a diferença. Essas pessoas estão enganadas. Nós todos experimentamos momentos que nos modificaram para sempre, tenhamos ou não consciência disso. Eu tive um desses momentos naquele dia.

Você pode estar pronto para um grande momento há muito tempo e, então – presto! – nesse momento você muda, e o seu mundo muda com você. O momento em que você concebe uma idéia brilhante, por exemplo, pode modificá-lo para sempre, mas você levou anos se preparando para que aquele momento fosse possível. O momento em que você vê um certo rosto do outro lado da sala também é capaz de transformá-lo para sempre.

Ou o momento em que você marca três gols num jogo de futebol, como fiz naquela tarde de outubro de 1963, aos treze anos de idade.

Quando o jogo teve início, sentia-me nervoso. Mas, quando comecei a correr, esqueci o fato de não ser um jogador muito bom e entrei na onda do jogo. O treinador Fitts sempre enfatizara a importância de jogar na sua posição. Por isso, mantive-me na minha ala, correndo para cima e para baixo do campo.

Meu primeiro gol ocorreu quando a bola espirrou de um bolo de jogadores perto de nossa meta, e um dos zagueiros passou-a para mim. Dominei a bola e penetrei com ela no campo adversário, passando-a para um companheiro quando um elemento da defesa contrária me assediou. Meu companheiro, de posse da bola, me viu correndo na direção do gol. Nesse exato momento, ele me devolveu a bola e eu a chutei sem sequer olhar à procura de um ângulo favorável. Tratei de chutar antes que o goleiro pudesse se posicionar – e antes que tivesse que executar um lance mais elaborado.

A bola disparou como um tiro – a pouco mais de uma polegada acima do gramado – na direção do goleiro. Corri para cima dele, na expectativa de um rebote, mas, quando ele se curvou para defender meu tijolaço, a bola passou por entre suas pernas e foi parar no fundo da rede. Não podia acreditar no que acabara de acontecer. A bola estava aninhada na rede, por trás do desolado goleiro. Eu havia feito um gol! Fui invadido por um sentimento inteiramente novo, que até aquele momento só vira outros experimentarem.

Antes, porém, que tivesse tempo de me empolgar com minha façanha, o jogo recomeçou, e eu passei a correr novamente pelo campo, de cima para baixo. Mais uma vez, peguei a bola num passe de um de nossos zagueiros e corri para o gol do adversário. Dessa vez, fui mais veloz do que os jogadores do outro time e fiquei frente a frente com o goleiro. Mas, no meu entusiasmo, tropecei ao chegar perto da linha do gol. Ao cair, estiquei desesperadamente a perna esquerda e consegui desviar a bola da pegada do goleiro. Ela entrou de mansinho, desalojando o goleiro. Um segundo gol! Simplesmente, inacreditável. Estávamos ganhando por 2 X 0.

Meu último gol surgiu quase no fim do jogo. Naquela época, chutava-se a bola da lateral em vez de lançá-la com as mãos como se faz hoje. Chutamos da lateral, penetrando fundo no território do outro time. Mantive-me na minha posição no centro do campo, e, quando meu companheiro fez um belo arremesso pelo alto, diretamente para mim, percebi que teria de fazer uma coisa em que era particularmente ruim. Teria que pular mais alto do que qualquer defensor adversário e cabecear a bola para o gol. Nos treinos, nunca me saía bem nos lances de cabeça. Deixava a bola passar ou a arremessava na direção errada. Graças a Deus, naquele jogo, não tive tempo de raciocinar muito sobre o que deveria fazer. Num instante, a bola estava a um palmo de minha cabeça. Ainda hoje, decorridos trinta e oito anos, vejo nitidamente aquela bola parada na minha memória durante todo esse tempo, como um farol assinalando um momento decisivo de minha vida. Tomei impulso e pulei, olhando diretamente para o centro da bola, como treinara tantas vezes, e, pasme, consegui encaixar a bola espetacularmente no canto superior esquerdo da meta do time adversário, muito longe do alcance do seu agora completamente frustrado goleiro.

Ganhamos o jogo por 6 X 1.

Ao me encaminhar em passo acelerado para o vestiário, ainda não acreditava no que tinha acontecido. Meus companheiros de time me davam tapinhas nas costas e me diziam "Grande jogo", e eu respondia coisas como "Obrigado, você também jogou muito", e o que mais me ocorresse no meu total deslumbramento. Por alguns momentos inebriantes, maravilhosos, eu fui o herói do jogo. Podia muito bem ser Júlio César, regressando coberto de glória de uma de suas conquistas, de certa forma me sentia no topo do mundo.

Recordo-me do jogo e daqueles gols muito nitidamente. E da sensação. É claro, também me lembro dela. Uma sensação como aquela nunca morre.

Harry Boyadjian tinha me preparado para aquilo. O centro-avante titular que não pôde jogar abriu as portas. O treinador Fitts, que, vim a saber mais tarde, agira por sugestão de Boyadjian, me dera a chance.

Eu nunca conquistei uma vitória tão improvável em toda a minha vida como fizera naquela tarde. Nunca me tornei um astro do futebol nem de qualquer outro esporte. Aquele dia foi meu momento de glória esportiva, meu único gostinho de sucesso, que algumas pessoas experimentam regularmente.

Mas aquele sabor especial, aquelas poucas horas de vitória respingadas nos meus medos, nas minhas ansiedades, têm perdurado por toda a minha vida. Aquele gosto me provou que o que sempre me tinham dito não era simples conversa fiada. Desde que me disseram qualquer coisa sobre a vida, me ensinaram que a maquininha que poderia, pode; que querer é poder; que David pode perfeitamente abater Golias e assim por diante. Mas, aos treze anos, eu também estava aprendendo alguns dos fatos duros e frios da vida e, com isso, estava me tornando um pouco cínico. A tal maquininha que poderia, pensei com meus botões, era apenas uma das histórias que nos contam, como a lenda de Papai Noel, para manter vivas nossas esperanças. Mas qualquer pessoa capaz de raciocinar percebe que a maioria das maquininhas tem limitações, não pode fazer tudo. Se todo o mundo pudesse ser rico e famoso, todos seriam. Se tudo o que fosse necessário para ter êxito fosse o desejo de alcançá-lo, haveria muito mais gente bem-sucedida do que há na realidade. Eu estava desenvolvendo um argumento cínico e irrefutável de que a vida é um jogo de cartas disputado contra você.

Por conseguinte, quando Harry Boyadjian, depois de me ter preparado com acenos e olhares, entendeu que eu devia ocupar a posição de centroavante no dia do jogo, e quando saí da prova não apenas com meu orgulho intacto, mas com o que tinha que ser visto, naquele contexto, como um desempenho miraculoso, bem, eu tinha que começar a acreditar em milagres. O pequeno cínico tinha que repensar sua posição. Ele abriu caminho para o sonhador com quem convive até hoje.

Desde aquela tarde de outubro, nenhum sonho tão assombroso quanto aquele tornou-se realidade para mim. Melhores sonhos se concretizaram – ter encontrado minha mulher e termos tido nossos filhos – mas nenhum sonho tão improvável quanto aquele se tornou realidade.

Às vezes, basta um milagre – um momento – para que você adquira uma fé inabalável para sempre.

Talvez, quem sabe, se eu não tivesse tido aquele momento em 1963, se tivesse retirado as mãos da pia e deixado o hospital – e minha carreira médica – em 1978. Quem sabe?

A escolha

Uma mulher chamada Carolyn me contou a seguinte história sobre seu pai. Ela contém um dos mais simples e ao mesmo tempo mais sábios conselhos que já ouvi:

Lembro-me de meu pai divertindo-se com um jogo de formar palavras comigo quando eu era menina. Uma vez, ele me fez chorar por causa de uma charada: "Minha avó gosta de café mas não gosta de chá, de narcisos mas não de flores." Ele repetiu as palavras insistentemente, instigando-me a adivinhar algum segredo sobre o qual tentava me dar uma pista. Finalmente, fiquei tão frustrada que comecei a chorar. Ele segurou minha mão e disse: "Carolyn, você tem uma escolha, sempre há uma escolha. É preciso ter coragem para escolher continuar tentando. Você pode desistir quando empacar ou pode fazer perguntas. Pode ver na dificuldade que a levou a empacar um sinal para tentar um novo caminho." Não me lembro do que fiz na ocasião, ou se matei a charada, mas volta e meia penso no conselho que ele me deu. Embora sinta falta do toque caloroso de sua mão na minha, sei que o que sou está intimamente ligado a ele e ao que ele representou.

O que o pai de Carolyn disse pode ser aplicado a muita coisa. "Você tem uma escolha, sempre há uma escolha. É preciso coragem para escolher continuar tentando. Você pode desistir quando empacar ou pode fazer perguntas. Pode ver na dificuldade que a levou a empacar um sinal para tentar um novo caminho."

Quantos empregos poderiam ser preservados se seguíssemos o conselho do pai de Carolyn? Quantos negócios? Quantos relacionamentos? Quantos novos projetos?

Você tem uma escolha, sempre há uma escolha. Geralmente optamos por desistir, nos afastarmos, ficarmos irritados, mas, outras vezes, não desistimos, persistimos e procuramos um novo caminho.

Don Chiofaro, um homem do povo, filho de um policial, que subiu na vida chegando a ser um dos mais influentes empresários de Boston, me disse certa vez: "O não é apenas o primeiro passo no caminho que conduz ao sim."

Não sei por quê, às vezes, decidimos desistir, e, outras, persistir. Pergunto-me por quê, às vezes, encontramos a força para continuar tentando e, outras vezes, não conseguimos.

Creio que a resposta esteja no conselho do pai de Carolyn. O pai de Carolyn estava dizendo algo mais do que simplesmente "continue tentando". Ele estava dizendo que você pode encontrar a razão para prosseguir, aprendendo com o momento que vivencia. Se você conseguir pensar num momento de frustração – num relacionamento, ou no trabalho, ou no meio de um projeto que está tentando completar, ou até mesmo procurando melhorar sua tacada no golfe! – como um sinal para tentar uma abordagem diferente, em vez de uma razão para desistir, então você poderá respirar fundo, talvez dar uma volta para espairecer e voltar com esperança renovada ou pelo menos a vontade de tentar novamente, dessa vez de maneira diferente.

Você tem uma escolha, sempre há uma escolha. Comecei a repetir essas palavras para mim mesmo e para meus filhos. Só quero ver, o cínico dentro de mim me responde, como é que essa pessoa vai mudar? "Falou", meus filhos rebatem, até parece "que minha professora vai mudar! Viajou!"

É tão mais fácil desistir, adotar uma postura cínica, pressupor que você não tem chance de levar a melhor com esse ou aquele cara, ou com aquele projeto, ou com aquele professor ou aquele chefe.

E, no entanto, temos uma opção, sempre temos uma opção.

Certo, às vezes, a melhor opção é cair fora. O divórcio, às vezes, é a melhor opção, ou largar o emprego ou abandonar o projeto. Mas cada uma dessas opções não deixa de ser uma escolha. Digo a mim mesmo para me certificar de que o que estou fazendo é uma escolha deliberada, não apenas uma reação irritada provocada por uma eventual frustração.

É difícil continuar tentando. Descobri que me saio muito melhor quando encontro um aliado do que quando tento perseverar sozinho. Se tiver alguém do meu lado, sou capaz de continuar tentando.

Aqui é onde a coisa fica complicada. É difícil – especialmente para um adulto – pedir socorro. É necessário ter uma força especial para solicitar a ajuda dos outros. Tenho procurado desenvolver essa força na minha vida em vez de fingir ser um soldado valente.

Para o homem que deixou de beber e anseia por um trago, para a mulher que se divorciou e jura que não quer mais se envolver com nenhum outro homem, para a criança que pensa que a matemática é de tal forma impossível que não adianta insistir – para todas essas pessoas, e para mim mesmo, eu diria *Nós temos uma chance, nós sempre temos uma chance.*

Digo a mim mesmo: Faça os momentos contarem.

Todos os dias. Cada momento. Nós temos uma escolha. Sempre há uma escolha para nós todos. Faça *este* momento contar.

ECOS...

O primeiro emprego

Você se lembra do seu primeiro emprego efetivo, o primeiro emprego que levou realmente a sério e, para ser mais exato, o primeiro emprego que exigiu de você oito horas de trabalho diário, o emprego em que se deu conta, pela primeira vez, de como é duro trabalhar para ganhar a vida, e de como é obrigado a fazer tanta coisa de que não gosta para justificar o seu salário? Lembra-se de ter se perguntado (como eu me lembro) depois do seu primeiro dia: – Quer dizer então que vou ter que voltar amanhã e fazer tudo isso novamente? E no dia seguinte, e no outro também? – O primeiro emprego que tive desse gênero foi no turno da meia-noite às oito da manhã, como cozinheiro de lanchonete, num pé-sujo chamado Donuts Please perto de Fresh Pond Circle, em Cambridge. Nunca me esquecerei desse emprego.

Quando recebi o primeiro pagamento naquele emprego, tive o amargo dissabor de ser miseravelmente remunerado pelo muito que julgava fazer. Quando verifiquei o total daquele primeiro cheque de pagamento, deduzidos os costumeiros e exorbitantes descontos, meu coração gelou. Então era aquilo que deveria esperar receber pelo resto da vida? Caminhei penosamente para o ponto de ônibus sob o sol da manhã de Cambridge, devidamente "iniciado na vida". Apesar de minha imensa frustração, senti-me orgulhoso de mim mesmo.

A mulher que escreve sobre um momento semelhante de dura iniciação na sua vida profissional na história que segue conserva-se tão jovial e entusiasmada nos dias de hoje como quando começou, algumas décadas atrás. Eu sei, porque ela é uma velha e querida amiga minha.

– E.H.

Quando eu era adolescente, trabalhar no verão para ajudar a cobrir o orçamento familiar – principalmente as despesas com minha futura vida universitária – era um fato consumado. Aos quinze anos, trabalhei como faxineira na casa de uma velhinha; aos dezesseis, fui garçonete; e, aos dezessete, vendi programas de computador. Mas todas essas atividades, exercidas numa cidade balneária em Cape Cod, pareceram meros ensaios para minha primeira ocupação de verdade – um emprego na Big Apple. Iria morar com meu pai na mesma casa em que fui criada, uma casinha encantadora no Brooklin. Aos dezoitos anos, de volta do meu primeiro ano na universidade, estava pronta para deixar de lado os livros, temporariamente, e mostrar ao mundo como sabia ser sofisticada.

Ao entrar, vacilante, numa manhã de segunda-feira, na filial da Metropolitan Insurance Company em Union Square, de salto alto, meias de náilon, vestido de linho azul e luvas combinando, fiquei decepcionada ao constatar que me encontrava numa sala sombria com um exército de outras arquivistas, onde minha grande tarefa iria consistir em abrir uma infinidade de envelopes, retirar os cheques neles contidos e, munida de um carimbo mecânico, carimbar a data num pequeno quadrado de uma ficha cadastral com o nome correspondente ao da pessoa cujo pagamento tinha em minhas mãos. Para que os sapatos de salto alto e as luvas não tivessem sido em vão, resolvi ir almoçar num famoso restaurante na rua Catorze, onde um amável garçom piscou o olho para mim, e eu suspirei, aliviada, por ser reconhecida como uma mulher deste planeta.

Quando chegou sexta-feira, assinalando a conclusão de minha primeira semana, estava pronta para reavaliar a significação do trabalho, pelo menos como o imaginara, quando, por volta das quatro horas, o gerente do escritório me entregou um pequeno envelope pardo contendo dinheiro – dinheiro vivo – o meu salário semanal, em moedas e notas. Ao todo, havia sessenta e cinco dólares e trocados, mas parecia conter uma quantidade enorme de cédulas, muito mais do que eu jamais tinha tido em minhas mãos. Então aquilo era o que o trabalho significava!

Segurando firmemente minha bolsa com sua preciosa carga, peguei o metrô e voltei correndo para casa, esperando chegar antes de meu pai. A porta estava trancada – a sorte estava a meu favor! Entrei impetuosamente na nossa aconchegante sala de estar e soltei um grito de alegria. Depois sacudi o conteúdo do pequeno envelope pardo de papel reforçado em cima da mesa de jantar. Dez, vinte, trinta, quarenta, quarenta e cinco, cinqüenta, cinqüenta e cinco, sessenta, sessenta e um, sessenta e dois, sessenta e três, sessenta e quatro, sessenta e cinco dólares e quarenta e sete centavos! Alisei cada uma daquelas notas até ficarem perfeitamente esticadas. Depois, peguei todas elas – e cada moeda de cinco, dez e um centavos – e as coloquei, cada nota, cada moeda nos braços e nos espaldares de todos os móveis estofados até que a sala ficasse parecendo uma alegoria carnavalesca.

Finalmente, recuei para admirar o efeito geral, chutei longe os incômodos sapatos de salto alto, e fui até a cozinha preparar um bom martíni seco para quando meu pai chegasse e viesse me parabenizar.

Fazia frio na rua

Conheço o homem que escreveu este texto. Ele é uma das pessoas mais criativas que já conheci. Um de seus maiores dons, como ilustra esta história, é sua capacidade de se surpreender com a vida e perceber o que não esperava ver. Depois que li o seu relato, fiquei pensando na incrível coincidência. Acho que o que tornou o momento tão poderoso para esse homem não foi o fato de o ocorrido ter acontecido, mas sim o fato de ele estar preparado para reagir da maneira como reagiu. Não raro é o que acontece com os momentos humanos. Eles não são necessariamente extraordinários em si mesmos, mas nossas reações assim os tornam.

– E. H.

Trabalho num escritório com perfil de agência de publicidade. Os detalhes do que faço são difíceis de explicar, mas, felizmente, não preciso explicar porque eles são irrelevantes no contexto desta história. Mencionei a publicidade apenas para ajudar a estabelecer o clima, a natureza da atividade que exerço para ganhar o pão nosso de cada dia. É muito estressante devido aos prazos finais impostos aos seus profissionais, treinados para serem escravos dos menores caprichos de nossos clientes, obrigando-nos muitas vezes a trabalhar a noite inteira para satisfazer um pedido de última hora de um executivo que simplesmente se esqueceu de nos transmitir a história completa do lançamento de um projeto.

Eu havia passado a noite inteira trabalhando na finalização

de um projeto. Os representantes do cliente compareceram ao escritório para uma análise crítica às dez horas da manhã, e, para minha sorte, adoraram tudo que lhes apresentei. Fiquei satisfeito, é claro, por ter conseguido realizar tal projeto quando os prognósticos eram tão pouco promissores. O tenso e histérico gerente do projeto, na verdade, me tinha fornecido o script errado e, quando descobri isso faltando apenas cinco dias para o lançamento oficial da campanha, em vez de me agradecerem por ter reparado no erro enquanto ainda havia tempo, embora mínimo, para corrigi-lo, fui responsabilizado pela falha. Por isso, apesar de estar satisfeito por ter concluído com sucesso outro projeto de tão grande importância, não estava exatamente coberto de glória. Com uma avaliação distorcida a posteriori, o elogio coube aos incompetentes, e a culpa foi atribuída à minoria silenciosa.

Depois da análise crítica do cliente, minha taxa de adrenalina baixou e eu comecei a me sentir aéreo e exausto. Para arejar a cabeça e me preparar mentalmente para o desagradável resultado do projeto, resolvi dar uma volta no quarteirão. Era quase meio-dia de um dia frio, embora ensolarado, de outono e estava caminhando por uma calçada da elegante zona de Black Bay, no coração de Boston.

Entregue aos meus devaneios, fui bruscamente trazido de volta à realidade com a visão de uma senhora de idade atraente e bem-vestida caída na calçada à minha frente, com a cabeça numa poça de sangue. Era uma visão surrealista. As pessoas continuavam andando tranqüilamente, ignorando a pobre criatura. Imaginei que ela tivesse apenas levado um tombo, pois, do contrário, haveria uma multidão à sua volta, com policiais e paramédicos esbaforidos. Mas ali estávamos nós dois, eu, atordoado com a cena, e aquela mulher que parecia consciente e alerta, a despeito de sua imagem dramática, caída na calçada fria, no meio de todo aquele sangue.

Assim que percebi que ela estava viva e era capaz de se comunicar, coloquei meu paletó embaixo da cabeça dela e fui correndo a um banco chamar uma ambulância. Quando voltei, outras pessoas tinha ajudado a mulher a se levantar, que, aturdida, dizia: "Não sei o que aconteceu. Parece que caí!"

Estava fazendo muito frio e por isso sugeri que aguardássemos a ambulância no saguão do banco. Uma vez dentro do banco, me dei conta de que todo aquele sangue era proveniente de um ferimento superficial na cabeça, e de que ela conseguira estancá-lo com um lenço que um curioso lhe dera. Conversamos um pouco e, naquela altura, ela me pareceu razoavelmente calma, que me animou a dizer-lhe, sem nenhuma autoridade, que ela logo ficaria boa, chegando a brincar, dizendo que seu maior problema seria a conta da lavanderia. Ela ainda estava obviamente muito assustada, tentando disfarçar seus receios, e eu também.

A ambulância demorou a chegar (e tive que ligar mais duas vezes do telefone do banco), mas acabou aparecendo. Ajudei minha nova amiga a caminhar até um dos paramédicos e fiz uma breve descrição do que acontecera. Quando os paramédicos começaram a erguer a maca para introduzi-la na ambulância, ela fez um gesto e disse: "Espere um pouco." Depois inclinou-se para a frente e me deu um grande abraço, sussurrando no meu ouvido: "Muito obrigada pela sua atenção."

Não sei se foi devido ao meu estado de exaustão, ao ritmo tenso de minha vida ou, simplesmente, ao recente choque com a realidade da política desprezível de minha companhia, mas o fato é que minha insignificante boa ação assumiu proporções de uma autêntica epifania da vida. De repente, compreendi que a satisfação, o afago à auto-estima, a sensação de bem-estar e orgulho que senti ao receber aquele abraço de reconhecimento tinham significado muito mais para mim do que qualquer outra manifestação de apreço por qualquer coisa que tivesse feito em minha carreira de vinte anos como produtor de vídeos. Com aquele simples, caloroso abraço, as prioridades de minha vida se encaixaram em seus devidos lugares. Voltei para o escritório – as lágrimas que derramava já tinham secado –, sentindo-me revigorado e iluminado.

Quando você odeia seu trabalho

Eu mesmo vou contar a história desse homem, porque ele não pode contá-la com suas próprias palavras. Ele morreu em 1978. Eu o conheci bem, tivemos muitas conversas antes de sua morte. Ele me ensinou muita coisa sobre o trabalho e a vida.

— E.H.

B en fora educado para ser banqueiro, advogado, investidor ou para exercer outro tipo de atividade empresarial. Entretanto, não tinha vocação para esse tipo de trabalho.

— Toda vez que tentei uma dessas atividades — ele me disse — senti-me entediado. Não gostava de usar paletó e gravata e ficar parecendo com qualquer um. Começava a cometer um erro atrás do outro, e acabava sendo despedido.

— Por que o despediam? — perguntei-lhe.

— Porque, para dizer a verdade, queria que me mandassem embora. Quando trabalhei para a Morton Salt, por exemplo, e tinha que viajar de cidade em cidade o tempo todo, comecei a ficar maluco. Sabia que minha família queria muito que eu tivesse um emprego de responsabilidade como aquele, mas eu simplesmente o odiava. Aprendi que uma das situações mais odiosas do mundo é ter que trabalhar numa coisa que você não tolera.

— Mas até as crianças rebeldes, que não gostam de estudar, acabam sendo obrigadas a fazê-lo — retruquei. — Não achava que tinha obrigação de ganhar a vida?

— Claro que sim. Foi por isso que continuei tentando. Conseguia um novo emprego com relativa facilidade porque sempre me saía muito bem nos testes a que era submetido, além de causar muito boa impressão nas entrevistas. Mas tinha consciência de que era peixe fora d'água. O trabalho de que realmente gostava era o que fazia na marina. Podia trabalhar ao ar livre, mexendo em barcos – o que adorava. Mas resolveram me mandar trabalhar no escritório a título de promoção. Estavam me preparando para assumir um cargo administrativo. Eu devia me sentir muito lisonjeado com a oportunidade que estavam me oferecendo. Recebi um aumento e minhas perspectivas tinham melhorado muito, pelo menos foi o que me disseram.

"Mas a promoção foi para mim o beijo da morte. A função de conferir números e dizer a outras pessoas o que tinham que fazer me deixava completamente entediado. Era o fim da picada. Não demorou muito para que me despedissem."

Ben era um homem bem-apessoado, um atleta, diplomado pela Universidade de Harvard – turma de 1936. Ele era brilhante, criativo e intenso. Mas também era portador de uma enfermidade mental – um distúrbio bipolar – que o tornava inconstante e não confiável. Conservar um emprego na sua mocidade era quase impossível.

Ele se casou e teve três filhos, mas, por causa de sua doença mental, sua mulher se divorciou dele. Andou dando cabeçadas durante algum tempo, sem saber onde se encaixar. Sabia que tinha talento, mas não sabia como nem onde aplicá-lo.

Gostava de ensinar a velejar. Sempre conseguia emprego nos verões de Cape Cod, treinando jovens para participarem de competições à vela. Seu temperamento era perfeito para isso. Ele possuía um verdadeiro dom para se comunicar com gente jovem e para transmitir-lhe confiança.

Num inverno, uma escola particular resolveu correr o risco e deu a esse homem, com um histórico de enfermidade mental, um emprego de professor da sétima série.

– Isso mudou minha vida – Ben me contou. – Finalmente, encontrei um trabalho de que gostava. Ensinar era uma coisa que sabia fazer instintivamente. Podia ensinar qualquer matéria: história, inglês, matemática, geografia. Era capaz de ensinar todas elas sem nenhuma dificuldade. E sabe do que mais eu gostava? Ensinar às crianças broncas.

– O que é que você quer dizer com crianças broncas? – perguntei, intrigado.

– As crianças rotuladas como retardadas. Considerava-as um desafio. Eram as mais puras – gentis gigantes. Eram grandalhonas e desajeitadas, vindas das fazendas, e alguns professores tinham medo delas. Quando frustradas por qualquer motivo, podiam se tornar agressivas, chegando a esmurrar as paredes. Eu queria que voltassem para suas fazendas sabendo pelo menos ler. Gostava realmente delas. E quer saber de uma coisa? Elas também gostavam de mim.

– Qual era o seu segredo para que as coisas dessem certo com elas?

– Simplesmente insistia. Nunca desistia e não deixava que elas desistissem. Além disso, sempre as tratava com respeito. Sabia que eram broncas e elas também sabiam, mas isso não queria dizer que eu não devesse respeitá-las.

– Como podia respeitá-las sabendo que eram subdotadas?

– Isso é pergunta que um aspirante à carreira médica faça? Respeitava-as porque estavam se esforçando para fazer uma coisa que era difícil para elas. Respeito isso numa pessoa. Você não?

– Claro que sim – respondi, envergonhado. Gostava de imaginar Ben cercado daqueles alunos que ninguém mais acreditava que fossem capazes de aprender alguma coisa, dando o melhor de si para ensiná-las, em pleno exercício do que seria o melhor trabalho de sua vida.

– Depois daquele primeiro ano, senti que tinha descoberto minha carreira. Isso foi quando me mudei para New Hampshire. Meu primeiro emprego na rede de escola pública Derry me pagava mil e duzentos dólares anuais. Mas eu o adorava mesmo assim. Ganhava muito mais na Morton Salt, mas me sentia profundamente infeliz. Descobri que o que realmente conta é encontrar um trabalho de que você goste.

– E há quantos anos você vem ensinando lá?

– Vai fazer vinte anos. Continuo gostando mais dos retardados.

– Quero crer que você não chame seus alunos por esses nomes depreciativos.

– E por que não? Não há intenção de ofender, eles são retardados mesmo. Não me importo, eles tampouco. Isso não os impede de ser ótimas criaturas. E fique sabendo que muitos figurões não são particularmente brilhantes. E muitos indivíduos de má índole são superdotados. Ser esperto, inteligente, é uma condição superestimada. Ser uma boa pessoa é uma virtude subestimada.

Ben lecionou até quase sua morte de câncer em 1978. Uma delegação de professores e alunos que lotou um ônibus compareceu ao seu enterro. Na escola pública onde ele lecionou, há uma placa de bronze, homenageando-o como um dos melhores professores que por lá passaram.

Durante a primeira parte de sua vida, ele odiou todos os empregos que teve. O trabalho era uma tortura para ele, porém, para o resto de sua vida, depois de ter encontrado a verdadeira vocação, ele amou o seu trabalho. Ele ajudou outras pessoas, valendo-se do seu talento especial de professor. Ministrou conhecimentos a uma legião de alunos que, sem seu altruísmo e dedicação, teria definhado e deixado a escola ignorante e sem auto-respeito.

Conheci Ben de perto. Ele era meu pai.

CRIANDO CONEXÕES...

Convite à reflexão: O que você considera como os maiores obstáculos que teve que superar no seu trabalho? De qual de suas realizações você mais se orgulha?

Obstáculos à conexão: Na minha vida pessoal e no meu trabalho com meus pacientes, tenho observado que, de longe, o maior obstáculo ao sucesso – no que quer que seja – é a falta de confiança. A maioria das pessoas é mais talentosa do que se imagina. Mas essas pessoas – incluindo nós mesmos – se subestimam. Faço isso na minha vida o tempo todo. Você também faz na sua? Em vez de agir, penso em todas as coisas que podem não dar certo, ou me questiono se estou à altura da tarefa.

Possíveis passos a serem tomados: Comunique-se. Nunca se deixe dominar pelas preocupações sozinho. Isso é o que funciona comigo e tenho verificado que funciona com a maioria das pessoas. A grande virtude dos grupos – como família, equipes, ou organizações bem entrosadas – é que seus membros individuais dão força uns aos outros. Uns apóiam os outros. Assim como o treinador Boyjadjian viu mais predicados em mim do que eu julgava possuir e, alguns anos mais tarde, meu professor, Fred Tremallo, também vislumbrou, outras pessoas podem nos ajudar a descobrir dentro de nós mais do que jamais suspeitamos de que pudesse existir. Tudo que você precisa se dispor a fazer é aceitar a tutela, abrir-se ao ensinamento e responder ao desafio. Nunca desista. E a melhor maneira de desenvolver a força para persistir é viver uma vida rica de relacionamentos.

Capítulo dez

AUTODESCOBERTA

Chegando aos cinqüenta

Fiz cinqüenta anos em dois de dezembro de 1999. Nunca imaginei o que esse fato facilmente previsível, meramente cronológico, me causaria emocionalmente.

Concluí, simplesmente, que tinha atingido a fase final de minha vida. Talvez porque meu pai tivesse morrido aos sessenta e três anos, a virada dos cinqüenta me fez pensar que estava perto de minha própria morte. Pela primeira vez, me dei conta de que não faria tudo que esperara fazer.

Quando cursava o segundo ano do ensino médio e tinha dezoito anos (só de escrever estas palavras estremeço, pois parece que foi ontem), eu tinha grandes planos. Queria me tornar um grande romancista. Estava lendo Dostoiévski e escrevendo contos torturantes. Os livros que estava destinado a escrever revelar-se-iam livros possivelmente capazes de atingir as pessoas, mas de uma maneira diferente dos romances. De qualquer forma, não sou o grande romancista que um dia almejei ser e baixarei à sepultura sem um Prêmio Nobel. Meus sonhos do ensino médio não se realizarão.

Naquela época, pensava na minha vida em termos de algum dia. Algum dia farei isso, algum dia farei aquilo. Perguntava-me o que poderia vir a ser. Sonhava grandes sonhos.

Quando completei cinqüenta anos, me dei conta de que o algum dia tinha chegado. O algum dia era agora. Minha vida não era mais uma vida de sonhos e potencialidades. Eu me tornara o que fora predestinado a ser.

Não me importei pelo fato de não ter me tornado um grande romancista, o que muito me surpreendeu, já que sempre pensara que lamentaria profundamente caso não atingisse esse objetivo tão acalentado. Mas o que constatei ao fazer cinqüenta anos – o que me causou assombro como um dia quente em dezembro – foi o fato de as metas que fixara não serem de modo algum o que importava para minha vida de então. Ser ou não ser um grande romancista não tinha a menor importância. Ser ou deixar de ser famoso ou rico ou poderoso era irrelevante. O que pensara ser tão importante quando era jovem perdera toda sua significação.

O que importava era o amor.

Essa constatação era muito simples. Sempre fora uma força latente, mas, assim como minha nuca, raramente o via. Na verdade, sempre admitira, desde muito garoto, que o amor era o que mais contava. Deixei-me seduzir, no entanto, pela necessidade de brilhar, de sobressair, de realizar e fui levado a me pautar por esses parâmetros. Nunca me permiti usufruir inteiramente o melhor da vida, porque achava que não tinha realizado o suficiente.

Quando fiz cinqüenta anos, olhei para Sue e meus filhos, para meu trabalho e meus amigos e pensei comigo mesmo: Obrigado, Senhor.

Minha ambição, se assim se pode chamá-la, é abrir minha vida ao amor de todas as maneiras que puder, e desejar que os outros também o façam.

Quero amar minha família, meus amigos, meus pacientes e meu trabalho como escritor, professor e médico tão profunda e sinceramente quanto puder. Quero amar meu jardim, meus bichos de estimação, minha igreja e Deus tão intensa e completamente quanto me for possível. Quero amar o próximo como a mim mesmo. Sei que nem sempre serei bem-sucedido, mas quero tentar. Quero que meu amor seja minha régua e meu compasso. Se tentar amar com altruísmo, generosamente, continuarei a crescer e a ser útil. O resto é conseqüência.

Qual é a razão que me levou a querer ser um grande escritor? Creio que, em parte, foi o prazer e o desafio de fazer alguma coisa significativa, complexa, criativa. Sem falsa modéstia, julgava-me um escritor bastante razoável e por isso, por vezes, experimentava a alegria de ter escrito uma boa frase. Mas a ambição de me tornar um grande romancista era ditada principalmente pelo desejo de ser vitorioso. Esforçava-me para ser notado, sair do limbo. Era um salvo-conduto para deixar uma vida árida, sem perspectivas, e ingressar noutro mundo, noutra realidade.

Cresci querendo ser bem-sucedido. Creio que é o que muita gente deseja. Faz parte do "Sonho Americano". Minha pretensão de chegar ao topo seria facilitada se me tornasse um grande escritor. Fui para Harvard, onde muita gente acalentava os mesmos sonhos de sucesso, só que, para mim, vencer era condição *sine qua non* para ser feliz. Achava que tinha que *construir* a felicidade. Hoje, sei que só é preciso deixar que ela aconteça. É necessário apenas não obstruir o seu caminho.

Quero fazer o que sempre gostei de fazer, enquanto posso. Quero me divertir no melhor sentido da palavra. Para as pessoas mais felizes, o trabalho é uma forma de diversão. O que realmente sempre gostei de fazer, o que sempre considerei a melhor maneira de aproveitar o tempo é uma combinação de conversar, escrever, compartilhar a companhia dos amigos e pensar. Sempre gostei de palavras e de histórias sobre pessoas. Era para isso que vivia, mesmo nos tempos de colégio e universidade, quando era muito tímido. Já naquela época, eu queria saber: – O que é que está acontecendo com ele ou com ela? O que há de novo? Lembro-me de ficar até tarde da noite com pessoas diferentes, conversando sobre as coisas da vida, sobre a última controvérsia, ou apenas bisbilhotando sobre uma coisa e outra.

Quando fiz cinqüenta anos, ocorreu-me que talvez não tivesse mais tanto tempo para jogar conversa fora com os amigos até altas horas da noite.

Ao ler isso, você poderá pensar: – *O que é que ele está dizendo? Que, ao completar cinqüenta anos, chegara à conclusão de que devia passar o resto da vida batendo papo?*

Não. O que estou dizendo é que me dei conta de que minha vida era desnecessariamente estressada por uma obsessão de realizar e pela minha convicção de que não seria ninguém se não me tornasse alguém.

Espero criar meus filhos para que eles não acreditem nisso. Estou certo de que Sue e eu não estamos incutindo essas idéias nos seus espíritos em formação.

No verão, depois de ter completado cinqüenta anos, fui para o frio Oceano Atlântico na costa de Cape Cod com Lucy, Jack, Tucker e Sue. Tucker sabia nadar mas estava meio assustado e por isso resolvi carregá-lo no colo. Acostumado com a água doce dos lagos, ele estalou a língua e disse, admirado: – Essa água é salgada, papai! – Jack subiu nos meus ombros, enquanto Lucy manejava um colchão inflável, procurando equilibrá-lo para poder subir e se reclinar nele. Até Sue enfrentou o mar, apesar do seu horror de água fria. Assim que a água ultrapassou-lhe os tornozelos, ela deu um gritinho e ergueu os braços tremendo, como se estivesse carregando uma carga muito pesada na cabeça, mas mesmo assim avançou mar adentro para juntar-se a nós

Ali estávamos todos nós, em frente ao monumento de Provincetown, nadando no mesmo oceano em que eu costumava nadar quando tinha as idades de Tucker, Jack e Lucy.

Para aquela pequena enseada eu tinha ido durante todos aqueles cinqüenta anos, membro de uma família turbulenta, marcada pelo alcoolismo e pela enfermidade mental, em busca de um refúgio seguro. Ali estava nadando com a mulher que amava e os três filhos que adorava. E, embora não fosse um grande romancista, estava fazendo algo de bom no mundo e me divertindo ao mesmo tempo.

O adolescente que sonhara ser um romancista consagrado, na realidade tinha querido, se tivesse tido suficiente discernimento para percebê-lo, ser exatamente o homem de cinqüenta anos que encontrou amor na sua vida, alegria e utilidade no mundo.

Se ainda sinto uma agulhada ou outra quando penso que jamais pertencerei à galeria dos imortais da literatura? Sim, suponho. Uma agulhada ou outra. Essa ambição é um pouco como uma mulher que cortejei mas com quem não me casei. Conheço alguns homens que se casaram com criaturas semelhantes. Sinto-me feliz, mas não nego que ainda sinto uma agulhada ou outra.

Sou grato por não ter me deixado subjugar pela ambição em detrimento de tudo o mais. Vi muita gente destruir suas vidas, e as vidas de outros, perseguindo insanamente as grandes metas, a glória fugaz e traiçoeira. Alguns dos que alcançam pagam um preço alto, transformando-se em impiedosos monstros no percurso.

Agora, com cinqüenta anos, vejo claramente o que realmente conta, as coisas com as quais devo me comprometer cada vez mais.

Como você se compromete com o amor? Há muitas maneiras diferentes. Você decide por sua conta o que realmente lhe importa. Viver uma vida baseada no amor pode significar, para você, trabalhar na General Motors certo de que a companhia beneficia o maior número possível de pessoas. Ou pode significar ajudar o vizinho de quem você realmente não gosta. Vou lhe dizer o que significa para mim. Significa tentar seguir os melhores impulsos do meu coração. Significa tentar (freqüentemente sem sucesso) compreender em vez de julgar e perdoar em vez de ficar ressentido. Significa tentar, de forma sensata, aprofundar um relacionamento com outras pessoas, com os grupos que me são caros, com a natureza e com tudo que cativa meu coração. Significa permitir que meu coração seja capturado.

Não vou abandonar meu emprego e me tornar um missionário. Na verdade, continuarei a trabalhar da mesma forma de sempre. Tentarei simplesmente ser ainda mais claro comigo mesmo e com os outros sobre o que é importante – e o que não é.

Esses sentimentos sobre a primazia do amor – no mais amplo sentido da palavra – me guiaram durante toda a minha vida, consciente ou inconscientemente. Na fase de crescimento, eu buscava a segurança, que não encontrava em casa, junto a muitos professores e amigos que basicamente salvaram minha vida. Quando estava em Harvard – cercado pelas pessoas mais inteligentes que já conhecera –, percebi, em primeira mão, como o amor é muito mais importante do que a capacidade mental. Como disse o fundador do meu colégio, Exeter: "Embora a bondade sem o conhecimento seja frágil, o conhecimento sem a bondade é perigoso." Em Harvard, descobri que a inteligência isoladamente não era suficiente para assegurar uma vida gratificante e útil. Também descobri que ser esperto era muito fácil, o que era difícil era aliar o amor à esperteza.

Quando dobrei o cabo da Boa Esperança, ou seja, meus cinqüenta anos, decidi que, dali por diante, dedicaria o máximo de minha energia para traduzir a mensagem abstrata do amor em atos concretos, palpáveis.

Agora estava tentando me concentrar de volta àquele refúgio em Cape Cod e mergulhar em tudo o que ele representa de harmonia, equilíbrio e alegria. Naquela água salgada, com Tucker no meu colo, Jack enganchado nos meus ombros, Lucy diante de meus olhos e Sue vindo ao nosso encontro, vejo-me finalmente em paz. Fiz o que competia a mim. Se fizer mais, tanto melhor. Sinto e sei, porém, que a vida agora não é uma questão de quanto você pode realizar e de quão eficientemente é capaz de fazê-lo, mas sim do quanto e quão bem você é capaz de amar.

ECOS...

Câncer de mama

Este ensaio, sobre a luta de uma mulher contra um câncer do seio, capta não apenas um, mas uma série de muitos momentos humanos, momentos de amor e momentos de descoberta sobre a vida e sobre o que mais nos ajuda em tempos de necessidade.

Em poucos parágrafos, a autora nos ensina muita coisa. Seu relato despretensioso, quase um improviso, é cheio de ternura e perspicácia. Quando o li pela primeira vez, senti imediata admiração, não só pela autora como por todos os personagens que ela traz a esta história de esperança. Se esta passagem não fosse autêntica, poderíamos pensar que tivesse sido concebida por uma grande contista, uma vez que inclui tantos elementos atemporais: o marido inabalável; a mãe tentando proteger os filhos, ocultando-lhes o sofrimento por que vem passando; a grande cadeia de outras vítimas de câncer de mama; a legião de amigos e de pessoas que enviam cartões e mensagens de fé; a freira anônima que lhe oferece uma oração; a companheira de quarto idosa, que, em poucas horas de convívio, torna-se uma criatura de quem a autora nunca se esquecerá. Todos esses personagens integram-se – numa narrativa simples e clara – para nos mostrar o que verdadeiramente reside no centro da vida.

– E.H.

Sempre fui abençoada com uma família maravilhosa e muitos amigos. Pensava que os admirava, mas descobri que não conhecia realmente a profundidade e o significado dessa admiração até ficar doente. Certamente agora conheço.

Aos cinqüenta e dois anos, tinha uma saúde de ferro. Então, inesperadamente, o terror se fez anunciar: – Sra. Seaman, lamento ter que informá-la de que está com um câncer de mama – um carcinoma lobular – e minha recomendação é uma mastectomia bilateral.

Minha primeira reação foi de choque, a segunda foi: – Meu Deus, como vou contar aos meus filhos e aos meus pais? – Sabia que meu marido seria forte e solidário, mas meus filhos tinham vinte e um e vinte e seis anos, e a fortaleza de seu espírito nunca tinha sido posta à prova. Meus pais, com oitenta e três e oitenta e sete anos, são parte integrante de nossa família extremamente unida, mas minha mãe, especialmente, está começando a ficar frágil.

Liguei primeiro para meu marido e, como a Rocha de Gibraltar que é, ele disse: – Não se desespere, querida, nós vamos sair dessa. Nada vai mudar. Fará apenas com que a ame ainda mais porque nos daremos conta de como nossa vida juntos é realmente preciosa. (Suas palavras não podiam ser mais verdadeiras.) Ele me deu a força de que necessitava para fazer minhas dolorosas ligações telefônicas.

Meus filhos e meus pais desmoronaram. Pude perceber que minha mãe perdeu um ano de sua vida à simples menção das palavras fatídicas. Meu pai revela menos suas emoções, mas deixou transparecer que estava igualmente preocupado. A reação de meus filhos foi algo inesperada. Minha filha tinha começado a trabalhar num novo emprego na Califórnia, mas estava decidida a pegar o primeiro avião e voltar para casa. Seu namorado, um rapaz que amo como se fosse meu filho, estava disposto a acompanhá-la. Meu filho, então calouro na universidade, é o membro tranqüilo, aparentemente imperturbável da família, mas ele também estava disposto a largar tudo e vir correndo para casa. Minha filha e meus pais telefonavam diariamente, o que era o máximo para mim.

As semanas que antecederam a cirurgia foram as mais longas e as mais difíceis. Nessa fase, eu tive que aprender a dominar minhas emoções e por isso pedi aos meus filhos que se abstivessem de me ver até a cirurgia. Não queria que me vissem num estado de prostração, semi-invalidez. Hoje, reconheço que foi um erro egoísta de minha parte, uma vez que eles precisavam daquele contato físico, mesmo que fosse a última coisa de que eu precisasse naquele momento. Por outro lado, nunca cheguei a ficar num estado desesperador que eles pudessem perceber. O resultado é que sofreram e se preocuparam muito mais do que se tivessem me visto face a face. Também fez com que se sentissem indesejáveis e não amados. Meu filho acabou perdendo duas semanas de aulas, como descobri um mês depois.

Comecei a dar longas caminhadas de uma hora pela vizinhança para ter um pouco de tranqüilidade para pensar e me preparar física e psicologicamente para a cirurgia iminente. De repente, me dei conta de que a natural propensão para me lamentar dos meus males não era a melhor opção, pois corria o risco de acabar perdendo meus pais idosos. Tomei, portanto, a decisão consciente de "levantar o moral e não fazer um bicho de sete cabeças de minhas provações". Fiz um esforço para aliviar a preocupação de meus pais e de meus filhos, o que acabou por me ajudar. Embora os dias imediatamente anteriores à cirurgia fossem às vezes longos, ao repetir sem cessar que "não era o fim do mundo", a pressão acabou tornando-se menor.

Nesse ponto, muitos amigos e até mesmo estranhos deram comoventes demonstrações de amor e compaixão, por telefone, e-mails e fazendo-me visitas. Uma pessoa, em particular, me ajudou a tornar a cirurgia suportável naqueles longos e desolados dias. Minha amiga italiana, Anna, me telefonava e enviava e-mails diariamente – não raro, duas ou três vezes no mesmo dia – me confortando, me encorajando, me distraindo e me fazendo rir. Realmente não acredito que pudesse ter atravessado aqueles momentos dramáticos, com a mesma facilidade se não fosse por minha dedicada amiga. Serei eternamente grata a ela, ao meu marido, à minha filha e aos meus pais pelo seu apoio diário.

A irmandade das vítimas de câncer de mama é incrivelmente solidária. Assim que a notícia de minha doença se espalhou, recebi telefonemas de mulheres de quem nunca ouvira falar. Uma delas, esposa do diretor da escola onde presto serviços, passou horas comigo, compartilhando sua experiência e seus conhecimentos, dissipando meus medos e minhas preocupações, respondendo às minhas perguntas e me convidando para participar de um seminário promovido por especialistas em câncer de mama. Outra senhora, da American Cancer Society, me telefonou para me oferecer assistência e me enviou um pacote de apetrechos muito úteis para uma mulher prestes a se submeter a uma mastectomia. A enfermeira do meu exame pré-operatório também foi particularmente atenciosa. Ela percebeu meu medo e passou horas infindáveis esclarecendo minhas dúvidas. Veio me ver no hospital e pediu a uma de suas colegas que me telefonasse para falar do câncer de mama que tivera e comentasse as opções de reconstituição plástica e próteses. Pessoas desconhecidas deixavam seus afazeres para me dirigir uma palavra de conforto e encorajamento e compartilhar informações de uma importância vital nessas ocasiões. Ler sobre essas coisas é muito importante, mas ouvir experiências pessoais é de um valor inestimável.

Na noite anterior à cirurgia, o sócio de meu marido, um veterinário aposentado, a quem chamo de meu "confidente espiritual", me telefonou para me transmitir palavras de esperança e força espiritual de que tanto precisava naquele momento. Ele me acalmou e me confortou, me encorajando a ter fé no meu Deus, que certamente me daria o que fosse necessário para eu ficar boa. Dormi como um anjo naquela noite, graças ao seu telefonema. A manhã da cirurgia finalmente chegou. Tinha conseguido chegar até ali com a ajuda de meus amigos, da minha família e de estranhos altruístas. Também tenho uma grande fé em Deus e conversara muito com Ele até chegar àquele ponto. Mas às seis horas surpreendi-me subitamente com a intensa ansiedade que senti quando o anestesista veio me dizer que a cirurgiã lhe dera instruções para não me dopar excessivamente. (Aquela era a primeira intervenção de minha cirurgiã num novo hospital e ela gostava de que suas pacientes se mantivessem razoavelmente lúcidas, admitindo a hipótese de poderem mudar de idéia no último minuto.)

Tão logo ele se retirou, uma doce freira, míuda e idosa, entrou no meu quarto. Ela se parecia incrivelmente com minha avó que era minha heroína, a pessoa mais doce e bondosa que conheci. Era como se o anjo de minha avó tivesse baixado do céu para me confortar na minha hora de provação. A freira inclinou-se sobre meu leito, pegou minha mão e disse: – Minha filha, você se incomoda se eu fizer uma oração por você? – Minha reação me surpreendeu. Comecei a chorar e finalmente me refiz o suficiente para dizer: – De modo algum. Ao contrário, gostaria muito. – Não sou católica, mas àquela altura, toda e qualquer oração só poderia ser muito bem-vinda.

Quando terminou, ela se debruçou sobre o leito e me deu um abraço, dizendo: – Querida, estou contente por você ter chorado. Levanto-me às cinco e meia todas as manhãs há mais de cinqüenta anos para rezar pelas pessoas que vão ser submetidas a cirurgias, e tenho notado que as que choram são as que são mais bem-sucedidas! – Dizendo isso, ela se retirou do meu quarto silenciosamente como uma visão noturna. Subitamente, senti-me invadida por uma profunda paz. Uma calma inesperada me dominou e, mais do que nunca, senti que "não é o fim do mundo". A freirinha estava certa: saí da cirurgia muito bem, em grande parte, sem dúvida, por causa dela.

Acordei no meu quarto de hospital com meu bravo marido ao meu lado. Muitos presentes me aguardavam – uma cesta cheia de surpresas de uma encantadora jovem professorinha de uma escola a que presto assessoria pedagógica, e vários outros presentes – todos eles maravilhosos. Tantas pessoas foram inestimáveis para mim durante o período em que fiquei hospitalizada que é impossível lembrar de todas elas: minha competente cirurgiã, certamente uma santa enviada do céu; as boas e dedicadas enfermeiras, atentas dia e noite; uma enfermeira-anestesista que literalmente respirou por mim enquanto estive na mesa de operações; Mary, minha cara companheira de quarto, uma mulher negra de setenta e nove anos e mãe de doze filhos, que volta e meia me perguntava: "Baby, você está se sentindo bem?" E eu respondia: "Estou ótima, Mary, e você?" Pode parecer tolice, mas foi muito confortador ouvir essas palavras de carinho e atenção ao longo de todo aquele dia e aquela noite no hospital. Senti um grande alívio. Trocamos histórias de dor e de felicidade e eu me senti mais íntima daquela mulher, embora a conhecesse houvesse tão pouco tempo. Vinte e sete horas após minha cirurgia, estava em casa lavando e enxugando meus cabelos e disparando e-mails.

Fui recebida em casa com uma avalanche de trinta e cinco buquês de flores e mais de setenta e cinco cartões e bilhetes. Eu já havia remetido cartões e mensagens desejando melhoras a pessoas doentes, mas nunca me dera conta da importância e do valor desse gesto tão simples. Tenho falado com muitas sobreviventes de câncer de mama e todas nós concordamos com que, por alguma razão, não conseguimos nos desfazer desses cartões e bilhetes.

Colegas, organizações a que meu marido e eu pertencemos, até mesmo amigos de quem não tínhamos notícias havia muitos anos, lembraram-se de mim. Nem sei como dizer o que isso significou. Uma colega de colégio, cuja mãe tinha falecido três dias antes, veio me visitar porque, segundo me disse, também aprendera penosamente o quanto o apoio e a solidariedade dos amigos significara para ela. Ela me trouxe uma revigorante sopa de legumes pela qual meu corpo tanto ansiava naquele momento. Outros amigos também pareciam saber do que eu precisava na ocasião. Duas semanas depois, estava embarcando num avião para a Itália. Minha médica me perguntou a que atribuía minha rápida recuperação e atitude positiva. Disse-lhe que minha resposta poderia parecer piegas, mas que não tinha dúvida de que as muitas conexões com que fui abençoada foram a principal razão. Ela retrucou que tampouco duvidara disso um momento sequer e que aquele caso e sua longa experiência demonstravam que os que não contam com esse sistema de apoio nem sempre se saem tão bem. Serei grata para sempre a todos os que contribuíram para reverter uma situação aparentemente fatal, transformando-a num sucesso.

Quero lhe dizer, ou melhor, preciso lhe dizer que não se passa um dia hoje em que não aprecie minha vida e as pessoas que me cercam com uma profundidade, uma dimensão inteiramente nova. Só peço em minhas orações que possa servir aos meus semelhantes e estar ao seu lado como um dia tantos estiveram à minha volta.

Bunny LoMinto

*Alguns dos momentos mais importantes da autodesco-
berta ocorrem durante a infância. Freqüentemente, só per-
cebemos seu impacto anos mais tarde.*

*Por exemplo, quando estava no segundo ano do ensi-
no médio, uma tarde, voltando ao vestiário depois de um
treino de futebol, um brutamontes do terceiro ano correu
para mim e, apontando o dedo insolentemente no meu
rosto, disparou: "Não vou com a sua cara, você é um
sujeito FEIO! FEIO PRA CARAMBA, TÁ SABENDO?"
Eu sabia o nome dele – digamos que se chamava Buck
Camillo – porque ele era o irmão mais velho de um de
meus colegas de turma, Frank Camillo. Frank e eu nos
dávamos bem, daí conseguir imaginar o motivo da pro-
vocação de Buck. Naquela época, era comum os garotos
mais velhos e mais fortes implicarem com os mais novos
e franzinos e talvez aquela fosse sua maneira estúpida de
fazer pouco de nós.*

*Contudo, fiquei pasmo com o que Buck fez. Depois de me
dar seu recado desaforado, ele continuou correndo, rindo
às gargalhadas. Era uma coisa corriqueira para ele, que
estava acostumado a fazer a toda hora. Mas suas palavras
tinham sido tão contundentes, tão viscerais, que nunca
as esqueci, nem o momento em que foram proferidas. Sou
capaz de me lembrar da posição do sol no firmamento,
dos uniformes que vestíamos, até mesmo do brilho do
anel que Buck usava em um de seus dedos cabeludos.*

*Aprendi, naquele momento, que eu era ingênuo. Até
então, não percebera o quanto. Sabia que coisas ruins*

podiam acontecer – tio Noble se encarregara de me ensi-
nar –, mas não sabia que elas podiam acontecer inespe-
radamente, sem mais nem menos, quando você caminha-
va tranqüilamente, cuidando da própria vida.

O engraçado é que ainda sou ingênuo. Embora tenha
sido exposto muitas vezes, desde então, a situações equi-
valentes ao humilhante dedo de Buck na cara, até hoje
aquele dedo cabeludo me choca e me surpreende, quase
tanto quanto naquele dia. Continuo não concebendo a
crueldade gratuita, covarde, e isso ainda me alarma quan-
do leio alguma notícia de violência nos jornais. Recuso-
me a acreditar.

A autora desta história também a descobriu ainda mui-
to jovem. Aprecio imensamente sua corajosa reação.

– E.H.

U m dia, no outono de 1949, estava voltando para casa com meu irmão mais novo, que fora apanhar no colégio. Estava na sexta série; meu irmão, na segunda, e eu era responsável por ele, no trajeto de ida e volta todos os dias. É desnecessário acrescentar que eu assumia essa responsabilidade com muito seriedade. Geralmente, uma de nossas primas, da mesma idade que meu irmão, nos acompanhava, e eu também era responsável por ela. Naquele dia, porém, ela ficara em casa, adoentada, e meu irmão e eu caminhávamos sozinhos.

Tinha chovido cedo naquele dia e eu levava um guarda-chuva grande, de homem. Meu irmão, Joey, tagarelava sem parar ao meu lado. Eu ia responder a uma de suas infindáveis perguntas quando, repentinamente, como que num toque de mágica, o valentão da vizinhança, Bunny LoMinto, surgiu diante de nós, impedindo nossa passagem.

Eu era grande para meus onze anos, mas Bunny, que também cursava a sexta série, era muito maior do que eu, tinha sido reprovado algumas vezes, e era um repetente crônico. Modéstia à parte, não era qualquer coisa que me assustava, principalmente quando assumia o papel de irmã mais velha protetora.

– O que é que você tem a me dizer, seu nanico de merda? – Bunny perguntou ameaçadoramente, quase desabando do alto de sua arrogância e boçalidade sobre meu irmão de sete anos, que ficou apavorado, num raríssimo momento do mais absoluto silêncio.

Joey lançou um olhar desesperado na minha direção, ao tentar abrir a boca para responder, mas não conseguiu emitir nenhum som.

– Como é que é? – Bunny tripudiou, dando um soco no ombro de Joey com sua pata animalesca, derrubando-o no chão. Olhando sinistramente para nós, Bunny virou as costas e seguiu seu caminho.

– Por que você não desacata alguém do seu tamanho, seu troglodita? – gritei, ajudando Joey a se levantar com minha mão livre.

– Não se meta onde não é chamada, guria folgada – Bunny advertiu desafiadoramente, dando um passo em nossa direção.

– Meu irmão está sob minha responsabilidade – retruquei, fincando os pés no chão e erguendo os ombros.

– Não me diga! – Bunny fechou a mão, que mais parecia uma manopla.

– Estou-lhe avisando, afaste-se do nosso caminho – disse eu enfaticamente, segurando o guarda-chuva numa das mãos e protegendo Joey atrás de mim com a outra.

Bunny partiu para cima de nós, visando mais Joey do que eu. Com um salto e um movimento circular do meu braço mais poderoso do que jamais poderia sonhar que fosse capaz, acertei a cabeça de Bunny com um violento golpe do guarda-chuva. Numa fração de segundos, um galo começou a crescer e Bunny me pareceu inteiramente atordoado esfregando a cabeça.

– Uau... – ele gemeu.

– Eu já lhe avisei. Nos deixe em paz.

Bunny recuou vagarosamente, virou as costas e saiu correndo em disparada.

Atrás de mim, encolhido, Joey limitou-se a observar:

– Ele entortou o guarda-chuva! – Foi tudo o que conseguiu dizer, com os olhos arregalados.

Com a adrenalina ainda correndo solta nas minhas veias, me dei conta do que tinha feito. Olhei para o guarda-chuva desconjuntado, que parecia em muito pior estado do que a cabeça de Bunny e suspirei. Embora Bunny merecesse o castigo por ter aterrorizado um menino que não tinha nem a metade do seu tamanho, eu não tivera a intenção de machucá-lo, queria somente assustá-lo. E se tivesse lhe provocado uma fratura ou coisa pior? Corri com Joey o resto do pequeno trajeto para casa, perseguida por visões de Bunny, desfalecido no meio-fio de uma calçada.

Nossa avó nos recebeu na porta da cozinha quando chegamos em casa, percebendo de imediato o guarda-chuva arrebentado e minha expressão preocupada. Antes que ela pudesse fazer qualquer pergunta, contei-lhe o ocorrido sem omitir o menor detalhe, inclusive o estado de choque de Joey e meu sentimento de culpa.

De acordo com o código de ética de minha avó imigrante, eu fizera o que tinha que ser feito, protegendo meu vulnerável irmãozinho a qualquer custo. No seu modo de entender, amor e segurança vêm sempre em primeiro lugar. Por mais que ficasse lisonjeada com a aprovação de minha avó, minha consciência estava pesada. Afinal, Bunny podia estar seriamente ferido. Sua família era pobre, uma filharada de se perder a conta e sem um pai para prover sua subsistência. Era verdade que a vizinhança toda considerava a garotada como um bando de arruaceiros e Bunny era o pior de todos, mas eu só conseguia pensar na eternamente exausta e pálida sra. LoMinto, chorando convulsivamente, torcendo as mãos sobre o desfalecido Bunny.

Finalmente, disse à minha avó que ia à casa dos LoMinto para saber se Bunny estava bem. Minha avó me garantiu que eu não tinha feito nada de que tivesse que me desculpar, mas que podia ir vê-lo se quisesse ter certeza de que ele estava inteiro. Mas, ressalvou, se eu não estivesse de volta dentro de quinze minutos ela iria pessoalmente ver o que estava se passando e, caso tivesse acontecido alguma coisa comigo, ela faria com a sra. LoMinto o que eu fizera com Bunny – ou um estrago ainda maior. A pessoa mais temida na nossa vizinhança, mais até do que Bunny, era minha avó.

Dei um pulo na casa dos LoMinto, que ficava muito perto, e encontrei Bunny sentado nos degraus da escada da frente.

– Queria me certificar de que você está bem – comecei hesitante.

– Não precisava se incomodar – ele disse rispidamente. – Não seja besta, guria. Você nem chegou a me machucar.

Evitei uma resposta malcriada, fingindo ignorar seu comentário, e murmurei:

– Fico tranqüla em saber.

Estava prestes a virar as costas e tomar o caminho de volta para casa, quando a estafada sra. LoMinto apareceu.

– Foi você quem fez isso no meu filho! – ela disse, apontando o galo agora do tamanho de um ovo na cabeça de Bunny.

Eu confirmei com um aceno de cabeça.

– Ele ia bater no meu irmão – expliquei, acrescentando indignada –, e ele é um menino de apenas sete anos!

A sra. LoMinto suspirou, olhando para Bunny num misto de exasperação, ternura e preocupação. Só compreenderia completamente aquele olhar quando também fosse mãe, mas meu sentimento inato de proteção a Joey me deu uma boa referência.

– Sinto muito se o machuquei mais seriamente – disse-lhe com sinceridade. – Embora Bunny trate todo o mundo de uma maneira inadmissível, a senhora provavelmente o ama porque ele é seu filho.

Ela olhou para mim sem nenhum vestígio da agressividade de sua expressão inicial, e sacudiu a cabeça.

– Ele vai ficar bem – ela me assegurou. – A cabeça dele é muito dura para rachar à toa. Ele é igualzinho ao pai – ela acrescentou melancolicamente, a comparação parecendo endurecer a ternura que demonstrara alguns segundos antes.

Bunny olhou envergonhadamente para a mãe, depois para mim e correu para dentro de casa. Sua mãe o seguiu, mas primeiro olhou para trás e me disse:

– Espero que nunca tenha um filho como o meu.

Ao voltar para minha casa, não sei por que tive vontade de

342

chorar. Minha consciência estava tranqüila: Bunny estava bem, como sua própria mãe admitira. Depois, pensando nas últimas palavras da sra. LoMinto, me dei conta do que estava me incomodando: lamentara ter ferido Bunny porque, para mim, causar dor a quem quer que seja era uma coisa abominável, mas infelizmente, para a sra. LoMinto, infligir dor a Bunny era inevitável e um galo na cabeça não era de modo algum o pior que ela podia esperar.

Cresci, casei-me e tive filhos; felizmente, nenhum parecido com Bunny. Tive que proteger meus filhos muitas vezes e nunca questionei os métodos que empreguei – extremos de força bruta com o auxílio de guarda-chuvas ou outros objetos contundentes nunca mais se tornaram necessários.

Tornei-me mãe, em parte, naquela tarde de outono, não apenas porque tive que proteger meu irmão, mas também porque testemunhei o desespero de uma mãe que perdera todas as esperanças de ver o filho recuperado para a sociedade, transformado num homem de bem. Sempre serei grata à sra. LoMinto pelos votos que me fez e freqüentemente penso nela. Afinal, foi observando-a que reconheci o papel a que estava destinada nesta vida – o de mãe e protetora. E nunca me lamentei um momento sequer dessa dupla responsabilidade.

O incidente do bolso

Às vezes, é preciso que se passem muitos anos para que você descubra uma importante faceta da verdade. Quando criança, freqüentemente interpretamos erroneamente as reações dos adultos ou imaginamos uma desaprovação que o adulto nunca sentiu. Podemos passar anos sofrendo por causa de uma concepção equivocada ou nos privando da alegria que poderíamos ter sentido. Este despretensioso episódio oferece um pequeno exemplo.

– E.H.

Quando estava na terceira série, tinha uma grande amiga chamada Lori Beth. Éramos amigas inseparáveis desde o jardim de infância. Lori Beth tinha longos e sedosos cabelos castanhos que batiam na sua cintura. Confesso que sentia uma ponta de inveja, porque os meus eram de uma coloração indefinida, sem viço. Ela também tinha cinco irmãos e irmãs com quem brincar. Eu só tinha uma irmã e vivíamos brigando. A irmã mais velha de Lori Beth, Sue, era nossa babá. Por isso, Lori Beth acompanhava Sue sempre que ela ia à nossa casa. Éramos muitos ligadas.

Daí minha indignação quando uma víbora de olhos escuros chamada Tina transferiu-se para nossa escola. Tina decidira que era hora de conquistar uma grande amiga e adivinhe quem ela escolheu... nada mais nada menos do que Lori Beth! Ela fazia de tudo para roubar Lori Beth de mim, enchendo-a de presentes e convidando-a para ir à sua casa a qualquer pretexto. Era difícil para Lori Beth resistir ao assédio, e senti que estávamos nos distanciando cada vez mais uma da outra.

Finalmente, um dia, minha paciência se esgotou. Avancei resolutamente para Tina no playground e a coloquei contra a parede: "Como se atreve a querer me roubar minha melhor amiga?" Naturalmente, Tina não recebeu minha investida humildemente e, antes que nos déssemos conta, estávamos empenhadas num acalorado bate-boca. Tina fez menção de atingir o meu rosto e eu agarrei seu vestido para afastá-la. Seu corpo foi para um lado e o bolso do seu vestido, para outro. Olhei para minha mão e vi que ela segurava firmemente o bolso de Tina. "Você vai me pagar por isso!", Tina gritou, histérica, e saiu correndo.

Como era previsível, naquela noite recebi um telefonema da mãe de Tina. Sabia que estava com a razão, mas aceitei timidamente as instruções da mãe de Tina para que eu pedisse desculpas à sua filha. Quase morri de ódio. Ao me virar, depois de desligar o telefone, dei de cara com meu pai e percebi que ele ouvira toda a conversa. Ele foi delicado mas firme. Em última análise, disse ele, nada disso teria acontecido se vocês não estivessem brigando.

Anos mais tarde, já adulta, estava conversando com ele, relembrando os velhos tempos, e o "incidente do bolso" veio à tona. Meu pai se lembrava tão nitidamente quanto eu do episódio, mas sua interpretação me surpreendeu. "Quer saber de uma coisa", ele disse, "fiz uma força danada para manter uma cara séria quando tive que lhe dizer que você não devia ter se metido numa briga." "A verdade, ele continuou, é que achei que tinha sido uma garota corajosa ao defender seus interesses daquela maneira decidida! Tive que me controlar para não erguer meu punho no ar e dizer em alto e bom som 'Esta é a minha garota!' Fiquei realmente muito orgulhoso de você."

Mesmo depois de todos esses anos, senti-me verdadeiramente encantada ao ouvir esse elogio de meu pai e saber que ele sempre estivera do meu lado. Aquela pequena demonstração de apoio realmente significou muito para mim. E se, por acaso, algum dia cruzar novamente com Tina, ela que se cuide e tenha seus bolsos firmemente costurados. Aconteça o que acontecer, sei que meu pai aprovará incondicionalmente.

Fazendo a coisa certa

Há um hino que às vezes cantamos na minha igreja que contém um trecho que sempre me faz refletir. "Para cada homem e cada nação um dia chega o momento de decidir", diz ele, e continua louvando a escolha do lado certo, o repúdio à falsidade em benefício da verdade, o fazer a coisa certa. O que realmente me amedronta é a afirmação categórica: "Para cada homem e cada nação um dia chega o momento de decidir." A razão por que ele me assusta é o fato de me fazer pensar quando o meu momento chegará e o que decidirei.

Não é tão fácil fazer a coisa certa, quando nos tornamos adultos, quanto pensávamos ser quando éramos crianças. Você se lembra de quando ficava do lado dos homens de bem – dos mocinhos – e contra os vilões nas séries de televisão e nas histórias em quadrinhos? Mas isso foi antes de a vida ficar complicada e você já ter feito muitas coisas reprováveis para saber que tinha um pouco dos "maus sujeitos". Portanto, não era mais tão fácil odiar os vilões. E houvera muitas ocasiões em que você fizera a coisa errada para saber que fazer a coisa certa não era fácil.

Nós não alardeamos os momentos em que não fizemos o que tínhamos consciência de que devíamos ter feito. Não nos orgulhamos das vezes em que fazemos alguém de bode expiatório ou de quando abusamos do mais fraco ou de quando simplesmente olhamos para o outro lado enquanto outras pessoas fazem o que sabemos ser completamente errado.

Esses momentos tornam o "momento" desta história particularmente marcante. O heroísmo é possível para todos nós. Qualquer um pode ter o seu momento de grandeza. O hino, na verdade, está errado. Ele diz uma vez para cada homem, cada nação. Deveria dizer que o momento de decidir surge todos os dias.

– E.H.

Quando estava no curso secundário, inscrevi-me voluntariamente no Centro Comunitário de Estudos sobre o Holocausto. Ficava num subúrbio da cidade de Nova York e a comunidade judaica contava com muitos sobreviventes do Holocausto que haviam contribuído para a fundação e financiavam seu funcionamento. Para mim, o voluntariado no Centro foi uma experiência indescritível, sobretudo numa inesquecível tarde de domingo do mês de fevereiro.

Fazia um frio cortante e eu estava no balcão da recepção, pregando etiquetas numa remessa postal, visando a angariar fundos. Quando ouvi a sineta da porta, olhei surpreso; o frio intenso tinha afugentado as pessoas durante o dia todo. Com a gélida corrente de ar, entrou uma senhora idosa. Era miúda, a cabeça toda branca, mas tinha um ar altivo, distinto, que lhe conferia uma certa imponência. Saí de trás do balcão e a cumprimentei.

Ela me disse que tinha sobrevivido aos trágicos acontecimentos e não necessitava de apresentação. Sua voz não transmitia rancor, apenas a tristeza de uma antiga resignação.

Presumi que, sendo uma sobrevivente, ela viera gravar sua história, muitos sobreviventes vinham fazer isso. Não quis ser indiscreto, perguntando o motivo de sua visita, mas senti o mesmo fascínio que todos os sobreviventes me despertavam. A capacidade de sobreviver a tamanho terror ultrapassava minha compreensão.

Depois de alguns momentos, a velha senhora disse:

– Vim contar minha história – justamente como suspeitara.

– Naturalmente – disse, conduzindo-a à sala de gravação, notando que ela arrastava um pouco a perna esquerda.

– Você também manca ligeiramente – ela observou.

– Um acidente na infância – respondi, constrangido. Os dois anos de fisioterapia a que fui submetido, um tratamento bastante doloroso, não eram nada, entretanto, comparados com a tortura que ela havia sofrido.

– Você ainda é muito jovem para ter passado por tanto sofrimento e dor – ela disse suavemente, passando a mão no meu rosto. – Eu também era.

Senti-me muito culpado para dizer qualquer coisa. *Mas o dela tinha sido um sofrimento deliberadamente infligido* – tive vontade de gritar. O meu fora apenas um acidente.

Como se pudesse ler meu pensamento, ela disse:

– O que aconteceu comigo não é o que você está pensando. Quer se sentar ao meu lado enquanto conto minha história?

Acenei a cabeça, acomodei-a confortavelmente numa cadeira e liguei o gravador. Sentei-me ao seu lado e ouvi, compenetrado, à medida que ela fazia seu relato.

– Tinha catorze anos quando Hitler assumiu o poder na Alemanha. Meu pai era professor de História na Universidade de Heidelberg. Éramos cristãos, mas muitos dos colegas de meu pai, assim como os amigos mais íntimos de minha família, eram judeus. Meu pai e alguns outros professores cristãos fizeram o possível para convencer seus amigos judeus a deixarem a Alemanha, mas não é fácil fazer alguém acreditar que a terra que eles – e seus ancestrais, há muitas gerações – chamam de pátria não lhes oferece mais segurança.

"Quando tinha dezoito anos, nenhum judeu na Alemanha vivia em segurança. Meus pais concordaram em esconder a filha de seus amigos mais íntimos, sabendo que dentro em pouco eles teriam morte certa. Essa filha, Lili, era minha melhor amiga. Eu a amava como uma irmã. Nós a escondemos num pequeno *armário* atrás de uma escada. Mal dava para uma criança de cinco anos, mas foi o melhor que pudemos fazer. Era muito perigoso para Lili e eu falarmos, a não ser sussurrando, por isso trocávamos bilhetes o tempo todo. Queimava-os na lareira assim que acabava de lê-los.

"Uma tarde, estava sozinha em casa – exceto pelo fato de Lili encontrar-se em seu esconderijo, é claro. Nunca me esquecerei daquele dia encantador, quase suficientemente encantador para esquecermos o mal que se abatera sobre a Alemanha. Era nisso que eu estava pensando quando ouvi baterem na porta da frente com tamanha violência capaz de despertar os mortos. Somente a SS[1] bateria daquela maneira, eu sabia. Um pavor que nunca sentira até então – nem depois – se apossou de mim como doença insidiosa. Numa fração de segundo, decidi que, não importava o que fizessem comigo, jamais entregaria Lili a eles.

"Abri a porta e um deles entrou, apontando, ameaçadoramente, seu rifle para o meu rosto. Outros dois ficaram do lado de fora, na rua.

"– Seu pai é professor na universidade?" – perguntou o soldado que entrara e eu confirmei, acenando com a cabeça.

"– Conhece algum judeu?" – ele cuspiu.

"– Não conheço mais" – respondi, arrependendo-me imediatamente do meu tom desafiador.

"– Da maneira como fala, parece lamentar. Não reconhece que o Führer limpou a Pátria para os bons alemães?" – ele perguntou, com sua fúria hipócrita aumentando visivelmente.

Sacudi a cabeça, furiosa com minha irresponsável estupidez e ao mesmo tempo aterrorizada. Gaguejei rapidamente uma desculpa, mas o mal já estava feito. Ele passou por mim, encaminhando-se diretamente para o armário atrás da escada onde Lili estava escondida, mais apavorada do que eu. Sabendo que, se avançasse – ou mesmo olhasse – na mesma direção da escada, Lili seria fatalmente descoberta, prendi a respiração e silenciosamente pedi a Deus para manter Lili em segurança, mandando embora aqueles SS... e os conservando bem longe. Prometi fervorosamente que o que quer que Deus me pedisse

---

[1] Abreviação de SCHUTZSTAFFEL: unidade da elite militar nazista que servia a Hitler como guarda-costas e como força de polícia especial. (N. do T.)

eu faria, estava pronta a qualquer sacrifício pelo bem de minha amiga.

"Subitamente, como um milagre, um dos SS que ficara do lado de fora abriu a porta e chamou pelo outro que estava chegando cada vez mais perto do esconderijo de Lili. Eu tremia tanto de alívio e de medo que não ouvi por que ele dissera ao companheiro que tinham que ir embora. Lembro-me apenas do olhar maligno do primeiro ao me derrubar no chão e me chutar selvagemente e depois socar meus quadris com a coronha do seu rifle, fraturando os meus ossos da bacia. Foram embora tão rapidamente como tinham chegado. Fiquei prostrada no chão por muito tempo, sofrendo dores atrozes, mas fiel à minha promessa a Deus.

"Os ossos fraturados nunca se consolidaram adequadamente. Recusei-me a procurar um hospital, sabendo que perguntariam por que havia provocado a ira do SS. Lili e eu passaríamos a correr sérios perigos. Um médico amigo em quem meu pai confiava fez o melhor que pôde para colocar-me uma tala e reduzir as fraturas da minha bacia, mas não obteve grande êxito. Atravessamos o resto da guerra sem grandes percalços, afirmando quando interpelados que eu levara um tombo enquanto esquiava, mas ocultara o fato dos meus pais porque eles haviam me proibido de esquiar. Lili nunca foi descoberta. Depois da guerra, viemos para a América com meus pais e moramos em casas vizinhas depois que casamos. Não passamos um único dia de nossas vidas separadas. Ela morreu de câncer ontem. Hoje, faria sessenta e cinco anos."

A mulher olhou para mim com o rosto sereno, sem qualquer sinal de lágrimas, embora eu estivesse chorando copiosamente. Desliguei o gravador e apertei-lhe a mão.

– Não chore -- ela sussurrou. – A nossa foi uma das raras histórias daqueles tempos horríveis que teve um saldo positivo.

Concordei que era verdade, tendo em vista as proporções apocalípticas do horror.

– Lili foi abençoada por ter uma amiga tão dedicada.

– Ambas fomos abençoadas. Sem ela, nunca teria me descoberto. Se não fosse por ela, jamais teria encontrado um tipo de coragem que não suspeitava de que possuísse. Portanto, ela me salvou tanto quanto eu a salvei. Graças a ela, tornei-me o tipo de pessoa que me orgulho de ser. – Ela sorriu para mim de forma angelical. – A vida é curta. Não perca um instante sequer imaginando o que poderá fazer quando chegar o momento de decidir. Peça apenas a Deus que lhe conceda a coragem de fazer o que é certo a cada momento e fazer o que é certo para você mesmo quando não tiver coragem de fazê-lo.

Nunca a esqueci, nem suas sábias palavras, que me foram muito úteis e também me ajudaram a me tornar o tipo de pessoa que me orgulho de ser.

Esperança

Onde você encontra esperança?

Você não pode ir até a loja da esquina para comprá-la a varejo. Eu e meus colegas médicos não prescrevemos receitas para ela. Você não encontra "Esperança" listada nas Páginas Amarelas e, se houver um web site esperança.com, não conte com ele para que lhe forneça esperança quando você precisar.

Para uma necessidade como essa – e esperança é certamente uma necessidade vital – nem sempre sabemos exatamente para onde apelar, quando ela está em falta. É estranho que existam tantas lojas de emergência para tudo quanto é tipo de coisas e não exista uma loja de emergência sequer para fornecer esperança aos necessitados.

Muitas pessoas que me procuram profissionalmente estão com seus estoques de esperança praticamente esgotados. Restaurar a esperança é uma das mais valiosas contribuições que posso oferecer como psiquiatra. Mas é uma tarefa que pode ser muito difícil de ser realizada.

Algumas pessoas preservam pequenas fórmulas ou frases feitas como fundo de reserva para o suprimento de esperança. Frases como: "Amanhã é outro dia" ou "Isso acaba passando" ou "À escuridão da noite precede a luz do dia." Mas, geralmente, essas fórmulas são úteis apenas quando você já tem alguma esperança. Quando está carente de esperança, ou completamente desabastecido, você precisa de algo mais forte do que frases de efeito.

Nessas ocasiões, eu, pessoalmente, encontro esperança olhando nos olhos dos meus filhos. Quando estou com a esperança enfraquecida, olho para um deles ou para os três ao mesmo tempo, e sinto-a revigorar. Se meus filhos não estão por perto, tento trazer seus rostinhos à minha mente, ou o rosto de minha mulher, Sue.

Há ainda outras maneiras. Posso fazer uma oração. Ou dar uma volta. Ou ambas as coisas. Ou posso ler cartas que pessoas me enviaram, agradecendo por tê-las ajudado em suas vidas. Nunca pense que seu médico não se revigora e se alegra quando lhe agradecem. Guardo essas cartas para relê-las quando minha esperança está em baixa. Elas servem como um lembrete concreto de que posso ser útil.

Freqüentemente, é disso que necessitamos quando perdemos a esperança: um simples lembrete. Tendemos a esquecer as boas coisas de nossas vidas; elas se apagam de nossa consciência.

Aqui está uma breve história de como uma pessoa encontrou tal lembrete

– E.H.

Depois de dois ou três anos ajudando meu filho a vencer uma fase difícil (e cuidando ao mesmo tempo de minhas obrigações de esposa e mãe de outros filhos), caí numa depressão inexplicável naquele inverno. Estava desgostosa comigo mesma por me sentir daquele jeito porque sabia que não havia nenhuma razão real para aquele meu estado de espírito.

Resolvi passar uma semana na Flórida com meus pais e cheguei a pensar se seria capaz de pegar o avião de volta para casa. Saía para uma caminhada de manhã e depois ficava o dia todo sozinha na praia, cada vez mais angustiada e preocupada com o que estava sentindo.

Uma manhã, saí cedo para minha caminhada e passei por um garotinho, de uns cinco anos no máximo, que estava pescando num pequeno lago perto do condomínio de meus pais. Ele parecia empolgadíssimo e sorriu e acenou para mim. Seu sorriso esbanjava expectativa e esperança. Quando voltei, horas mais tarde, ele ainda estava lá. Acenou e sorriu novamente quando passei por ele. Ainda não tinha pegado nenhum peixe, mas continuava sorridente e esperançoso.

Foi como se uma luz acendesse na minha frente: esperança. Procuro ver o rosto daquele garotinho na minha mente sempre que as coisas parecem sombrias.

CRIANDO CONEXÕES...

Convite à reflexão: Você é capaz de pensar num momento de sua vida em que descobriu alguma coisa a seu respeito ou sobre a vida, de um modo geral, que não conhecesse antes?

Obstáculos à conexão: Quando se trata de nos vermos como realmente somos, nenhum de nós é capaz de assim fazê-lo. Estranhamente, não são apenas nossas fraquezas que temos dificuldade de enxergar. Muitas pessoas vêem seus pontos fracos com muita nitidez, mas não percebem seus pontos positivos. Aceitam críticas dos outros e as somatizam. Mas são incapazes de aceitar elogios e não se satisfazem com palavras amáveis.

Por outro lado, há pessoas cujas vidas tornam-se trágicas por causa de uma simples falha que não conseguem identificar. Ficam aborrecidas, na defensiva, em vez de reconhecerem e corrigirem a falha. Por isso, nunca aceitam o *insight* que na realidade poderia ajudá-las. Esse é um tema recorrente na literatura mundial. O exemplo mais famoso disso em inglês é a cena de abertura de *O rei Lear*, de Shakespeare, na qual Lear repudia, irritado, sua filha Cordélia, por falar a verdade, e se sente envaidecido com os falsos elogios de suas irmãs Regan e Goneril. A trágica ironia nessa peça – como freqüentemente acontece na vida real – é que a única filha que realmente ama Lear é Cordélia, a que diz a indesejável verdade.

Possíveis passos a serem dados: Se você tiver coragem, tente o seguinte exercício. Pense em três ou quatro pessoas que o conheçam intimamente e em quem você confie. Certifique-se de que são pessoas que gostam sinceramente de você e não têm nenhum motivo para querer magoá-lo. Depois, durante algumas semanas, estabeleça o hábito de manter uma conversa particular com cada uma dessas pessoas. No decurso da conversa, explique que está procurando um *feedback* honesto. Peça, então, à pessoa para lhe dizer se vê alguma qualidade ou característica de sua personalidade que acredite que você deveria considerar possível de mudar.

Procurar esse tipo de *feedback* exige coragem, também é preciso coragem para fornecê-lo. Portanto, escolha cuidadosamente as pessoas e prepare-as, fazendo-as saber que você não ficou biruta, não está deprimido, você está simplesmente – por incrível que pareça – querendo crescer, melhorar seu perfil, mesmo numa idade já um tanto avançada.

Todos nós temos uma ou duas qualidades que nossos amigos conhecem mas que não abordam conosco porque não querem nos preocupar ou porque acham que é impossível ensinar coisas novas a pessoas adultas. Essas qualidades são geralmente gritantes, nada sutis. Há um elefante na sala, mas ninguém menciona sua presença.

Por exemplo, você pode ser, notoriamente, autoritário, mas ninguém se atreve a falar sobre isso, preferindo conservar uma certa distância. Ou você pode ser famoso pelo seu temperamento ousado, mas ninguém toca no assunto, temendo incorrer na sua ira. Ou você pode ser indevidamente maleável e subserviente, mas ninguém faz qualquer alusão a isso com receio de ferir sua suscetibilidade e mesmo porque você não mudaria sua maneira de ser, de qualquer forma.

Entretanto, muitas dessas características podem ser modificadas. Talvez não radicalmente, mas o suficiente para fazer uma grande diferença. Muitas pessoas simplesmente não conhecem suas qualidades negativas. Se as conhecessem, provavelmente tentariam mudá-las.

A autodescoberta também pode originar-se de períodos de reflexão e introspecção. Mas cuidado com a introspeção, contudo, porque sem outra pessoa para contrabalançar suas conclusões, você pode se tornar amargo. Muitas pessoas pensam que estão se sendo introspectivas – auto-analisando-se com rigor crítico – quando tudo o que estão realmente fazendo é se atacando de uma maneira injusta e autodestrutiva. Uma das grandes ironias da natureza humana é o fato de que as pessoas que deviam se auto-analisar rigorosamente nunca o fazem, e as que deviam *ser menos severas* consigo mesmas são as mais radicalmente autocríticas.

Não confunda autocrítica com autodescoberta. Uma boa maneira de combater a autocrítica é manter um relacionamento íntimo com pessoas que realmente o estimam. Não com as pessoas com quem você acha conveniente se relacionar, não com as pessoas que tomam seu tempo, não com as pessoas que o fazem sentir-se culpado quando deixa de falar com elas por alguns dias, mas com as pessoas que *realmente* gostam de você pelo que você é. Os sentimentos dessas pessoas em relação a você podem ser contagiantes.

Capítulo onze

ESPIRITUALIDADE

Capítulo onze

ESPIRITUALIDADE

O que Tucker me ensinou

Conter meus dois meninos num banco de igreja é como tentar fazer pipoca numa panela aberta. Pulam fora o tempo todo.

Dei-me conta disso pela enésima vez num fim de semana comemorativo ao Memorial Day. Muitas famílias tinham viajado. Os garotos que sobraram tiveram que assistir à missa na igreja principal, pois não havia ninguém disponível para ministrar a aula dominical de catecismo. Lucy tinha viajado com uma colega, mas Tucker e Jack ficaram com Sue e comigo.

Quando a missa começou e ouvíamos a leitura da Bíblia, esperava que meus filhos estivessem prestando atenção, porque os salmos daquele dia encerravam a essência de minha crença religiosa e minha razão de ser cristão. Mesmo que tivesse tentado, não poderia ter selecionado trechos mais adequados à minha fé. Mas estariam os meninos atentos? Não acreditava.

À medida que a leitura procedia, "Quando amamos uns aos outros, Deus está dentro de nós e seu amor se aperfeiçoa através de nós...", Jack e Tucker pareciam mais indóceis. "Deus é amor e aqueles que vivem em amor vivem com Deus e Deus mora nos seus corações." – o que não impediu Jack e Tucker de se engalfinharem no chão em frente ao nosso banco, sob os olhares de desaprovação dos paroquianos. Quando Sue e eu conseguimos apartá-los e adverti-los energicamente para ficarem quietos e acompanharem a missa, começou a leitura de outro trecho bíblico: "Jesus disse aos discípulos: – Assim como o Pai me amou, eu vos tenho amado, permaneçam no meu amor." Jack e Tucker se entreolharam e encheram as boche-

361

chas, tentando provocar risadas. A leitura prosseguiu: "Eu vos tenho dito essas coisas para que minha alegria possa estar em vocês e a vossa alegria possa ser completa." Nesse ponto, Tucker escancarou a boca, expelindo um jato de ar e uma gargalhada abafada que provocou um pulo em toda a congregação. Retirei-me da igreja precipitadamente, com Tucker a reboque.

Esse é o momento em que, nas gerações anteriores, as crianças eram levadas para casa e castigadas fisicamente ou ficavam confinadas num quarto escuro o resto do dia. Esse não é procedimento que Sue e eu adotamos. Não batemos em nossos filhos. Estabelecemos limites de comportamento de outras maneiras. Naquele dia, ao sairmos da igreja, sentei-me com Tucker num banco da pracinha e lhe disse que não podia se comportar daquela maneira dentro de uma igreja.

Como forma de punição, não exijo que ele permaneça na igreja durante a leitura da Bíblia. A mensagem que quero que Tucker receba ao ir à igreja não é uma mensagem de disciplina rígida, leitura compulsória e olhares severos de adultos descontentes. Quero que ele receba uma mensagem de segurança e alegria ao freqüentar a igreja.

Sentados no banco do lado de fora, conversei com Tucker sobre amor. Disse-lhe que era a isso que as leituras religiosas se referiam. Tucker olhou para o gramado, pensando só Deus sabe em quê.

Naquele momento, num canto da igreja de onde podíamos ver o que estava se passando mas não podíamos ser vistos, um homem maltrapilho entrou cambaleante no pátio da igreja. Em voz alta, perguntou a John, um membro da congregação que estava dando uma tragada furtiva no cigarro, se aquilo era uma igreja. John pôs o dedo nos lábios para que o homem baixasse o tom de voz, e confirmou com um aceno de cabeça que se tratava efetivamente de uma igreja. – Onde é o banheiro? – perguntou o maltrapilho. John começou a apontar, mas em seguida jogou fora seu cigarro, amassou-o com o pé e conduziu o homem a um prédio nos fundos, distante de onde a missa estava sendo rezada. Tucker arregalou os olhos porque o homem parecia mau e perigoso, numa atitude suspeita.

Em poucos minutos, John e o estranho emergiram do prédio dos fundos. Ambos estavam sorrindo e o homem da rua não parecia nem mais um pouco assustador. John pegou sua carteira e deu algumas notas ao estranho e depois levantou a mão como se dissesse: "Não precisa me agradecer." Os dois bateram no ombro um do outro e seguiram caminhos opostos; o mendigo encaminhou-se para as ruas de Cambridge e John voltou para a igreja.

Perguntei a Tucker se ele havia compreendido o que acontecera. Tucker sacudiu a cabeça, dizendo que não. Quando tentei explicar-lhe, cheguei à conclusão, como ocorre freqüentemente, de que era melhor não me aprofundar na questão. Afinal, quem saberia dizer o que o homem faria com o dinheiro ou se devíamos sempre dar dinheiro aos necessitados ou se era uma boa idéia sair da igreja no meio da missa para ir dar uma tragada no cigarro?

Procurei, no entanto, ver um momento humano no episódio. Mal conhecia John, mas disse a Tucker que ele era um bom sujeito. John acabara de ajudar um desconhecido que estava mal de vida. Disse a Tucker que Deus estava sempre procurando ajudar a nós todos e tudo o que pedia em retribuição era que, de nossa parte, também tentássemos ajudar uns aos outros.

Tucker sorriu para mim.

– Isso é o que a mamãe faz comigo – ele disse.

Contive o desejo de perguntar: "E o papai?" Em vez disso, abracei-o e disse: – É isso aí – concordando.

Nesse ponto, Tucker olhou para mim com seus olhinhos brilhando. Se você tem filhos ou convive com crianças, sabe como seus olhos são capazes de cintilar como o sol reluzindo no espelho de uma lagoa, a luz nunca parada, sempre tremeluzindo aqui e ali.

Sabia que o sermão tinha terminado porque a congregação estava cantando um hino. Podíamos ouvi-lo distintamente do lado de fora da igreja, um pouco abafado, mas aquele hino em particular era inconfundível. Estavam cantando "Amazing Grace" lá dentro. E os olhos de Tucker brilhavam do lado de fora.

Por que caprichos do destino me encontrava ali? Eu, filho

de um pai psicótico, de um padrasto alcoólatra e perverso e de uma doce mãe, também alcoólatra? Como podia estar ali ao lado do meu filho, aquela fofura de olhos cintilantes? *Francamente*, pensei com meus botões, *de que mais provas necessito para proclamar a existência de Deus?* Um verso do hino que estava sendo cantado naquele momento, sob medida, respondeu à minha pergunta de como chegara intacto àquela manhã. "Através de muitos perigos, muita labuta e muitas ciladas, cheguei até aqui; a Divina Graça me trouxe são e salvo e me levará até a minha casa."

John, o paroquiano que eu mal conhecia, tivera piedade do sujeito anônimo para mostrar a Tucker e a mim como o espírito pode se manifestar neste mundo e, caso eu não tivesse percebido a mensagem, um anjo incandescera os olhos de Tucker para que ele me lançasse um de seus inesquecíveis olhares. O anjo providenciara até mesmo um dos meus hinos prediletos para acompanhar o olhar de Tucker, para que eu soubesse que aquele momento era uma Encomenda Muito Especial.

Que esse anjo não nos deixe nunca, aconteça o que acontecer. E que possamos sempre cantar.

ECOS...

O poder do amor

Você já sentiu que um espírito o visitou? Não quero dizer que tenha necessariamente invocado uma visão, mas que tenha sentido que uma alma do outro mundo tentou entrar em contato com você. Você talvez ria dessas coisas. Ou, talvez, veja-as acontecer a toda hora. Eu me sinto cautelosamente no meio-termo. Certamente não faço pouco dessas coisas, mas tampouco vejo-as acontecer todos os dias. Meu palpite, entretanto, é que ocorrem diariamente. Simplesmente ainda não aprendemos a detectar esses visitantes de forma mais regular.

Acredito que o espírito de minha tia Duckie me visitou pouco depois de sua alma terrena ter morrido. Se estivesse viva, ela zombaria dessa idéia, mas tenho certeza de que aconteceu.

A coisa se passou da seguinte maneira: algumas semanas depois de Duckie ter falecido, eu levei Jack, Tucker e um amigo de Jack a uma viagem de fim de semana, para irmos todos assistir a um jogo de futebol do New York Giants. A viagem era duplamente especial porque um treinador auxiliar, um amigo meu chamado Mike Pope, obtivera para nós passes especiais que nos davam direito a entrar no campo antes do jogo e nos juntar aos jogadores enquanto faziam seus exercícios de aquecimento.

Na noite anterior ao jogo, fomos de carro de Boston diretamente para um hotel perto do estádio do Giants. Na manhã do jogo, preparamo-nos para ir ao estádio e os garotos se embolaram no carro como se estivessem a caminho da aventura mais empolgante de suas vidas.

Paguei a conta do hotel, comprei uns refrigerantes para os garotos, e, quando estava prestes a entrar no carro, resolvi checar os bolsos para me certificar de que estava tudo em ordem. Santo Deus do Céu, os ingressos e os passes especiais tinham sumido!!!

Chequei todos os meus bolsos duas vezes antes de começar a entrar em pânico. O sumiço dos ingressos e dos passes era uma tragédia de proporções homéricas. Não tinha como entrar em contato com Mike para ver se ele quebrava o galho, arranjando outros, pois ele estava concentrado com o time. Os garotos ficariam arrasados e não havia plano B que pudesse, ainda que remotamente, remediar a situação.

Corri para o balcão da portaria do hotel para ver se, por acaso, teria deixado os ingressos cair em algum lugar. Nada feito. Pedi ao caixa para dar uma olhada no chão. Novamente, nada feito. Corri até a loja de presentes, onde havia comprado os refrigerantes. A má sorte persistia. Perguntei ao porteiro se ele tinha visto algum ingresso ou se alguém que os tivesse encontrado tinha tido a bondade de devolvê-los. Ele sacudiu a cabeça negativamente. Expliquei-lhe que havia passes especiais de acesso ao gramado junto com os ingressos e que três meninos ficariam profundamente decepcionados se os ingressos e os passes tivessem sido perdidos. Devo ter pensado que minha comovente história pudesse de algum modo induzir o porteiro a achar miraculosamente os voláteis ingressos. Mas ele se limitou a sacudir tristemente a cabeça outra vez. Nada.

Desesperado, olhei para o céu e implorei: – Por favor, por favor, me ajude a achar meus ingressos.

Quando olhei para o chão, os ingressos e os passes lá estavam, aos meus pés!

O porteiro piscou os olhos. – São ingressos para o jogo? – ele perguntou, incrédulo. Acenei com a cabeça afirmativamente. – São seus? – Confirmei novamente com outro aceno de cabeça. – O senhor é um homem de muita sorte – ele disse, batendo nas minhas costas. – Isto aí vale ouro, não fica dando sopa jogado no chão nem por um segundo.

No meu coração, eu sabia de onde eles tinham vindo. Duckie os enviara. Foi sua maneira de me dizer que tinha chegado ao seu destino e que estava tudo em ordem. Senti sua presença tão profundamente como se ela estivesse sentada ao meu lado.

O engraçado nisso tudo é que se lhe tivesse contado uma história como essa antes de sua morte, ela teria rido e provavelmente dito: – Fantasias, meu filho, não seja tolo. Esses ingressos estavam aí no chão o tempo todo. Você é que não viu.

Acho que rejeitamos todo tipo de mensagem do além dia após dia, entra ano sai ano. Optamos pela incredulidade por respeito às provas científicas e, quando não temos provas materiais, como as que encontrei no chão na forma daqueles ingressos, as rejeitamos como insuficientes, falhas ou até mesmo ilusórias. Quanto mais preparados, esclarecidos, mais fazemos isso.

Mas naquele dia, por alguma razão, eu não fiz. Ao contrário, aceitei a mensagem. Fora Duckie quem me enviara aqueles ingressos e passes especiais.

Na história que segue, uma mulher recebe outro tipo de mensagem. Como a mensagem de Duckie para mim, ela também veio em resposta a uma prece.

– E.H.

Estou deitada num quarto escuro de hospital, em profundo silêncio, sentindo inequivocamente que aquela será minha última noite na Terra. Poucas horas antes, o médico dissera aos meus pais e a mim que o resultado da tomografia de emergência tinha acusado uma massa muito volumosa no meu rim esquerdo. Não tinham certeza do que a massa pudesse ser; somente uma ultra-sonografia do rim seria conclusiva. Mas era véspera de Natal e só às seis horas da manhã seguinte haveria um técnico disponível para realizar o exame.

O despertador de viagem na minha cabeceira indicava 11:45 da noite na sua luz verde incandescente. Um pouco mais de seis horas até poder ser submetida ao exame que diria aos médicos como proceder. Suspirando, me perguntei se sobreviveria por tanto tempo. A única coisa que me mantinha viva – que me fizera resistir nas últimas amargas semanas desde que perdera a consciência provocada por uma dor aguda no meu flanco direito – era saber como seria horrível para meus pais continuarem sem contar comigo. A cada minuto que passava, entretanto, sentia-me pior, cada vez mais fraca e com dores mais agudas.

Acho que tudo o que me resta fazer é rezar, pensei. Sentindo-me muito fraca até para suspirar, orei silenciosamente. *Senhor, se tenho que passar por esse sofrimento, ajudai-me, fazendo um sinal de que quereis que eu lute. Estou muito doente e muito amedrontada para vencer essa provação sozinha. Eu vos imploro, mandai-me um anjo para me ajudar.* Depois, exausta para continuar, fechei os olhos e esperei que as seis horas chegassem.

Após algum tempo – nunca saberei quanto –, senti uma mudança em mim que não sei como explicar, exceto dizer que a dor estava diferente. Não que tivesse cessado, continuava intensa, mas antes parecia maior do que eu – tão grande, na verdade, que parecia me consumir. Agora, era como se a dor fizesse parte de mim e não o contrário. Passara a respirar um pouco melhor, aceitando a dor sem medo.

Subitamente, o ar à minha volta adquiriu a maciez do veludo, como se alguém tivesse gentilmente me coberto com um véu de seda. A fragrância de lavanda perfumava o ar e, através de minhas pálpebras fechadas, percebi uma pálida cor purpúrea tingindo o ambiente. *Provavelmente, estou delirando de febre*, concluí, abrindo os olhos.

Contudo, a lavanda persistia, tanto na cor quanto no aroma, a impregnar o quarto.

– Vovó – quase não ouvi meu assombrado sussurro. O ar ondulou suavemente numa resposta imperceptível. Sabia que era a resposta à minha prece desesperada. Minha avó, que morrera havia quase vinte e cinco anos, viera para que eu não ficasse sozinha no meu sofrimento. Fechei os olhos novamente, sentindo as lágrimas rolarem pelas minhas faces. Permaneci suspensa no tempo, sentindo apenas o mágico ar aveludado, luminoso, e exalando o aroma de minha avó – embebido do seu amor. Gradativamente, o aroma desapareceu e a luminosidade esmaeceu, mas a sensação de ser amada e protegida permaneceu. Sem saber como sabia, tive certeza de que sobreviveria e, pouco a pouco, recuperei a força para lutar. – Vovó, por favor, diga à mamãe que vou ficar boa – rezei em silêncio. E, finalmente, adormeci.

Na manhã seguinte, fiz a ultra-sonografia do rim, que isolou um abscesso tão grande que fui enviada às pressas para a cirurgia de emergência para drená-lo. Se isso tivesse acontecido há alguns meses, antes do refinamento de uma nova técnica cirúrgica, todo o rim teria que ter sido removido. E o cirurgião me assegurou solenemente, enquanto eu jazia imóvel no aparelho de tomografia que lhe permitia drenar cirurgicamente o abscesso, que, se tivessem demorado mais um pouco, o saco de infecção teria rompido, invadido minha corrente sangüínea e certamente me matado.

Murmurei minha mais sincera gratidão, mas só conseguia pensar no contato sobrenatural que experimentara na noite anterior.

Quando o procedimento terminou, fui levada de volta para meu quarto no hospital e injetada com doses intravenosas maciças de antibióticos, a fim de eliminar quaisquer focos residuais de infecção que pudessem ter migrado para o meu sistema circulatório, e acomodada o mais confortavelmente possível. As enfermeiras me enchiam de atenções, claramente preocupadas com a gravidade do meu estado de saúde. Mas eu me mantinha acima da preocupação e do medo, inteiramente segura, certa da mensagem divina de minha total recuperação que minha avó me trouxera.

Pouco depois, minha mãe entrou no quarto com um sorriso estampado no rosto tão largo e radiante quanto o céu. Seu rosto demonstrava preocupação, é claro, mas não a preocupação intensa, o desespero, que eu receava ver. Logo me dei conta de que minha avó ouvira o pedido final que eu lhe fizera.

– Sonhei com a vovó a noite passada – disse minha mãe. – Ela me disse que você vai ficar completamente curada – ela me assegurou, beijando-me carinhosamente a testa.

– Eu sei. Ela esteve aqui – sussurrei.

Minha recuperação foi longa e exaustiva e, muitas vezes, duvidei de que recobraria meu nível normal de energia. Mas, nesses momentos, me transportava àquela noite maravilhosa e me lembrava da maneira como minha avó havia viajado através do tempo e do espaço para me dizer que eu viveria e ficaria boa. E isso era tudo de que precisava saber.

Forças invisíveis

Quer acredite em Deus ou não, você provavelmente experimentou, pelo menos uma ou duas vezes, momentos de inexplicável bem-aventurança, momentos que algumas pessoas chamam de milagres e outras de excepcional boa sorte. Esta contribuição de Claudia Crawford, de Maine, contém esses ingredientes.

– E.H.

Sinto-me muito ligada ao meu marido com quem estive casada apenas seis dias, mas de quem fui namorada durante um ano e meio e depois noiva durante outro ano e meio. Estávamos voltando de nossa lua-de-mel, quando fomos envolvidos num acidente de automóvel. Ele morreu. Milagrosamente, fui arremessada do carro na estrada. Tive uma experiência extracorpórea, vi uma luz brilhante e a silhueta de uma figura humana que disse: "Volte atrás, volte atrás." Acordei no acostamento da estrada onde encontrei meu marido entre a vida e a morte. Ele morreu na ambulância, segurando minha mão.

Um ano depois, uma mulher me procurou e me disse que eu havia salvado sua vida. Eu não a conhecia, mas ela disse que me conhecia e sabia da terrível tragédia que eu sofrera aos vinte anos. Um dia, ela estava no banheiro disposta a cortar os pulsos porque seu marido, um pastor protestante, tinha desviado trinta mil dólares e fugido com a secretária da igreja. Quando estava prestes a cortar os pulsos, ela sentiu a presença de Deus, que fez com que ela pensasse em mim. Ela ponderou: *Se a Claudia pôde superar sua horrível tragédia, eu também posso, porque o que aconteceu com ela foi infinitamente pior do que o que aconteceu comigo.*

Fiquei muito impressionada com o fato de ter salvado a vida daquela mulher, que nunca vira, simplesmente porque ela ouvira falar de mim e do meu acidente. Foi então que me dei conta de que podia ser útil a outras pessoas e decidi me tornar uma terapeuta.

Minha tragédia tem me ajudado a criar empatia com os outros e a compreender, em primeira mão, a profundidade da dor humana. Continuo a sentir a presença de meu marido. Sinto sua influência como um "anjo da guarda" na minha vida diária.

O que se pode cultivar
num jardim

Aqui um homem relata o que ele encontra num jardim. Quão freqüentemente esquecemos nosso lugar na natureza. Através da imagem do seu jardim, este homem lembra-nos com sensibilidade de onde todos nós nos situamos. Lembra-nos de que nunca estamos sós, mesmo que estejamos sozinhos, com as mãos enfiadas na terra, ajudando as flores a crescerem. Este homem acredita em Deus, mas, mesmo que não acreditasse, ainda assim poderia sentir a mesma conexão com alguma coisa sobrenatural através do seu jardim. Você não precisa acreditar em Deus, ou participar de qualquer religião institucionalizada, para sentir uma profunda conexão espiritual com forças que o transcendem.

– E.H.

Minha alma se fortalece no meu jardim florido. Meu jardim me permite ver a vida como ela é – do nascimento à morte – com todos os seus elementos, do calor do sol à mudança das cores no outono.

Quando trabalho no meu jardim, posso compreender os problemas que meus clientes e seus parentes estão enfrentando. Também posso relaxar meu estresse no meu jardim, porque posso me comunicar com essa vida mutante e florida com minhas mãos.

Do que mais me orgulho em minha vida é do tempo que passo no meu jardim. Sei que estou contribuindo para este mundo, à minha modesta maneira, tornando a Terra um lugar mais bonito, mais harmonioso com minhas várias flores. Sinto uma grande alegria ao ver as flores desabrocharem.

Mas a minha maior alegria é poder compreender melhor o plano de Deus e os caminhos da vida. Nunca estamos sozinhos. Meu jardim me conecta com a vida no seu mais abrangente sentido. Cada flor é diferente, com suas fraquezas e vulnerabilidades; entretanto, cada flor também tem sua própria força, beleza e originalidade.

O tempo leva minhas flores, mas não faz diferença, porque todas as flores (e eu vejo isso na própria vida) atravessam ciclos. Sempre haverá outra estação. Hoje é importante, mas toda uma vida não pode acontecer num único dia. Temos que ter paciência. E amor: "As flores desabrocham onde são plantadas."

Gosto de jardinagem. Encontro no meu trabalho no jardim não apenas felicidade, mas também a alegria que as flores criam para os outros. A beleza das flores (e das pessoas) é um presente a ser compartilhado por todos. Estou inteiramente envolvido. A flor tornou-se parte de mim, não alguma coisa *para* mim.

Prova diária

Quando afirmo, no subtítulo, que este livro pode guiá-lo à verdadeira significação da vida e ao amor, é porque acredito que estas histórias podem prová-lo. Nesta nossa época cínica e ensandecida, é bom lembrar o que a autora deste breve texto nos diz intensamente. Ela não está criando frases de efeito para decorar cartões de felicitações; ela está escrevendo do fundo do seu coração sobre o que realmente conta para ela na vida. Ela aprendeu, como sucede com a maioria de nós, com a dor e o sofrimento. Mas o que a dor e o sofrimento lhe ensinaram não foi cinismo e amargura. Ao contrário, lhe ensinaram onde buscar significação e amor. Seu roteiro pode ser seguido por todos nós.

– E.H.

A presença de Deus significa muito para mim. Aprendi a descobri-la no meu dia-a-dia.

Para fazer essa descoberta, tive que perder tudo: a casa dos meus sonhos (num incêndio); meu estilo de vida de freqüentadora de bailes da sociedade, corridas de cavalos e espetáculos de balé; meu talento para a dança (por causa de uma fratura no tornozelo) e um bebê.

Devido a todas essas perdas, descobri que as coisas materiais não proporcionam a alegria básica da vida. A alegria é encontrada num deslumbrante pôr-de-sol. Costumo dizer aos meus filhos: "Deus pintou isso para vocês." A alegria é encontrada na música, num cântico em louvor a Deus. A alegria é encontrada no milagre de um beija-flor pairando rapidamente na sua janela ou em plumagens congeladas no inverno. A alegria é encontrada no abraço e no sorriso de nossos filhos. Poder encontrar alegria e milagres a cada dia nos conduz a uma atitude de gratidão. Uma gratidão pelo ronco do seu marido à noite e o gato aninhado no seu colo. Provas diárias da presença de Deus em minha vida – e na sua.

O Museu de Ciências

Gosto muito deste relato, escrito por um cientista, sobre uma breve discussão teológica com seu filho. As "grandes questões" sobre a vida vivem nas mentes de todos nós, acreditemos ou não em Deus. Às vezes, é preciso uma conversa com uma criança para organizarmos nossos pensamentos. Adoro conversar com crianças sobre os grandes temas: o que acontece depois da morte? De onde é que viemos? Por que existem pessoas más? Você não tem que se preocupar com o dogma de alguém, pode simplesmente explorar os questionamentos com a criança.

— E.H.

Meu filho Josh tem onze anos. É muito vivo, criativo e intuitivo. Um dia, ao nos dirigirmos de carro para o Museu de Ciências de Boston, ouvimos um anúncio no rádio que nos levou a uma discussão sobre a Guerra de Tróia. Para meu encanto, Josh estava bem informado sobre o assunto. Sabia tudo sobre Helena, o Cavalo de Tróia e Aquiles.

Quando discutíamos Aquiles, Josh me perguntou se a história de que ele se afogara no rio, preso pelo calcanhar, era verdadeira. Disse-lhe que era um mito e enveredamos por uma discussão em torno da mitologia e dos deuses do mundo antigo, como um meio de explicar o inexplicável.

À medida que a discussão se desdobrava, expliquei que, às vezes, o conceito de Deus era necessário para conferir autoridade aos líderes. Expliquei que, se Deus não tivesse outorgado a Moisés os Dez Mandamentos, estabelecendo regras e ordem aos hebreus depois da Fuga para o Egito, Moisés teria que ter inventado Deus para obter a autoridade que lhe permitiria legitimar esse código de conduta.

Josh então perguntou se eu, como cientista, acreditava em Deus. Disse-lhe que, como cientista, podia remontar nossa origem à "Grande Explosão"[2] . Mas não podia explicar de onde viera a matéria que se acumulara para formar a grande bola de fogo que criou o universo. Expliquei que, na minha mente, nos primórdios da vida no mundo, Deus deve ter sido o grande Construtor que deu origem a tudo.

Josh ouvia atentamente, fazendo perguntas inteligentes. Finalmente, enquanto atravessávamos o corredor para entrar no museu, ele me perguntou: – Pai, de onde Deus veio?

Senti uma grande alegria e ternura ao olhar para ele. – Josh, você acaba de tocar no "X da questão". Se você aceita o conceito de Deus, então Deus, por definição, sempre existiu. – Aquele foi um dia inesquecível para mim por obra e graça de uma simples conversa de trinta minutos com meu filho.

---

[2] Do inglês *big bang*: teoria segundo a qual o universo se originou de uma enorme explosão de massa de hidrogênio. (N. do T.)

Depois que
meu marido morreu

Como uma mulher lida com a morte do marido? Aqui, ela narra, breve e bravamente e com grande honestidade, como atravessou esse momento difícil.

Esta história, uma das mais curtas deste livro, abrange um vasto tópico: como reagimos a uma morte trágica, prematura. A autora desta vinheta poderia ter escrito um livro e, na verdade, muitos livros foram escritos sobre as experiências que ela e seus filhos viveram.

O que acho extraordinário neste relato é, de fato, sua brevidade. A autora simplesmente expõe o que aconteceu, explica com absoluta honestidade como se sentiu e o que fez, menciona as terríveis perguntas que seus filhos naturalmente lhe fizeram, e fica por aí.

– E.H.

Meus dois filhos – Todd, agora com dezesseis anos, e Craig, com catorze – tinham quatro e dois anos respectivamente quando o pai deles, meu querido marido, morreu de câncer. Na ocasião, disse com toda a seriedade a uma outra viúva, minha amiga, que simplesmente criaria os filhos e depois MORRERIA. Fazia o mais completo sentido, uma vez que meu coração e minha mente não podiam conceber a vida sem minha "conexão original", Sam, o pai de meus meninos. Graças a Deus, decidi em boa hora que a vida valia a pena ser vivida. Isso se deveu, principalmente, ao fato de não querer perder um só momento das vidas de meus filhos. Quero ser sua fonte de um olhar incondicionalmente positivo. Quero estar com eles no silêncio e no tumulto, na alegria e na tristeza e em todas as aventuras de que participamos na vida. É bem verdade, em parte, que eles me mantiveram viva por precisarem de mim, porque eram tão jovens e dependentes que eu não podia me dar ao luxo de desistir de viver. Tinha que ser forte por causa deles, mesmo que muitas vezes me faltassem forças para prosseguir. Por essa bênção misericordiosa, serei eternamente grata.

Quando os meninos me perguntam por que acredito em Deus, digo-lhes: — Quando o pai de vocês se foi, não foi o meu Deus que o levou, foi o câncer. E Deus me deu outras pessoas para que soubesse que não estava sozinha, Deus me deu vocês, dois filhos maravilhosos, para que sempre estivesse em conexão com o papai, mesmo depois de ele ter partido.

Beethoven

Para algumas pessoas, os momentos de conexão espiritual mais intensamente sentidos são aqueles transmitidos pelas artes. A música, a literatura, a pintura, a dança, o cinema, a escultura – todas essas formas de manifestação artística podem nos levar a descobrir o que não seríamos capazes de descobrir de outra forma, a nos fazer ver o que existe por trás das palavras, o outro lado do que pode ser provado ou detectado pelos nossos cinco sentidos. Usamos nossos sentidos para nos comunicarmos com a arte; por sua vez, ela nos comunica com um mundo para além dos nossos sentidos.

Porque o artista – não importa o meio, das palavras à pintura, das notas musicais aos passos de dança – seleciona o que focaliza e o dispõe numa ordem particular, a arte tem uma grande vantagem sobre a vida. A arte elimina o irrelevante. Na grande arte, nada do que é retratado o é por acaso. Como disse o dramaturgo Chekov: "Se os espectadores vêem um rifle pendurado na parede no primeiro ato, é bom que ele seja disparado antes de cair o pano final."

Uma vez que a arte pode condensar a vida na sua essência, a arte permite uma visão única. Dia após dia, mesmo o mais perceptivo dentre nós não percebe regularmente a profundidade e a significação do que está acontecendo à sua volta. Entretanto, numa peça, num poema, numa pintura, num romance, num filme ou em qualquer outra obra de arte, o artista ergue o véu da irrelevância e de eventos ocasionais que obscurecem o que realmente está acontecendo. O artista extrai a ordem do caos. O artista trabalha contra a entropia – a lei de termodinâmica que diz que a vida tende a um estado de desordem – e esculpe a estátua da pedra bruta.

O mundo em que penetramos através da arte é um mundo mágico, concebido na imaginação. A arte nos introduz em mundos aos quais não teríamos acesso por outros meios. Como você poderia chegar à Terra de Oz exceto por meio da arte? Como poderia viajar pelo mundo de Hamlet a não ser por intermédio de suas palavras? Como você sente o impacto de van Gogh se não for por intermédio de seus quadros?

No ensaio mais adiante, um homem expressa seu amor a Beethoven. Ao lê-lo, você talvez se surpreenda pensando em algum lugar de sua própria vida onde você encontra a inspiração e a força que esse homem capta em Beethoven. Talvez seja por meio da obra de um escritor que você admire – ou de um pintor ou de um cineasta. Talvez seja numa canção específica ou no repertório de um cantor. Se tiver sorte, as encontrará em muitos lugares. Sempre que você encontrar semelhante inspiração, estará tão perto da vida sem caos – que alguns chamam de beleza e outros de verdade – quanto um ser humano poderá chegar.

Na descrição desse homem, aprecio especialmente como Beethoven se torna humano e acessível. Neste relato, Beethoven não é apenas um gênio excepcional, compondo obras-primas imortais para nós, meros mortais. Aqui, Beethoven se torna um de nós. E, por intermédio de sua arte, esse mero ser humano transporta todos nós de nossas limitações comuns a um lugar grandioso.

– E.H.

Quero descrever minha ligação com Ludwig van Beethoven, como o conheci tão bem através de sua música, particularmente a vasta obra composta para ser executada em coro, do seu último período, a *Missa Solemnis* e a *Nona Sinfonia.*

Lembro-me nitidamente da primeira vez que ouvi essas obras e do impacto que ambas me causaram. Era difícil acreditar que fossem criações humanas, na medida em que pareciam pairar nos céus e expressar algo transcendental.

Desde minha iniciação à Missa e à Nona, já as ouvi centenas de vezes; quando estou cansado, sentindo-me cético, desconsolado, desligado, volto a elas para rejuvenescer a mente, o corpo e o espírito. Quando as ouço, com coro e orquestra, sinto-me transportado, transformado – elevado a um nível superior. Às vezes, enquanto as ouço, percebo a unidade de todas as coisas.

Tenho percorrido longas distâncias para ouvir ao vivo ambas as peças e já fiquei famoso por assistir ao mesmo concerto duas vezes. Essas performances, e o fato de participar delas num cenário público, é o que mais se aproxima de uma experiência religiosa. Como disse Bernard Shaw: "Beethoven fez da música uma religião." É daí que derivo uma sensação de significação transcendental.

Há uma impressão inerente tanto à Missa quanto à Nona de luta e eventual resolução e superação. Emociono-me às lágrimas com essas peças quando penso, para usar a expressão de Nietzsche, na pessoa "humana, demasiado humana" que as criou, a despeito de sua adversidade e do seu desespero; de seus amores não correspondidos, seu isolamento pessoal, dos abusos que sofreu quando criança, do consumo imoderado de álcool e da surdez que o impediu de ouvir essas suas duas últimas obras-primas.

Para mim, Beethoven exemplifica o que é o ser humano: tinha muitos defeitos, era freqüentemente rude – até mesmo desonesto. Contudo, produziu a mais requintada arte que este mundo conheceu. E sua perseverança face a uma esmagadora adversidade, sua recusa em render-se, sua integridade, seu compromisso com a excelência, que tanto me comovem juntamente com o otimismo e a vitória que emergem dessas obras. Ele dá voz ao que há de melhor no espírito humano, e celebra o que nos une.

Volta e meia, penso na *estréia* da *Nona*, quando, depois de o público irromper numa estrondosa ovação, um dos solistas teve que virar Beethoven, que não ouvira nada, para a platéia. Sinto uma conexão com esse gênio, com todas as suas imperfeições, como se realmente o tivesse conhecido, embora minha intimidade fosse somente através de sua música. Sua arte tem um inegável apelo universal, que a torna a música mais reverenciada no Japão, e explica por que a escolhemos nas ocasiões solenes, para assinalar acontecimentos significativos como a queda do Muro de Berlim.

Três peônias

Enquanto lia isto e visualizava as três peônias, pensava na autora, não nas peônias, e senti o tipo de admiração que sentimos por alguém que resistiu mais ao sofrimento do que julgamos que seríamos capazes de resistir, e o fez com graça e coragem. Em uma de minhas palestras, encontrei a mulher que escreveu este texto. Ela é realmente graciosa e corajosa. Transmite um tipo de aura de paz. Não quero parecer demasiadamente espiritualista, mas, quando conheci essa mulher, senti que ela possuía uma presença divina. Em outras palavras, senti que o que quer que Deus seja, Ele estava muito mais presente naquela mulher do que em qualquer um de nós.

Se você se permitir, pode sentir essa presença de Deus nas pessoas que encontra. Se você não descartar a idéia como uma maluquice ou excentricidade e deixar-se possuir pelo sentimento, poderá sentir uma espécie de atração por essas pessoas. Algumas das pessoas pelas quais você é capaz de sentir atração poderão ser impostoras e charlatãs, meras personalidades carismáticas, indivíduos que, na realidade, causam danos inomináveis, explorando nossa boa-fé, nossa necessidade de acreditar. Com boas razões, desconfiamos instintivamente dessas pessoas: elas têm destruído bilhões de vidas através da história.

Mas, por outro lado, algumas realmente pregam a palavra e o amor de Deus num grau mais elevado do que você pode encontrar em qualquer outro lugar da Terra. Espero que você não torça o nariz ao ler isto. Não sou maluco, mas sei que algumas pessoas possuem um poder extraordinário de amor e de bondade, que chamo de presença de Deus. Você pode encontrar essas pessoas em qualquer lugar. Uma delas, que tive a sorte de conhecer bem, foi um zelador durante anos de uma escola pública em Roslindale, Massachusetts. Outra foi meu velho professor Bill Alfred. Outra é a autora deste depoimento, que conheci superficialmente, apenas por alguns minutos. Ainda assim, senti o inconfundível poder do seu espírito, só por ter estado na sua presença por breves instantes.

A última frase deste depoimento é a maneira mais sucinta e simples de dizer o que espero para mim e para todas as pessoas que conheço. É o que espero que você consiga ao ler este livro. "Trabalhar no jardim", ela escreve, "uma tarefa que poderia considerar tediosa no passado, agora me dá uma grande alegria."

Trabalhar no jardim. Viver essa coisa chamada vida. É melhor deixarmos que ela nos proporcione grandes alegrias.

– E.H.

Meu filho morreu no ano passado, três dias antes do Dia das Mães. Ele sabia o quanto eu gostava de flores e me comprou três peônias como presente do Dia das Mães. Chegou até a plantá-las para mim. Na ocasião em que ele plantou essas peônias, sua morte – seu suicídio – era a coisa mais remota da minha mente. Desde sua morte, freqüentemente penso se ele estava cogitando pôr fim à vida quando plantou as flores.

Embora ame flores, nunca encontrei tempo para me dedicar à jardinagem. Minha vida ocupada não me permitia esse luxo, e sempre era mais fácil recorrer à florista. Depois de o tremendo choque e sofrimento provocados por sua morte terem diminuído um pouco, consegui tentar estabelecer conexões com meu filho através de algumas coisas que ele deixara. Seus muitos ensaios sobre a vida em geral, sua poesia, sua música e suas "coisas".

Mas a maior fonte de conexão, para mim, tem sido o jardim

que consegui cultivar em torno das peônias, seu último presente, seu último gesto de amor. Desde então, tenho plantado muitas flores bonitas, algumas compradas, outras ofertadas por amigos – tanto do meu filho quanto da minha família.

Quando a primavera se aproxima, deixando o inverno para trás, aguardo ansiosamente ver quais são as flores que estão desabrochando. Meu jardim, com sua coleção de flores de várias cores, texturas e tamanhos, me liga de uma maneira muito real e especial ao meu filho. Ele era um jovem maravilhoso. Meu jardim me faz lembrar dele de tantas maneiras e me conecta diretamente com ele. Trabalhar no jardim, tarefa que poderia considerar tediosa no passado, agora me dá grande alegria.

CRIANDO CONEXÕES...

Convite à reflexão: Como você visualiza Deus?

Obstáculos comuns à conexão: Muitas pessoas eliminam a religião e a espiritualidade de suas vidas porque foram rejeitadas pela religião organizada e não encontram uma alternativa em que se sintam confortáveis. Por isso, evitam as Grandes Questões, como: o que acontece depois que morremos ou por que há maldade no mundo. Isso é um erro. Você não precisa se filiar a uma religião institucionalizada para desenvolver uma vida espiritual. É um equívoco evitar as Grandes Questões. Você não precisa ter as respostas. Como um homem rezava: "Senhor, ajude-me sempre a procurar a verdade, mas poupe-me da companhia dos que a encontraram."

Possíveis passos a serem dados:

> *Olhe nos olhos de uma criança.*
> *Plante e cultive um jardim. Faça isso pelo menos durante alguns anos.*
> *Ouça a música de Beethoven ou de Louis Armstrong.*
> *Caminhe pela praia.*
> *Visite a sepultura de alguém que você ama.*
> *Faça cinqüenta anos.*
> *Segure um bebê nos seus braços.*
> *Apaixone-se.*
> *Suporte a injustiça sem limitar-se a culpar o vilão.*

Procure mostrar-se caridoso com uma pessoa de quem realmente não goste.

Continue fazendo a pergunta que não consegue responder.

Diga adeus a uma pessoa, sabendo que nunca mais a verá.

Nade debaixo d'água quatro metros e meio mais do que achava que era capaz, depois suba à superfície para respirar.

Vença quando tinha certeza de que ia perder.

Perca quando tinha certeza de que ia vencer.

Fale com Deus mesmo que não faça idéia do que, ou quem, seja Deus.

UMA PALAVRA FINAL

Momentos humanos
nunca morrem

P ouco antes de terminar este livro, uma tia minha morreu. Seu nome verdadeiro era Mary Francis McKey Hallowell, mas eu sempre a chamei de Duckie, um apelido que lhe fora dado antes de eu ter nascido, quando toda a família vivia numa fazenda. O cabelo de Mary Francis era branco, por isso alguém achou que ela se parecia com um pato e o apelido pegou.

Uma semana antes de ela morrer, Sue e eu fomos de carro a Providence visitá-la. Nós sabíamos – e ela também – que estava morrendo. Sentamo-nos e conversamos sobre todo tipo de coisas.

Vestida simplesmente com sua camisola e seu robe, ela ainda parecia elegante, como sempre fora. Estava muito frágil, ouvindo com dificuldade e, às vezes, confusa, mas seus olhos ainda brilharam quando Sue e eu entramos no seu quarto para nossa visita de despedida.

Servi um pouco de uísque – sua bebida favorita – enquanto Sue tomava um copo de vinho e eu lhe ofereci uma pequena tigela de porcelana cantonesa com motivos de peixe dourado da Fazenda de Pepperidge. Duckie sempre tinha à mão aquela tigela... e uísque.

Na sua pequena sala de estar, estávamos cercados de fotografias, inclusive uma que eu também tinha na parede de minha casa, uma foto do pai de Duckie, o homem a quem eu chamava de Skipper (Comandante).

No princípio deste livro, escrevi sobre Skipper, e como ele me ensinou a dar um aperto de mão; portanto me parece apropriado que volte a Skipper e à sua filha, Duckie, para apertar as mãos e fechar este livro.

Ao olhar para o rosto de Skipper na fotografia naquela noite e para o rosto de Sue e o de Duckie (que logo nos deixaria, ficando apenas mais uma fotografia), tive a nítida sensação de que a eternidade passara por aquele quarto, indo dos rostos às fotografias e voltando aos rostos, volatilizando-se do passado ao presente e deste ao futuro, tudo entrelaçado. Será que o uísque já estava confundindo meus sentidos? Talvez. Mas tive a impressão de que estava na presença de algo que jamais chegaria – poderia chegar – a um fim. Era muito forte para desaparecer. Skipper chegara primeiro e depois fizera o que chamamos de "morrer"; Duckie dentro em pouco o seguiria; Sue e eu teríamos mais tempo, mas depois também partiríamos, e o mesmo aconteceria com Lucy, Jack e Tucker. Por mais que temesse essas mortes, quase podia ouvir a voz de Skipper nos tranqüilizando: *Não tenham medo. Tudo se ajeita.*

O que esteve conosco naquela noite não foi nada novo, nem mesmo algo que eu não tivesse pressentido, embora tenuamente, ao longo de minha vida. Sempre estivera presente. Apenas se tornara tão vívido naquela noite que não deixara margem a dúvidas.

O que quer que seja – a força que não pode morrer – foi o tema deste livro. É a força da vida, e ela aparece mais vívida em intensos momentos humanos.

Sue, Duckie e eu conversamos durante cerca de uma hora, até Duckie ir ficando gradativamente cansada. Perguntei-lhe como queria que eu me lembrasse dela e ela disse, olhando vagamente a distância: "Oh, como eu sempre fui, como sempre fomos. Apenas a verdade."

No momento humano, isso é tudo do que você precisa. Apenas a verdade. É mais do que suficiente para alimentar sua alma, se você permitir, se você sentir em cada momento humano o que Keats chamou de "a santidade das afeições do coração".

Antes de nos retirarmos, ajudamos Duckie a se acomodar na cama e, enquanto Sue ajeitava os travesseiros, debrucei-me e dei-lhe um beijo. Ambos dissemos a Duckie que a amávamos. Ela segurou nossas mãos e as apertou, com a mesma firmeza que seu pai, Skipper, me ensinara muitos anos antes. Ela olhou para cada um de nós e disse, usando a terminologia que quase sempre empregava com os que eram mais caros ao seu coração: – Eu vos amo e eu vos amo. – Ela fez uma pequena pausa e acrescentou: – Boa-noite. – Essas foram suas últimas palavras pronunciadas em voz alta. Ouvirei suas palavras em minha mente e as sentirei no meu coração para sempre.

Os momentos humanos nunca morrem.

Um convite aos leitores

Em primeiro lugar, gostaria de agradecer pelo tempo que você dedicou à leitura deste livro. No mundo de hoje, o tempo é mais precioso do que nunca. Sou grato por você ter investido parte do seu tempo aqui. Espero que o que encontrou tenha tornado útil o investimento. Gostaria muito de ouvir seus comentários e responder a quaisquer perguntas e sugestões que possa querer fazer sobre futuros livros desta série.

Todos os livros futuros serão baseados na idéia de *Momentos humanos*. Cada livro focalizará um grupo de momentos humanos – por exemplo, momentos humanos com as crianças ou momentos humanos no trabalho ou momentos humanos com os avós. Gostaria de convidá-lo a me enviar histórias de momentos humanos ocorridos em sua vida, independentemente da categoria a que possam pertencer, histórias que eu possa incluir em livros futuros da série *Momentos humanos*.

Depois de ter lido este livro, espero que tenham uma boa idéia do que quero dizer por "momento humano": os momentos em que nos sentimos ligados a alguém ou a alguma coisa fora de nós e na presença do que mais conta para nós.

Se você tem momentos humanos que gostaria de me enviar, eu adoraria recebê-los. Planejo para cada livro desta série seguir o formato deste livro e incluir histórias tanto da minha vida quanto das vidas de outras pessoas.

Se você resolver me enviar uma história, escreva com o coração e esqueça os erros de ortografia e gramática por enquanto. Escreva-a do tamanho que quiser. A história que incluirei em livros a serem publicados futuramente terão em média de uma a três mil palavras, mas lerei com o maior prazer o que me enviarem, independentemente de tamanho.

As histórias poderão ser enviadas através do meu web site:

www.drhallowell.com

Ou poderão ser remetidas para meu escritório em Sudbury, Massachusetts. O endereço é:

The Hallowell Center
142 North Road
Sudbury, MA 01776

Este livro foi impresso na Editora JPA Ltda.,
Av. Brasil, 10.600 – Rio de Janeiro – RJ,
para a Editora Rocco Ltda.